识干家

企業閱讀　學以致用

# 产业园区开发全方案

## 从定位规划到招商运营

黄婷◎著

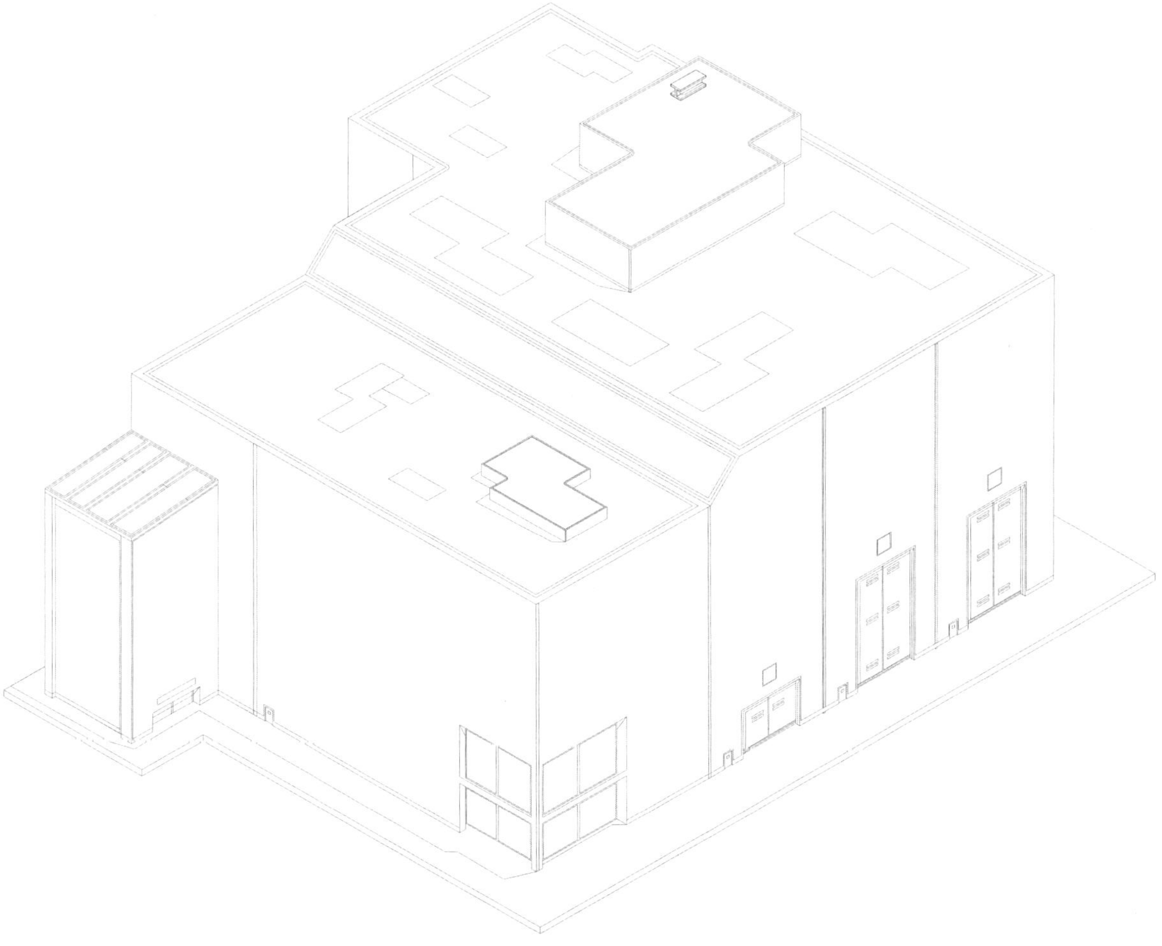

北京燕山出版社
BEIJING YANSHAN PRESS

**图书在版编目（CIP）数据**

产业园区开发全方案：从定位规划到招商运营／黄婷著. —北京：北京燕山出版社，2022.12

ISBN 978-7-5402-6698-1

Ⅰ.①产… Ⅱ.①黄… Ⅲ.①工业园区－规划布局－研究－中国②工业园区－经营管理－研究－中国 Ⅳ.①F424

中国版本图书馆 CIP 数据核字（2022）第 191120 号

---

**书　　名：** 产业园区开发全方案：从定位规划到招商运营

**作　　者：** 黄　婷

**责任编辑：** 满　懿

**出版发行：** 北京燕山出版社

**地　　址：** 北京市丰台区东铁匠营苇子坑 138 号

**网　　址：** http://www.bjyspress.com

**电　　话：**（010）65240430

**电子邮箱：** bjyspress@126.com

**印　　刷：** 河北宝昌佳彩印刷有限公司

**经　　销：** 新华书店

**规　　格：** 170 毫米×240 毫米　1/16 开　15.5 印张　187 千字

**版　　次：** 2022 年 12 月第 1 版　　2022 年 12 月第 1 次印刷

**定　　价：** 168.00 元

---

作者黄婷，本硕均毕业于武汉大学，从事产业园区和产业新城相关的实务已近十年。毕业后即入职一家大型综合型央企的产业园区板块，通过数个产业园区项目的锻炼，实操了产业园区策划、开发、招商、运营的全流程；后在一家建筑类央企的投资板块，从事城市综合开发项目的投资拓展；现加入专门从事科创产业园区开发建设运营的知名实力国企，负责产业园区板块的相关前期工作。通过在不同类型的公司、多个类别的项目和不同岗位的锻炼，历经产业园区从项目拓展、产业研究，前期策划到营销推广、招商运营的全流程，积累了丰富的实操经验。

由于房地产行业非常成熟，各流程都已标准化，市面上关于房地产的各个环节实操的书籍非常全面，但是产业园区的开发和房地产虽然有些许相似，但逻辑却不完全相同，并且运作流程更加复杂，但市面上讲如何做产业、如何做产业园的书籍很少，已有的也以理论分析居多，实操类书籍较少。作者在实际工作中也经常收到相关咨询，遂萌生通过系统的整理，把这些问题完整讲透的想法。

全书通过通俗易懂的语言，深入浅出地讲解产业园区开发运营的各个环节，包括产业园区的开发模式、前期定位策划（含如何市场调研）、规划设计、投资测算、可行性研究、拿地建设、营销推广、招商引资、运营管理等全过程。

本书旨在让零基础的人，刚毕业入行的人，想转行到产业园开发领域的人，对什么是产业园区、不同主体的开发模式和盈利点、怎么做选址、怎么做策划、怎么做产业研究、怎么拓展拿地、怎么做招商引资、怎么做园区运营等问题有大致的了解，并且能够通过书中总结的实操指引，对实际工作有一定帮助。

# 目录

# 第一章
# 产业园区的前世今生

要做一件事情，首先要知道这件事情是什么。要从事产业园区这个行业，先要知道产业园区到底是什么，和常见的特色小镇、产业新城等概念有什么关系，经历了哪些发展阶段，有哪些形态，有哪些开发模式等。

## 一、什么是产业园区

### （一）狭义定义

产业园区，面积一般从几万平方米到几十万平方米，通常在产业基础良好的地方选址，建有成片工业厂房或办公写字楼，主打某一大类产业或某几类细分产业的集聚，并有专门的园区管理机构负责园区内企业的招商和运营。

很多产业园区最开始都位于核心城区，后来因为成本逐渐上涨，以及核心城区内土地日益稀缺，新设的产业园区一般都会在核心城区周边选址。比如很多软件园首期一般都分布在主城区，后续再开发建设一般会在离主城区远但具有较强的可达性的区域选址。

在经济发展成为各地首要发展任务、招商引资和产业导入工作成为各级政府重要抓手的时代，产业园区作为可以有效聚集产业的载体，对经济的促进作用非常明显，成了被寄予厚望的热门开发形式。

### （二）广义范畴

除了常见的园区，特色小镇及产业新城也是业内常见的名词，在广义上，这些也属于产业园区的范畴。

1. 特色小镇

特色小镇一般范围较大，以平方公里计，基本不会出现在市中心，往往布局在近郊。与产业园区一样，特色小镇也无法脱离中心城市而独立存在。很多知名的特色小镇还兼具文化旅游功能，所以对交通的便利性要求更高。

从杭州云栖小镇[①]开始，特色小镇的概念一度火热，一时间各路人马纷纷进入该行业。很多项目大干快上，在未想清楚整体定位，未夯实产业基础的前提下，仅仅是想通过炒作概念来套取补贴。很多房地产企业也进军特色小镇，但大部分是在住宅、商业地产增长无力的情况下，以特色小镇的概念低成本圈地，最终失败的项目不少，造成大量空置。

2. 产业新城

产业新城，一般面积在数十平方公里甚至上百平方公里，面积可能远远大于核心城区，而且可以独立于核心城区外，在规划范围内拥有生产、居住和生活的城市功能。常听到的“片区开发”，基本是打造一个产业新城。

产业新城的开发源于国家开始大力推进新型城镇化，即以城乡统筹、城乡一体、产业互动、节约集约、生态宜居、和谐发展为基本特征的城镇化，通过发挥各自资源、产业优势，形成区域中心，辐射带动周边地区经济发展。

## 二、发展演变

产业园区的内容丰富，市面上对于产业园区的升级迭代有很多分类，都是按照建筑形态和功能分成1.0、2.0、3.0、4.0甚至是5.0版本。但笔者认为，产业园区不管如何迭代升级，形态如何变化，核心还是“产业”，从产业、城市、人口的融合程度可分为以下

① 云栖小镇规划面积3.5平方公里。地处杭州西湖区西南，位于杭州之江国家旅游度假区核心区块，是浙江省首批创建的37个产业特色小镇之一，也是浙江省首批创建的十个示范特色产业小镇之一。

三类。

### （一）产业为主

1. 初代

初代的产业园区可以参考改革开放初期深圳蛇口很多企业的生产空间，可能就是一栋或几栋厂房或者一片厂房，只具有生产功能，工人并不居住在园区内，而是具有一定距离的“钟摆式”通勤，周边也无相关配套设施。

图 1-1　蛇口三洋厂房这种类型，可看作最初代的产业园区

2. 进阶版

后来这种产业园里有了基本的配套，比如便利店、商超等，物业载体的类型由单一的工业厂房变成了办公楼，但是本质没有变，依然是只用来“工作”的空间载体。

### （二）“产”与“人”结合

入驻园区后，很多企业发现员工非常突出的需求是住宿及相关基础配套，若园区内无宿舍，班车式“钟摆式”来回非常不便，于是在园区内开始建设宿舍、小型商超等，满足员工日常生活需求。

图 1-2　园区的配套宿舍一般以单身公寓为主

针对工业用地，很多园区是允许按照总用地的一定比例，建设不超过建筑面积一定比例的公寓等园区生产性配套；而在不少软件园等办公类的产业园区里，也开始配有一定的人才公寓，通过入驻企业的申请来分配房间指标。

“产”与“人”结合的产业园也是目前国内最普遍的产业园形态，即以生产 / 办公为主，配比一定是公寓 / 宿舍，同时兼有便利店、小型商超、餐饮甚至托育所等配套。

### （三）“产”“城”“人”融合

在片区开发中，通常会提到“产城融合”（或产城人融合、产城人文融合）等概念，片区开发通常是从一级开发开始[①]，所以相当于在一张白纸上描绘蓝图，这样可以从总体上通盘考虑，在顶层设计上比较全面。一般这种片区开发都是以产业为核心，

① 一级开发，是由政府或其授权委托的企业，对一定区域范围内的城市国有土地、乡村集体土地进行统一的征地、拆迁、安置、补偿，并进行适当的市政配套设施建设，使该区域范围内的土地达到一定的建设条件（“三通一平”“五通一平”“七通一平”等），使之成为“熟地”，再对熟地进行有偿出让或者转让的过程。

同时配有合适比例的居住、商服、公建，比如园区内除了一般的商服配套和公寓，通常还规划商品房、大型mall、公园、艺术馆、展览馆等。

图 1-3　某产业新城概念规划图

“城”的打造，“人”的聚集，核心仍然离不开“产业”。如果一个片区开发项目，没有预留足够的产业发展用地，只是打着“产城融合”的幌子大搞房地产开发，就失去了源头活水，最终难以良好地自循环发展。很多产业没有发展起来的新城，都沦为了“睡城”“鬼城”，所以片区开发最核心的要素还是产业。

综上所述，不管名称是产业园区，还是特色小镇或者产业新城，核心都是必须发展产业、完善配套、集聚人气。虽然概念上稍有不同，但三者开发的逻辑和本质是相似的，开发流程基本一致，故本书说的产业园区也包含产业新城、特色小镇。

## 三、不同的开发模式

产业园区有着丰富的内涵和发展阶段，开发模式不尽相同，可以分为以下几类。

### （一）政企合一的开发模式

开发公司和管委会两班人马一套牌子的模式，是市场早期比较常见的模式，如今在政企分离的大政策环境下，国内这种开发模式已经绝迹，要么企业完全还政给政府，要么虽有合作但是政企分离。政企合一的故事很有意思，本章结尾专门对宁波大榭进行案例分析，阐述政企合一制度在国内的发展演变。

诚然，政企合一的体制在区域开发的前期阶段，特别是针对毫无基础的区域能够大大加快开发进程（特别是在总体规划制定、用地审批、基础设施配套、招商引资政策制定重要环节上），但是当区域开发进入较为成熟的阶段，政企分离就成为必然趋势，这也是政府和企业的天然属性使然。

政府具有公共服务属性，而企业的本质是盈利，出发点不一样，发展策略也不一样。随着区域越发成熟，二者的矛盾越发凸显，所以分离是必然趋势和要求。对于开发公司而言，在政企分离前要对退出路径做好妥善规划，最好能在区域优质的可持续经营资产里预留自身的发展空间，未来即使不再享有财政收入，也可以通过其他方式共享区域经济高速增长的成果。

### （二）产业新城开发模式

1. 华夏幸福模式

即 A 政府与 B 产业新城开发商在规定的年限内，就 C 产业新城（十几平方公里甚至几十平方公里）的整体开发达成合作协议，对开发区域进行前期规划、基础设施投资建设与管理、市政公用设施建设与管理、土地整理、产业发展服务（招商引资服务）、物业管理、厂房建设租赁等进行一揽子合作，通常采用成本加成结算，比如华夏幸福。其主要业务板块如表 1-1 所示。

2006 年 4 月 6 日，固安工业园区管委会签署《河北固安工业园区基础设施委托开发协议》《河北固安工业园区综合服务协议》及其他委托开发协议，委托期限 50 年，被华夏幸福称为“固安模式”，成为其后来在各地拓展项目的主要蓝本。

该模式被概括为“园区 + 地产”的产业新城模式——华夏幸福通过与地方政府签署排他性质的区域整体委托开发协议，以项目公司作为园区开发主体，负责委托区域土地整理投资、基础设施建设与维护、公共设施建设与维护、产业发展服务及其他与委托区域开发建设相关的工作。同时，公司依托其在建的产业新城，开展环北京、上海及其他经济热点区域的房地产项目开发。

即使在这个模式发展如火如荼之际，也只适用地方财政不强、自身产业引导人力和经验不足的地方,即一些核心城市的周边地区。随着国家对地方“隐形债务”的日趋严控，以及地方治理水平（包括开发建设、招商引资等各项水平）的不断提升，这类模式的市场空间越来越小。对产业新城开发商而言，无论是通过开发建设还是招商引资的成果进行结算，都需要一个过程，中间的资金成本和现金流都是问题，由于投入大，回收慢，被现金流卡住脖子。

此外，住宅土地增值是政府土地增值补偿的前提，是华夏幸福模式运作的关键要素，但是随着住宅土地出让越发透明化，以及不能和其他用地捆绑出让，这种期望通过片区开发获取住宅用地的空间越来越小。

2. 建筑类央企开发模式

一些以建筑业为主业的央企也开始涉足产业新城的开发，这些企业的优势在于工程管理能力、品牌和技术优势、建设速度及融资成本，所以很多地方政府会与这些建筑类央企合作，以期快速建成产业新城。

表 1-1　华夏幸福主要业务板块

| 业务板块 | 主营业务 | 内容 | 费用收取 | 结算时间 | 支付方及其资金来源 |
|---|---|---|---|---|---|
| 园区运营 | 土地整理 | 对委托区域内进行土地整理 | 建设成本 ×X% | 每年 3 月底前结算 | 支付方：园区管委会<br>还款资金来源：<br>合作区域内新产生的收入，包括税收收入（原有企业与单位在原址产生的除外），土地使用权出让收入，非税收入，专项基金 |
| | 基础设施建设 | 在委托区域进行道路、供水、供电、供暖、排水设施、公共项目等基础设施建设管理 | 建设成本 ×X% | 竣工交付后 60 日内结算 | |
| | 产业发展服务 | 对委托区域内进行产业定位、产业规划、城市规划、招商引资、投资服务等 | 入区项目当年新增落地投资额 ×X%（不含销售类住宅和底层商业项目） | 每年不少于两次结算 | |
| | 园区综合服务 | 对委托区域内进行物业管理、公共项目维护及公用事业服务 | 按照国家定价或市场价收取 | 每年 3 月月底前结算 | |
| | 其他业务 | 自有工业厂房、仓库、土地的租赁或出售等 | | | |
| 房地产开发 | 城市地产开发 | 园区周边商业、住宅地产开发、销售 | | | |
| | 物业管理 | 园区周边物业管理 | | | |

目前比较常见的模式是政府以 BOT[①]、PPP[②] 的形式与建筑类央企合作。

此外，现在这类央企也开始拓展产业链条，以“封闭运作、增量取酬、片区自平衡”为原则，通过 ABO，即授权（Authorize）-建设（Build）- 运营（Operate）的模式[③]，介入城市开发投资。即政府通过授权或者招标，由地方平台公司负责片区的开发，平台公司再通过公开招标或其他合法合规的形式，与央企合资成立子公司，负责整个片区的开发，开发资金由央企筹措，待片区成熟后，以土地出让金进入专项资金池，作为主要还款来源。

但是在严控地方“隐形债务”的前提下，各地对这种模式的认知还存在分歧，未来可能还会继续发生演变。

3. 片区指挥部形式

现在越来越多的地方政府，针对片区开发是通过成立指挥部的形式来完成，人员从各政府部门或者国企抽调，完成前期相关工作，如规划、征拆、建设、招商等，部分工作会委托本地国企完成，待新城建设成熟后，各项职能会交还所在的行政区，片区指挥部逐渐退出。

---

① BOT（build-operate-transfer）即建设 - 经营 - 转让。政府部门就某个基础设施项目与私人企业（项目公司）签订特许权协议，授予签约方的私人企业（包括外国企业）来负责该项目的投资、融资、建设和维护，在协议规定的特许期限内，许可其融资建设和经营特定的公用基础设施，并准许其通过向用户收取费用或出售产品以清偿贷款，回收投资并赚取利润。政府对这一基础设施有监督权、调控权，特许期满，签约方的私人企业将该基础设施无偿或有偿移交给政府部门。

② PPP 全称 Public—Private—Partnership，即“公共私营合作制”，是指政府为增强公共产品和服务供给能力、提高供给效率，通过特许经营、购买服务、股权合作等方式，与社会资本建立的利益共享、风险分担及长期合作关系是指政府与私人组织之间合作建设城市基础设施项目，是在 BOT 形式上衍生出来的一个完整的项目融资概念。简单来说，就是政府结合社会资本组成。

③ 该模式首创于北京市交通委员会代表北京市政府与京投公司签署的《北京市轨道交通授权经营协议》，即北京市政府授权京投公司履行北京市轨道交通业主职责，京投公司按照授权负责整合各类市场主体资源，提供北京市轨道交通项目的投资、建设、运营等整体服务。

一般会设有：

指挥部办公室——负责统筹调度、协调推进新城规划建设、征迁安置及投融资保障等工作。负责做好指挥部内部运转、对外联络及相关日常工作。

规划管控组——负责制定和落实产业新城总体规划和市政基础设施、生态环境保护、公共服务设施等专项规划及实施计划，科学界定重点规划管控区域，统一市政基础设施和公共服务设施建设标准。

征迁安置组——负责按照新城规划建设要求，组织协调土地征收、征迁安置、土地供应、信访维稳等工作。

工程建设组——负责按照新城规划建设要求，组织实施交通工程、市政基础设施、水利工程等有关项目建设，并加强项目全程监督管理。

投融资保障组——负责研究新城建设投融资模式，制定资金支出测算方案、资金筹措方案，对口争取有关项目建设配套资金，有偿融资资金，努力实现收支平衡。

招商引资组——负责新城招商项目的接洽、招引和落地。

### （三）产业地产商模式

以整体开发或订制式开发的形式建设产业物业产品（如工业厂房），然后以租赁、销售等方式进行项目经营和管理，获取开发利润。

这类企业盈利的核心在于规模化、标准化，同样的地段，综合成本比其他企业低很多，而且建设速度快，工程管理能力较强，招商去化能力强，资金滚动快。

但是这类企业的问题在于，在同一个区域里，工业用地的造地成本和居住用地一样，都需要做征拆平整等前期工作，出让的价格却远不及居住用地，所以在经济较为发达的城市和区域，工业用地和工业厂房都是十分紧缺的，经济越发达的地方获取工业用地的门槛越高，而且很多城市只点对点供给实体企业，以产业地产商的身份在核心城市来获取工业用地进行二级开发后再租售的模式变得越来越难，所以很多园区开发商只能在临近经济发达区域的周边城市去拓展。

### （四）主体 IP 引导模式

业内龙头企业或高校获取土地后自建园区，并在自身入驻园区且占主导地位的情况下，借助其在产业中的号召力，把剩余空间以出售、出租等方式吸引同类企业或者产学研项目的集聚。但这也要达到政府的行业要求和既定的固投、营收、税收指标。

### （五）产业为皮、居住为核的勾地模式

彼时，房地产开发商拿地变得艰难，而区域发展的痛点在于招商引资和产业导入，于是在一些经济发达区域的周边地区，在一些没有禁止居住用地和其他用地捆绑出让的地方，部分房地产开发商开始推行“产业用地 + 居住用地捆绑出让”的模式——承诺建产业园，导入产业带来产值税收就业，但是因为产业园投入大、回收期长，要求政府配住宅地，通过住宅的利润来弥补产业园的投入。但房地产行业习惯了快进快出的模式，很难习惯真正去做产业这种需要周期和精力培育的事情，所以一些轰轰烈烈进军产城行业的房企在狂招聘大进军产城领域的喧嚣过后，没多久就整体裁撤了相关板块。

### （六）TOD 开发模式

一般来说，传统 TOD 开发模式即“以公共交通为导向”的

开发模式，主要是指以地铁、公交干线等枢纽站点为中心，以400~800 米（5~10 分钟步行路程）为半径，将出行、居住、工作、购物、 休闲、娱乐等功能集于一体，形成高效、集约、舒适、绿色的城市空间。

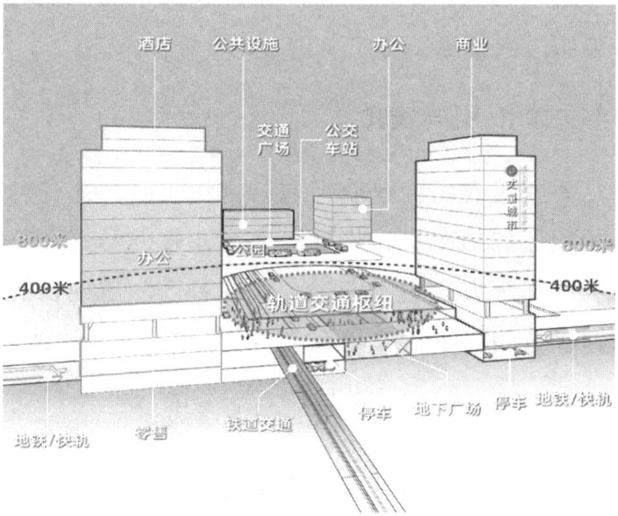


**图 1-4　TOD 开发示意**

TOD 项目通常是地产开发商 + 地方轨道集团合作开发。做好TOD 开发，最好是在顶层设计上通盘考虑，一般要做好三项工作：一是规划和城市设计工作；二是市场分析及估值工作；三是投融资工作。三项工作既具独立性，又具相关性。特别要注意的是，由于 TOD 涉及地上和地下的开发，立体红线是操作基础，如何对土地进行分层确权非常重要，路地并行一定要协同，同时要针对上位条件进行完善规范。具体的开发探讨详见本章的延伸阅读。

### （七）城市更新模式

在新获土地越来越难的时代，很多开发主体瞄上了旧改，即城市更新，从建筑物及其功能改变的程度，可分为综合整治类、功能改变类、拆除重建类［从改造的对象，可分为城中村改造、旧区改造、棚改、工改（工改工、工改商住、工改居）、商改（商改商、商改办、商改住）］等，但是城市更新具有拆迁难度大、开发周期长、进度不可控等难点，不少项目因拆迁补偿等问题被拖延，历经数年项目才开工和入市销售，算上资金成本和人员精力，拓展难度不比新获土地低，非常考验开发主体的实力。

### （八）国有平台公司运作模式

政府授权或公开招标国有平台公司对片区或者园区进行开发运作，吸引更多优质企业入驻，这也是越来越多的地方政府愿意采用的模式。

和住宅不一样，产业园区不仅是一个物理载体，还需要产业引导、企业服务、运营管理等。较之商业属性，公共服务属性更甚，国有平台公司不以盈利为唯一目的，具有天然的政治属性，在政府沟通、国有资产保值、产业引导聚集等方面都有着自己的优势。笔者认为，国有平台公司主导产业园区的开发，也是未来的主流模式。

### （九）轻资产运营模式

以上模式都属于自己拿地开发建设的重资产投入模式，产业园开发中还有一个流派——轻资产运营模式，有以下几种：

1. 运营品牌输出模式

运营品牌输出模式，即寻找已建成的园区标的，为其提供招商、运营等服务，收取一定的服务费用。目前，很多孵化器[①]、众创空间、平台等基本采用该模式，即不持有重资产，而是对现

① 为创业者提供物美价廉的办公环境、整合各类资源，为创业者提供创业所需的各种服务，建立开放共享的沟通平台，嫁接天使投资者，最终变为带 PE（风险投资）性质的创业项目。

有载体进行二次招商，向业主收取服务费或者运营费。

这一模式可以通过较小资金和较低风险实现园区规模化布局；快速新增可协同园区，实现外溢资源的变现；为旗下重资产项目进入新的城市探路，但这种模式需要在业界拥有非常成熟的运营经验和广为人知且被认可的口碑。

很多园区开发运营商纷纷从重资产向轻资产转移，希望规避园区企业在重资产拓展过程的风险，但是产业园区是个复杂的系统，不具备足够体量的土地储备和可供出租出售的物业，是没有话语权和主导权的。笔者认为，一个企业纯做轻资产运营是较难规模化复制的，即使开拓轻资产业务，也应该轻重结合，两条腿走路。

2. 资产证券化模式

将项目形成资产包，当项目达到良性状态，形成 reits 快速变现，这种运作以普洛斯为典型代表，也是外资工业地产的成熟做法，可以有效支撑轻资产模式。无论是中国式 reits，还是搭建境外架构，reits 面临着自身的行业难题，比如收益稳定可靠的优质资产稀少、产业用地年限较短并有进一步缩短的可能等，都限制了产业园区借用 reits 推行轻资产的可能性。

无论是哪种模式，都是企业根据自身情况做出的当下选择，会不会新增其他模式也未可知，但是必须牢记，产业园区的核心是“产业”，如果不能真正成为政府产业引导和集聚的有力抓手，仅仅把自己当成和卖房子一样的卖办公楼、卖厂房的开发商，前景只会越来越不好。

因政企合一开发模式基本谢幕，本章结尾的延伸阅读将对该模式进行分析，后面的开发实操中不再过多提及。其他的开发模式，会在后面的章节中以实操的形式对开发环节进行阐述。

## 【延伸阅读】宁波大榭管理体制分析

### （一）大榭前身，港口条件优越的落后海岛

宁波是副省级城市、我国5个计划单列市之一，位于浙东，长江三角洲南翼，北临杭州湾，西接绍兴，南靠台州，东北与舟山隔海相望。

大榭开发区位于浙江省宁波市东部、长江经济带与东部沿海经济带“T”形交汇的长江三角洲地区，距宁波市中心40公里。大榭开发前，原是宁波市北仑区的一个乡，世代与陆地相隔。“穿山隔壁大榭山，过海隔江顶外乖，囡生千千万，勿嫁大榭山。”讲起20多年前的大榭，岛上的老一辈居民都记得这句顺口溜。那时候，居民出岛全靠摆渡。遇上大风大浪，少则几天，多则一周，都无法进出岛。开发之前，大榭有2万多人，从事农业和渔业，水利设施几乎没有，交通和经济都十分落后。

### （二）中信入主，从企业化治理到政企合一

1992年，时任中信公司董事长的荣毅仁先生两度视察宁波，提出整体开发大榭岛的战略设想。

1993年3月，国务院批复同意由中信公司成片开发大榭岛，实行国家级经济技术开发区政策。大榭开发区由大榭本岛和周围7个小岛组成，规划面积约36平方公里，其中本岛面积30.84平方公里。

1994年1月，国家经贸委批复同意成立中信大榭开发公司。大榭开发区开发之初采取的是企业化治理模式。这种模式的特点是通过设立一个企业（开发公司）来规划、开发、管理一个开发区，开发公司实际上承担了一定的政府职能，进行公共基础设施开发。

这种体制首创于蛇口，称之为“蛇口模式”。上海的漕河泾、闵行、虹桥开发区，以及海南洋浦开发区都采取这种模式。

具体到大榭，在开发之初，由中信大榭开发公司负责开发区的开发建设工作，同时成立开发区管委会作为市政府的派出机构，开发区管委会将获准开发的土地转让给开发公司，开发公司开发后进行招商转让。管委会只负责行政管理事务，主要是制定规划、制度规范和落实政策，提供公共服务，不直接参与经营。

随着开发区开发建设的不断深入，这种模式也带来一系列问题，如公共产品供给不足，与政府打交道时由于没有行政级别办事效率降低等。大榭开发区的治理模式又变成政企合一模式，具体体现在开发公司和开发区管委会中很多职能机构是“两块牌子，一套人马”，公司内部的一些部门越来越“政府化”，开发公司的总经理和管委会主任是同一个人。

### （三）定位明确，着力发展石化产业而非房地产

中信操盘后，对整个区域有了比较明确的定位，当初选址大榭，荣毅仁就是看中了大榭的深水岸线优势，并提出把大榭岛建成“世界一流港口的经济贸易区”的战略目标，整个大榭岛的愿景是打造为世界一流的石化产业基地。

凭借政策优势、岸线优势和区位优势吸引了一批国内外知名企业，先后引进中海油、中石油、中石化、万华化学、东华能源、韩国韩华、德国林德、招商局等世界 500 强企业和国内重特大企业，基本形成“临港石化、港口物流、商贸服务”三大支柱产业，实现了临港石化工业的高效集聚发展。

而从产业发展和税收贡献来看，也以固投大、税收贡献高的石化产业为主。固投方面，1994—2012 年大榭石化及相关企业累计共完成固投 387 亿元；税收方面，1994—2012 年，大榭累计财

政收入约545亿元，其中80%以上为产业税收；从用地安排上，整个大榭的产业与居住用地比例约为8：2。

总体而言，大榭的产业财政远高于土地财政，中信确实也在扎扎实实地推进大榭的产业发展，而不是圈地搞地产开发。

### （四）还政于政，补偿156亿元但需在本地使用

2012年7月，宁波市人民政府与中信集团有限公司签订《关于调整大榭开发区开发建设管理体制框架协议》和《关于调整大榭开发区开发建设管理体制协议书》，中信集团将大榭岛开发权转予宁波市政府。

上述两份协议中就大榭开发区及该公司的发展前景做出定位，并针对与中信集团之间的大榭开发区开发权移交事宜进行了资金补偿和回报的确认，资金补偿安排如下：

（1）2012年5月9日至2014年12月31日，每年应付人民币20亿元。

（2）2015年1月1日至2015年12月31日，应付人民币6亿元。

（3）2016年1月1日至2024年12月31日，每年应付金额为上一年应付金额的110%。

此外，协议还约定了上述补偿资金（合计约156亿元）来源于大榭开发的财政支出，原则上要留在宁波市范围内使用，用于中信集团与宁波市合作的新项目。

### （五）良性合作，乘政策东风再次迈入新车道

在政企分离后，大榭以管理体制调整为契机，乘国家“一带一路、长江经济带”和宁波“港口经济圈”重大战略之东风，全面实施“三年攻坚、五年倍增”行动计划，全力建设“一岛两区

三基地”，即全力打造具有大榭特色的“中国裕廊岛”，争创宁波港口经济圈的核心示范区、改革开放的先行先试区，建成国际一流的临港产业基地、国家重要的能源中转基地、华东片区大宗商品国际贸易基地。同时，以打造低碳能源国际贸易中心为目标，全面启动穿鼻岛开发建设，发展再次迈入了新车道。

**思考：政企分离是必然趋势，但不管什么体制，发展都是第一要义，是解决所有问题的根本。**

（1）在区域开发的前期阶段，特别是针对毫无基础的区域，政企合一的体制能够大大加快开发进程，特别是在总体规划制定、用地审批、基础设施配套、招商引资政策制定这些重要环节。

（2）但是当区域进入较为成熟的阶段后，政企分离成为必然趋势，这也是政府和企业自身的天然属性使然。政府是公共属性，而企业追逐利益，出发点不一样，发展策略也不一样，随着区域越发成熟，二者的矛盾越发凸显，所以分离是必然的。

（3）对于开发公司而言，在政企分离前要对退出路径做好规划，尽可能将公司利益最大化，最好能在优质可持续经营资产里留有空间。

比如中信集团在移交之前，就已经通过中信兴业投资集团有限公司（华东公司）及其控股的中信大榭开发公司，为未来的持续利益获取留下了足够的空间。2011 年，大榭开发区内的 14 家码头仓储企业全年实现营业收入 15.9 亿元，实现利润 3.99 亿元，同比增长 56%，连续 6 年保持 20% 以上的增幅。中信大榭开发公司通过控股，与母公司共同投资及参股等方式，将一大批开发区二十年成长起来的优质服务型公司资产和港口物流及临港石化产业相关联企业纳入自己的经营版图。即使没有财税权，也可以共享区域经济高速增长的收益。

（4）在产业发展方面，根据合适的资源禀赋定位合适的发展产业，并坚定不移地走下去，拥有产业定力非常重要。宁波是我国东部沿海重要的港口城市、华东地区重要的工业城市，以石化、汽车及零部件、纺织服装、电工电器等为主，而大榭建港条件优越，中信当时非常坚定地走港口之路并以此发展石化产业群，近二十年一直朝这个方向发展，把大榭从一个孤岛开发成全国排名靠前的石化产业基地。这给宁波政府带来了实实在在的好处，所以在政企分离时，双方取得了一个共赢的结果——大榭得到了肉眼可见的实打实的发展，中信拿到了不菲的补偿金，同时通过一大批关联企业获得了未来的收益空间；而补偿金是通过大榭自身财政支出，只有大榭继续发展，中信才能如数拿到这些补偿金，不会给宁波政府造成额外的负担；补偿金只能在宁波范围内用，又将中信和大榭、宁波政府的共同利益进行更加深度的捆绑，而不是政企分离后就一拍两散。

**结语：**随着现代治理制度的日益完善，政企合一制度走向分离是必然的，从中信在宁波大榭中的优雅转身，可以看到无论是政府还是企业治理，发展都是第一要义，只有踏踏实实搞开发，整个区域发展起来了，后面的算账、还政才是水到渠成的双赢，否则一切都是无本之木。所以，不管是什么体制下的开发区或者园区，发展永远都是第一要义。

援引参考：

（1）《厉害了word大榭！继25年前人民日报头条后，再次被人民网关注》，北仑文体旅游

（2）《大榭华丽转身，从东海渔村到国家级开发区》，北仑头条

（3）《宁波大榭开发区企业化治理问题探索》，张海波，孙琪

## 【延伸阅读】TOD 开发的未来

### （一）TOD 是未来城市发展的重要形态

在国内，TOD 还在发展阶段，很多楼盘营销中也提到了 TOD 的概念，但是 TOD 绝不只是楼盘的一个营销噱头，也绝不只是地铁特别是车辆段上盖物业，而是解决未来中国城市病的有效手段。TOD 模式就像是一个都市大磁场，吸引人流、物流、资金流、信息流，汇聚成片区的生活、生产、消费中心，带动整个片区，从而实现对城市格局的重塑，对城市地理经济的改写，是未来城市发展的重要组成部分。

### （二）TOD 可以解决政府建设轨道及交通枢纽的资金平衡问题

对于地方政府而言，TOD 是用来平衡建设资金的重要手段。

传统的投融资模式包括政府投融资、PPP 模式、市场化投融资三种模式。由于轨道交通投资巨大，回收周期长，纯粹市场化融资方式一般不予采用；政府投融资模式操作简单、可靠性强，但存在资金短缺难以长期投入、资金运用和使用效率低、政府债务日益增加等问题；PPP 模式可以有效减轻财政压力、提高投资和运营效率，但在融资成本高、项目收益低、政策不确定性三重约束下，对社会资本吸引力不足，能落地的项目屈指可数。

积极拓宽融资渠道、寻找轨道交通新的融资模式，是解决当今轨道交通建设资金瓶颈问题的关键，而通过 TOD 开发，能实现沿线土地资源与轨道交通综合开发，达成轨道交通与城市发展的良性互动与增值，促进二者建设和运营的投融资平衡。

### （三）如何进行 TOD 的开发

在国内，TOD 的开发还是一个不断试错和纠错、多方利益不断博弈和平衡的过程，必须构建“政府引导、市场主导、多元参与、协商共治”的综合开发格局。

1. 政府方必须敢于顶层设计，形成开发机制

很多地方政府都知道通过 TOD 的开发可以有效解决资金平衡问题，但是因为轨道建设的牵涉方较多，难以平衡各方的诉求，迟迟无法定下顶层机制，这点杭州的做法可供参考。

（1）政府赋予地铁集团“做地”“做房”“做房东”等站城一体开发职能。

（2）明确轨道交通地下空间一体化开发方式，明确城市轨道交通工程建设单位可以作为统一的实施主体，将与城市轨道相邻的其他地下空间与城市轨道交通工程进行整体开发建设。

（3）明确轨道站城一体化的开发方式，特别是土地供应方面，可带条件出让和参与竞买。

（4）明确地铁集团为预留工程的实施主体，负责相关预留工程的设计、报批及施工。

2. 工可阶段同步开展 TOD 研究

很多轨道建设在完成工可研究后，才意识到 TOD 开发的重要性，但是由于工可已做完，TOD 的站点选址和开发方案的衔接需要大量沟通甚至修改工作，建议在工可阶段就同步开展 TOD 研究。这个研究主要包含规划与城市设计工作、市场分析及估值工作、投融资三大工作，相互间既具独立性，又具相关性，这些都需要专业机构进行策划。

建议采用规划设计机构＋土地评估机构＋法律评估机构的联

合体进行研究，包含潜在合适地块筛选、重点站概念性总体规划设计、重点站土地价值评估、重点站物业发展组合、投融资策略及方案，理顺交通连接与换乘衔接难点，就一体化发展站点及线路提出建议，对重点站点开展功能组织、城市设计总平面布局设计、土地价值评估及物业发展组合研究，并通过多维度多方案反复论证，设计出合法可行、切合实际的投融资模式。

3. 遵循 TOD 设计的相关原则

国内外有很多典型的TOD案例，国外如英国的国王十字车站、日本涩谷、日本东急，国内如香港九龙的案例都非常经典，杭州、广州、深圳等地也走在 TOD 开发的前列，设计方案各有千秋。总体把握原则如下：

（1）以人为中心——以人为中心的设计，努力重塑多样化、人性化、社区的城镇生活氛围。

（2）土地高效开发——通过增大密度来提高土地的利用效率。

（3）高效可达性——形成以轨道站点为中心的环形放射状路网，实现多种交通方式的零换乘。

（4）混合功能——实现商业、办公、居住、休闲、娱乐功能一体。

需要注意的是，由于 TOD 涉及地上和地下的开发，立体红线是操作基础，如何对土地进行分层确权非常重要，“路地”并行一定要协同，同时要对上位条件进行完善规范。

# 第二章
# 产业园区的定位

在了解了“产业园区是什么”，即产业园区的内涵、发展演变、开发模式后，就进入了实操开发的第一步——产业园区的定位[①]，即“要做成什么样的园区”，包括项目选址、产业方向定位、产品定位、商业模式等。

## 一、项目选址

企业要入驻某个区域，需要考虑方方面面的因素，比如位置、交通、政策、市场、招聘等，是一个全面且较长的分析决策过程。

诚然，“地段、地段，还是地段”的至理名言源于房地产行业，但是在产业园区领域，选址的重要性更是被放大。

很多住宅项目特别是在热门城市、热门区位的项目，在供地紧张的情况下，政府有供地计划、能够拍到政府出让的地就已是万幸，即使某些项目位置不太好，只要产品设计合理，得房率高，价钱合适，具有一定的投资价值，再加之以营销轰炸和积极拓客，仍然会吸引一部分客户前来购买，去化不成问题。

对于产业园区来说，前期的选址对于整个项目的成败起着决定性作用。笔者与某龙头企业项目洽谈过程中，了解到某地方政府可谓是拿了 200% 的热情和诚意来邀请他们落地某个项目，给出了非常优惠的条件，然而他们实地考察后，发现交通实在不便利，虽然政府给的政策很优惠，而且愿意拿出真金白银建各种配套，综合算下来还是不太划算，只能作罢，最终择址东南沿海某交通便利城市。

产业园区到底要如何选址，这里从宏观、中观、微观三个层

① 该模式首创于北京市交通委员会代表北京市政府与京投公司签署的《北京市轨道交通授权经营协议》，即北京市政府授权京投公司履行北京市轨道交通业主职责，京投公司按照授权负责整合各类市场主体资源，提供北京市轨道交通项目的投资、建设、运营等整体服务。

面来浅析。

### （一）宏观层面

人口为王，从整个国家层面考虑，尽量布局在人口密集区域，即中国地图胡焕庸线[①]的右侧区域，黑河——腾冲线的右侧。

若非要选在左侧区域，可结合“一带一路”等新兴经济增长点有关的区位，或者是以原料导向为主、国家政策导向扶持的区域。比如目前正热门的“东数西算”国家战略，很多数据中心、算力聚集区也会在西部落地。

### （二）中观层面

尽量靠近城市特别是发达城市，或者一二线城市周边交通可达性良好的地方。

尽量处于城市生长或者延伸的方向（城市的扩张和延伸，是产业外溢及人口外溢的有效支持）；尽量选择与产业带或者都市圈有密切联系的地段；尽量位于城市群内的人口流入地，谨慎选择人口流出地；靠近高铁和机场站点（特别是高铁站点），但离机场也不宜过近（考虑噪音等）。

尽量选择民营经济发达、教育研发能力强、产业配套能力强、现代服务业发达、政商环境良好的区域。

另外，选择城市时，很多企业也会把城市 GDP 作为重要考量因素，比如某企业评判城市开发项目的标准是以城市（地级市）GDP 达 5000 亿元作为门槛来评判是否进入一个区域。

---

① 胡焕庸线（Hu Line，或 Heihe-Tengchong Line，或 Aihui-Tengchong Line），即中国地理学家胡焕庸（1901—1998）在 1935 年提出的划分我国人口密度的对比线，最初称“瑷珲—腾冲一线”，后因地名变迁，先后改称“爱辉—腾冲一线”“黑河—腾冲一线”，“胡焕庸线”在某种程度上成为城镇化水平的分割线。这条线的东南各省区市，绝大多数城镇化水平高于全国平均水平；而这条线的西北各省区，绝大多数城镇化水平低于全国平均水平。

### （三）微观层面

尽量靠近与城市路网接驳的主干道，地铁口、公交站等公共交通可到达区域，在交通交会处更好。

尽量选择成片的净地，特别是土地一级开发项目，需充分考量拆迁量。

考察周边是否有保护文物、古树、垃圾场、坟场、高压线、污染源等，若有，要能处理好或者有明确倒排时序的处理计划。

尽量优先选择有产业基础或者靠近产业聚集地；优先选择具有人文或者自然旅游资源的地方，尽量选择周边有山、海、湖、河等自然景观资源、交通可达性好的地方。

离高校近也可以作为参考，易于人才招聘等。

## 二、产业方向定位

### （一）产业方向选择的原则

1. 避开“夕阳产业”

产业发展分为萌芽期、成长期、成熟期、衰退期，不同的周期表现出来的特质不同，带来的产值、就业及需要的扶持力度也有所差异。

特别是已经步入衰退期的产业，即“夕阳产业”，即使当下可能带来的税收和产值很诱人，也需审慎选择。

2. 顺应宏观经济发展趋势

优先选择国家、省、市、区鼓励支持的战略新兴产业，比如十四五规划中的主导产业、新一代信息技术产业、高端装备制造产业、新能源新材料产业、生物医药产业、海洋高新产业等。

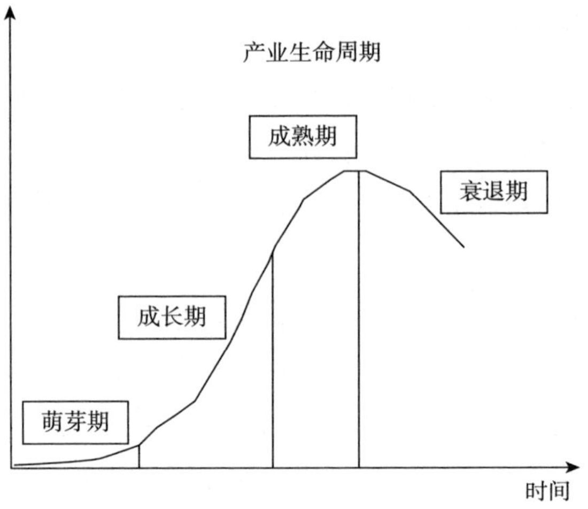


图 2-1　产业发展周期

3. 符合当地资源禀赋

**（1）资源禀赋决定产业发展土壤。**虽然优先选择新兴产业，但在研判是否适合发展某个产业时，不能一味追求高精尖。如果产业偏离要素禀赋，其生产成本必然变高，创造的价值就低，所以要结合区域自身禀赋，引进能充分发挥区域优势的产业。

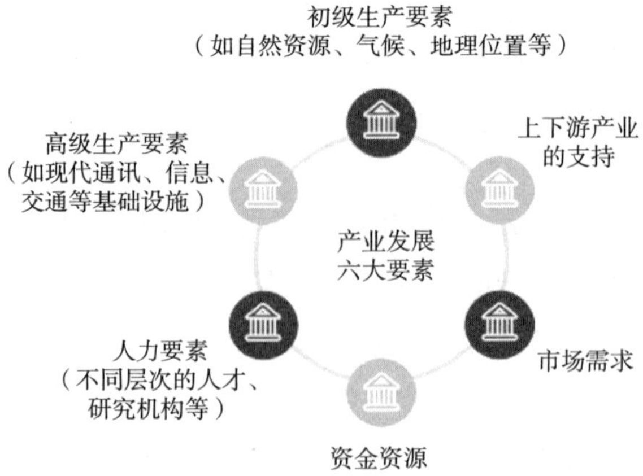


图 2-2　产业发展六大要素

**（2）政府引导影响产业发展效果**。除上面所讲的六大要素，政府支持是非常重要的外部影响因素，对于聚集适合的产业要素、营造良好的投资营商环境非常重要。注意，这里是指总体的投资营商环境①，而非单一的扶持政策。

政府的引导还体现在地方政府的执政理念和自身资源上，从贵州发展为中国的云数据高地就可以看出，除了要契合自然资源禀赋，政府的引导、理念和资源也非常重要。

4. 选择自身有资源渠道的产业

有些开发主体自身就具有实业产业资源或者有相关的信息渠道，在各地开发的园区主题就有和本身实业企业相关的内容，可以直接导入。这种情况下，可以直接落地的产业当然是园区定位的主导产业，可以围绕这种产业进行上下游的招商引资。

但大部分开发主体不具备这样的实业资源，可以在前期开发的时候就和相关龙头企业进行接洽，以联合开发的形式或者是战略资源置换的形式确定入驻意向。不过，与这种龙头实业企业合作，需要谈判技巧和协议约束，否则会出现地方政府直接与龙头企业谈判合作，绕开开发方的风险。

5. 产业定位之初要宽口径

在定位之初，方向不宜过窄，比如确定了大方向后，只需列出负面清单，即不进入的产业方向，其他产业可以宽口径招商，只是在招商重心上分为重点投入和机会型投入，等到园区慢慢成熟后，再逐步进行优化。

某软件园在开园之初，可能一些贸易类的企业也会进驻，但是随着产业不断集聚后导致租金水涨船高，这些低附加值企业会慢慢迁出园区；而因为产业集聚导致的人员交流、企业交流效应

① 2020年10月16日，国家发改委组织召开《中国营商环境报告2020》发布暨全国优化营商环境工作推进会，在政府透明度指数评估结果中，厦门、广州、深圳、成都、青岛、宁波、银川、合肥、淄博、苏州位列前十。

等，会吸引更多的软件企业迁入，更好地促进产业集群。

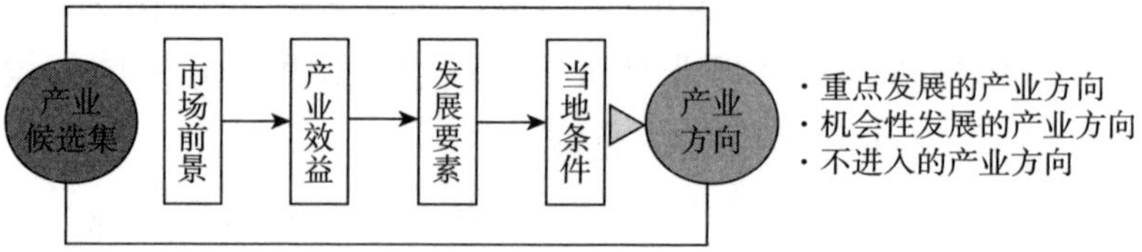


**图 2-3　产业方向**

### （二）“命题作文”下的细分研判

上述分析都是政府还未对地块做出明确产业定位时，开发主体主动做出的前置判断和定位。如果政府想好了产业定位，比如政府已经明确了该地块要发展生物医药产业或新能源产业，就要在这个大的定位上，结合当地的条件，因地制宜地细化主导产业，构建细分产业定位。

要对产业有整体的认知，分清行业的上中下游都有哪些环节，找到这些环节需要的资源禀赋中最贴合当地实际情况的。

比如新能源行业，这个行业包括的细分门类非常广，到底选择哪些作为园区的主导产业，哪些作为机会型发展的产业，哪些作为负面清单的产业，都需要通过翔实的市场调研进行梳理，后续章节会对市场调研的具体内容和方法进行阐述。

## 三、产品定位

通过详细的市场调研，经过科学的分析，对项目的可行性进行初步研判，并通过对竞品的分析找到自己的细分市场和目标客户及产业定位，最终对项目本身进行精准的综合定位。

### （一）物业形态

比如建工业厂房还是建办公楼？其实，产品的外在形态并不是最关键的点，因为有些工业厂房建得非常现代化、科技化，也可以用于办公，特别是在深圳等地推行的MO用地性质[①]、工业上楼[②]等。

关键在于用地性质，是工业用地、科研用地还是商服用地。一般而言，工业用地最实用，既可以做厂房又可以做办公，还允许有一定的配套设施的建设，还可以有排污指标等，而商服用地只能建办公楼，科研用地又没有相关排污指标。目前，连深圳这样的超大城市都是办公楼过剩，其他地方更是商办库存压力巨大。

### （二）功能定位

比如是全部做厂房，还是留有部分办公？厂房里是全部做标准化厂房，还是保留企业定制型？洁净厂房[③]的标准是什么级别？园区主导行业有没有对洁净车间有特殊的需求？

比如在园区要不要规划一定的公寓等配套，要建哪些配套，园区内要不要设园区运营管理机构等，这些问题都要在设计之初就想好。

---

① 在工业用地（M类）中增设新型产业用地（MO）类型，用于建设产业用房和配套服务设施，更好地融合研发、创意、设计、中试、无污染生产等多种创新型产业功能。与传统形态的工业用地不同，新型产业用地（MO）具有单位土地开发强度大、用地形式混合成分高、功能需求多元化等特征，可以有效支撑当前新产业和新业态的发展。

② 工业上楼，不同于传统模式下在单层工厂中进行生产，而是转为在高层大厦中进行企业的生产、办公、研发、设计的新型工业楼宇模式。

③ 洁净厂房是指不论外在的空气条件如何变化，其室内均能具有维持原先所设定要求之洁净度、温湿度及压力等性能之特性。洁净厂房建筑方式可分为土建结构和装配式两种，其中普遍采用装配式；洁净车间级别有五个等级：百级（适用医药工业的无菌制造工艺等）、千级（适用于高质量光学产品的生产，还用于测试、装配飞机陀螺仪、装配高质微型轴承等）、万级（适用于小容量注射剂灌装车间，直接接触药品的包装材料最终处理车间等）、十万级（适用于注射剂浓配车间等）、三十万级（适用丸剂、颗粒包装车间等）。

以生物医药产业园为例，结合企业的实际需求，至少应该包括以下功能区：

制造生产区——生物医药产业的厂房建设要求远远高于一般工业通用厂房，在层高、荷载、换气、生产辅助配套（医药污水处理、净化空调处理、特殊工艺处理、危化品存放及动力、冷冻、循环水、配电、蒸汽、自控）等都有行业自身要求。

中试研发孵化区——很多初创型的企业由于资金、人才、技术、设备等不完善，需要产业孵化器、加速器的支持。

还有公共检测服务平台、人才公寓及相关生活配套、医药物流区等区域。

### （三）体量定位

很多时候，项目开发体量是根据地块本身的面积、容积率、建筑密度、限高等规划条件而定的，但是否在一个地块上把容积率做满，体量越大越好？显然需要根据情况而定。

比如建办公楼，如果是在城市中心地段建 CBD，一般容积率都比较高；如果是在城市近郊，在拿地及建筑成本较低的情况下，可考虑通过以低密度的空间尺度吸引客户入驻。此时，就要对办公及配套的物业体量进行预估，一般上下浮动 15% 作为乐观估计和保守估计值。建工业厂房一般为了集约高效用地，要求容积率在 2.0 以上，但太高的层数企业入驻意向也低，所以一般 6 层居多，容积率不会非常高。

## 四、商业模式

产业园区的盈利模式有很多种，比如租售收益、运营收益、投资收益等。

### （一）租售收益

物业的销售收入、租金收入等，也是大部分产业园的主要收入来源。

在策划之初就必须想好园区是全部持有、全售还是租售各占一部分比例，这关系到后续的招商。而具体的比例分配，则需要通过财务测算来确定，具体在后面的财务测算章节讲到。一般而言，都是争取尽可能多的可售比例，在后期运营时可以掌握更大的主动权。

### （二）运营收益

传统的运营收益有园区的物业费、停车费等，新型的园区服务平台一般从产业的角度出发，以产业为核心聚焦产业黏性的价值，为产业提供相应的配套和服务，增加服务端的比重，以增值服务为核心盈利点，比如企业政策咨询服务等。

### （三）投资收益

“房东变股东”模式，即对园区内的优质企业进行投资，将园区和园区企业进行利益捆绑，与园区企业共同成长。但这种模式不是每个开发主体都能做的，投资收益的实现，一方面需要有非常专业的投资团队；另一方面园区内的企业也要有被投的意愿，愿意开放部分股权，通常这种模式都出现在园区发展到较为成熟的阶段，比如张江高科。

### （四）资产证券化

将项目形成资产包，当项目达到良性状态，形成 reits 快速变现，这种运作以普洛斯为典型代。但 reits 的前提必须是资产具有稳定性的收益，还在建的园区并不能适用。

## 五、关键成功要素

一个园区要经营成功，需要综合各方面的因素，主要有以下几点：

### （一）优越的区位

经济发达的城市大区位，以及在城市中处于交通便利的小区位。

### （二）便利的交通

距离机场、动车站较近，但是也不能紧邻，否则有噪音影响，机场片区还有限高要求、紧邻地铁、公交站点等。

### （三）合理的设计

比如工业园区就要充分考虑主导产业的层高、荷载、货梯容量、卸货平台等，特定的行业有特殊的载体要求，比如需要有 GMP 厂房等。

载体的外形只是加分项，最重要的是空间利用率高、成本低，满足产业的需求。

### （四）优惠的政策

包括但不限于租售优惠（比如针对企业的租金补贴、购楼补贴）、运营补贴（针对平台类项目）、人才补贴（生活补贴、安家补贴、租房购房补贴等）、经营奖励（根据营收或者产值，按照一定比例进行奖补）、生产补贴（研发补贴、设备补贴等）、平台补贴（鼓励使用园区内公共平台，进行一定奖补）等。

对特定的产业也要有具体的细分政策，比如针对芯片产业，根据流片次数奖励；针对文创产业，在版权上有特别的保护规定等。

### （五）良好的服务

物业服务是最基础的服务，此外，一站式的政府服务也非常必要，很多中小企业都没有专门的政府事务部门，对政府的分工，各局办、各科室的职责不清楚。笔者在走访企业的过程中，发现很多企业都需要园区内设一站式的政府平台；园区内部的文化分为打造、给企业的增值服务，智慧园区管理，都是在园区发展到一定阶段后的进阶服务，属于锦上添花，具体在后面的园区运营章节详细介绍。

不管做什么样的园区，基本上成功要素绕不开以上五点，一个园区满足得越多，成功的可能性就越大。

# 第三章
# 市场调研的重要性

为什么要用一整章来讲市场调研，因为产业园区的整个定位和前期工作，都离不开翔实的调研。没有调查就没有发言权，只有完成市场调研，才算完成了整个前期定位。

在前期策划阶段，最重要的是进行详尽的调研，并进行科学的分析，才能做好开发策划方案。这也是开发前期最重要的环节，可以说决定了项目的成败。所以，开发主体一定要重视市调，不要匆匆上马。

不管是政府机构还是开发运营商，或是被委托的咨询策划机构，在开发一个产业园之前想好做什么、客户在哪儿、怎么做，进行科学合理的策划，不能凭经验开建，否则大概率会失败。

因为项目选址、产业选择、客群定位、功能定位、产品设计、体量预估都必须建立在详细的研究调研基础上，市场调研和分析决定了整个开发方案的准确性，贯穿整个项目开发的过程，后期的方案也可以根据市调的结果进行调整。

市场调查可以由甲方（政府、开发商）自己进行，也可以委托专业的调研机构或者咨询公司完成，但将此项工作外包，甲方也必须对调研达到的目标、要求、主要内容等有明确的思路。

## 一、市场调研的流程

### （一）准备阶段

确定想要通过调研了解的内容和目标，并通过问题的设置，引导达到调研目的。

确定调查计划、调研的时间、对象、方式。

### （二）实施阶段

成立调研小组，确定负责人和调研团队，如果是委托第三方机构，一定要将调研的目的、需要达到的结果、交付的报告内容说清楚，最好派人全程参与第三方的调研。

通过多轮的调研和走访，收集一手和二手资料，每次调研完一个对象后，都要快速形成记录，以免遗忘。记录的内容包括走访时间、地点、对象，并提炼主要内容，以便后期汇总。

### （三）分析和总结阶段

通过分析调研情况，编写调研报告。

通过调研结论，对整个园区的定位进行初步的可行性论证。

在市场调研的过程中，还可以进行前置招商，比如了解企业的扩张计划、搬迁意愿等，让企业知晓正在策划的园区，对于比较优质的企业可以提前蓄客，后期给予定制化的空间。

本章结尾会通过生物医药产业园、新能源汽车产业园的市调报告，对如何做市场调研进行实例解析。

## 二、市场调研的方法

市场调研是市场营销学里一门专业的课程，包含统计学、心理学等内容，有兴趣的读者可以阅览专业的教材，这里列出主要的方法供参考。

按调查资料的来源分为一手资料调研和二手资料调研，这两种调研方法都拥有较为丰富的路径，此处仅列出比较常用的渠道。

### （一）一手资料获取

（1）随机面谈：如通过扫楼的形式对企业进行随机面谈，

要提前准备好问题。

（2）问卷调研（线上 / 线下）：通过委托市调机构进行问卷发放回收及分析。

（3）深度访谈：通过电话或者面谈找到行业内较有阅历经验的开发者或者企业主进行深度访谈，通过与业内人士的沟通，了解更多的信息。

从自身的市调经验来看，调研问卷和随机扫楼的方式在样本的回答上存在一定的随意性，而且因为没有事先沟通，得到的内容不一定完全契合调研要求。在实际工作中，最有效的就是先列出提纲，和业内人士进行深度访谈。调研问题可以自己根据项目的情况来列，如何找到访谈对象是比较难的地方，一般有以下几种方式。

1. 在预算充足的前提下

通过一些中介机构招募专家，在招募时，可向中介机构提出具体的招募需求，如被调研者在行业中的工作经验、对相关业务的了解程度、是否愿意分享关键数据等，有时还可以要求对方提前准备数据用于交流。如果觉得专家所描述的无法达成自己的访谈目的，可要求终止访谈，并更换调研对象。

这种方式可以在短期内找到比较精准的调研对象，但是缺点是花费比较高（价格数千元），需要有一笔专门的预算。如果是需要做比较翔实的大报告，建议项目组在策划项目之初，就留好这笔预算。

2. 预算不足的情况下

（1）联系相关的政府机构寻求合适的调研名单，比如工信局、商务局、发改委等，或者相关管委会招商口、经发口，但是需要和政府保持良好的公共关系。

（2）六度社交理论，通过各种工作关系和私人关系等寻找专家。随着新媒体的发展，很多企业和职场达人都会通过社交媒体输出专业内容，比如可以去知乎等专业问答网站上看一些从业人员做的行业分享，通过私信进行接洽。这种方式虽然免费，但沟通的时间和耗费的精力很大。

另外，不同专家的立场不同，给出的信息可能截然相反。比如笔者在进行新能源产业的市调时，动力电池厂商和氢能源电池厂商就对产业发展前景有着完全不同的看法，所以要多维度验证信息的可靠性，访谈样本越多越好。

### （二）二手信息提炼

网络公开资料：搜索网络引擎、行业论坛贴吧、新闻报道、企业官网、知乎、财经网站等。

数据库：维普、知网、wind 等数据库。

专业书籍期刊：行业内的专业性书籍及期刊。

## 三、调研内容

表 3-1 为主要的调研内容，可根据自身项目特性的需求进行增减。

**表 3-1　调研内容**

<table>
<tr><th>环节</th><th>主要内容</th><th>具体内容</th></tr>
<tr><td rowspan="3">市场环境调研</td><td>宏观环境调研</td><td>一般指该区域的各类因素，如政治、经济、人口、社会、技术、法律、文化等，可用 PESTEL 等分析工具进行综合分析</td></tr>
<tr><td>区域环境调研</td><td>一般指项目所在城市的总规、交通、景观，办公 / 住宅 / 商业的总体价格水平和供求关系等</td></tr>
<tr><td>项目微观环境调研</td><td>指项目的用地现状、开发条件、周边环境、对外联系、交通组织等</td></tr>
</table>

续表

<table>
<tr><th>环节</th><th>主要内容</th><th>具体内容</th></tr>
<tr><td rowspan="3">行业调研</td><td>行业价值分析</td><td>行业组成、价值链，以及供需关系等，可用波特五力模型进行分析</td></tr>
<tr><td>整体发展趋势</td><td>该行业的产值变化、投资规模、行业政策、趋势等</td></tr>
<tr><td>区域发展情况</td><td>该行业在该区域的产业基础、产值、发展趋势等</td></tr>
<tr><td rowspan="5">客户调研</td><td>客户特征</td><td>年龄段、风格偏好等</td></tr>
<tr><td>客户选址或者搬迁的考虑因素</td><td>成本、市场、政策等</td></tr>
<tr><td>租售倾向</td><td>租赁意愿和购买意愿的比例、租售价格的心理价位</td></tr>
<tr><td>产品需求</td><td>人均面积和总面积需求、产品风格等</td></tr>
<tr><td>配套需求</td><td>住宿、餐饮、物业、第三方服务等需求</td></tr>
<tr><td>竞品调研</td><td colspan="2">对于周边已建成、在建中、规划建设的典型竞品进行全面对标分析，包括区位、价格、产品、配套、入驻企业、租售模式、物业管理相关服务等</td></tr>
</table>

## 四、编写报告

在进行了多轮调研，掌握了翔实的资料后，可以通过PESTEL分析、波特五力分析、SWOT分析、钻石模型等分析工具对可行性进一步研判和分析梳理。

### （一）常见的分析工具

#### 1.PESTEL分析

PESTEL分析又称大环境分析，是分析宏观环境的有效工具，它是调查组织外部影响因素的方法，每一个字母代表一个因素，可以分为6大因素：政治因素（Political）[①]、经济因素（Economic）[②]、社会文化因素（Sociocultural）[③]、技术因素（Technological）[④]、环境因素（Environmental）[⑤]和法律因素（Legal）[⑥]。

2. 波特五力分析

波特五力模型是迈克尔·波特（Michael Porter）于20世纪80年代初提出。他认为行业中存在着决定竞争规模和程度的五种力量，这五种力量综合起来影响产业的吸引力，以及现有企业的竞争战略决策。五种力量分别为同行业内现有竞争者的竞争能力、潜在竞争者进入的能力、替代品的替代能力、供应商的讨价还价能力与购买者的议价能力。

3.SWOT分析

SWOT[⑦]即基于内外部竞争环境和竞争条件下的态势分析，就是将与研究对象密切相关的主要内部优势、劣势、外部的机会和威胁等，通过调查列举出来，并依照矩阵形式排列，然后用系统分析的思想，把各种因素相互匹配起来加以分析，从中得出一系列相应的结论，而结论通常带有一定的决策性。运用这种方法，可以对研究对象所处的情景进行全面、系统、准确的研究，从而根据研究结果制定相应的发展战略、计划及对策等。

---

① 是指对组织经营活动具有实际与潜在影响的政治力量和有关的政策、法律及法规等因素。

② 是指组织外部的经济结构、产业布局、资源状况、经济发展水平及未来的经济走势等。

③ 是指组织所在社会中成员的历史发展、文化传统、价值观念、教育水平及风俗习惯等因素。

④ 不仅包括引起革命性变化的发明，还包括与企业生产有关的新技术、新工艺、新材料的出现和发展趋势及应用前景。

⑤ 一个组织的活动、产品或服务中能与环境发生相互作用的要素。

⑥ 组织外部的法律、法规、司法状况和公民法律意识所组成的综合系统。

⑦ S（strengths）是优势、W（weaknesses）是劣势、O（opportunities）是机会、T（threats）是威胁。

SWOT 分析法是管理分析工具中最常用的一种分析工具，但是很多人运用的时候都只是 S、W、O、T 四个方面进行罗列，而且经常混淆 S 与 O、W 与 T。

优势、劣势分析：主要是着眼于企业自身的实力及其与竞争对手的比较。

机会和威胁分析：将注意力放在外部环境的变化及对企业的可能影响。

识别了 S、W、O、T 只是第一步，最重要的是结合这几点进行对应的战略分析，以及进一步的策略分析。

表 3-2　SWOT 分析

| | 优势 | 劣势 |
|---|---|---|
| 机会 | 最大化利用优势和机会 | 使机会因素趋于最大，尽量弱化劣势 |
| 威胁 | 最大化利用优势，规避威胁 | 劣势最小化，并且规避威胁 |

4. 钻石模型

钻石模型又称钻石理论、菱形理论及国家竞争优势理论。钻石模型是由美国哈佛商学院著名的战略管理学家迈克尔·波特提出的。波特的钻石模型用于分析一个国家某种产业为什么会在国际上有较强的竞争力。波特认为，决定一个国家某种产业竞争力的有四个因素：生产要素——包括人力资源、天然资源、知识资源、资本资源、基础设施；需求条件——主要是本国市场的需求；相关产业和支持产业的表现——这些产业和相关上游产业是否有国际竞争力；企业的战略、结构、竞争对手的表现。波特认为，这四个要素具有双向作用，形成钻石体系。在四大要素之外还存在两大变数：政府与机会。机会是无法控制的，政府政策的影响是不可漠视的。

### （二）结论成文

调研后，需要把这些过程和推理形成报告，在报告撰写过程中注意如下几点：

（1）语言流畅，逻辑结构清晰，循序渐进，前后观点要互相印证。

（2）兼顾专业性和易懂性。某些产业里的专业性很强，可多举通俗例子进行解释，技术性描述不宜过多。

（3）自己先读一遍看是否通顺，可以给没有参与过的同事读一遍，看是否掌握了核心观点。

（4）篇幅不宜过长，每页有一句核心观点提炼，不要存在特长句。

## 【附1】某生物医药产业园市调报告

### （一）调研要求

某地想打造生物医药产业园，想根据区域特色，探讨产业方向、园区定位、园区体量、建设内容。

### （二）调研步骤

#### （1）制定初稿

先通过行业研报、网络信息、书籍等渠道，梳理生物医药产业的上下游，摸清产业链构成，通过资料分析生物医药产业未来的发展趋势、技术路线等。时间预计半个月。

对生物医药产业发展较好的地区进行梳理，提炼其发展生物医药产业的优势，以及做得比较好的地方，提炼生物医药产业发展的关键要素。

对本地生物医药产业的基础进行分析，通过各种管理工具和方法，初步对园区的产业方向进行定位，制定重点发展产业、机会型发展产业、限制发展的产业、不引入的产业。

**（2）实地开展市调**

制定市场调研名单和调研问题。

开展实地调研，并做好记录。

**（3）对调研记录进行整理分析，形成调研报告，作为可行性报告的附件**

### （三）调研过程小结（简版）

1.形成初稿(即未开展市场调研前,通过资料搜集得出的内容)

**（1）关于产业链**

生物医药产业总体分为医药制造和医疗器械制造两大行业。

①医药制造业

医药制造业主要包括中药、化学药、生物制药及医药外包服务。

中药制造主要有中药饮片加工及中成药制造。

化学制药是医药行业中占比最大的子行业，由基地化工原料、医药中间体、化学原料药和化学药品及制剂构成完整的产业链。化学药按注册分类，一般分为仿药和创新药；按产品形式分类，一般分为原料药和制剂。

生物制药按照药物来源，可分为人体组织来源、动物组织来源、植物组织来源、微生物组织来源和海洋生物来源，按产品分主要有五种药品——疫苗、抗体、血制品、细胞治疗、重组蛋白。

传统的医药服务外包分为两类：一类主要做实验室研发工作；另一类做原料药和制剂的委托加工和生产。随着医学和生命科学的发展，传统的 CRO 企业开始向精准医疗、基因治疗技术等领域不断拓展，为生命科学和大健康领域提供技术服务。

②医疗器械业

医疗器械指直接或者间接用于人体的仪器、设备、器具、体外诊断试剂及校准物、材料，以及其他类似或者相关的物品，可以分为医疗设备、医疗耗材及体外诊断等领域。

医疗设备是中国医疗器械最大的细分市场，市场份额占比超过一半，根据使用场景医疗设备可以分为医用医疗设备和家用医疗设备。医用医疗设备又可以分为诊断设备类、治疗设备类和辅助设备类；家用医疗设备可以分为检测设备类、治疗设备类、康复设备类。

高值医疗耗材一般指对安全非常重要、生产使用必须严格控制、限于某些专科使用且价格相对较高的消耗性医疗器械。高值医疗耗材主要是相对低值耗材而言的，包括心脏介入、外周血管介入、人工关节、其他脏器介入替代等医用材料。低值医疗耗材指医院在开展医疗服务过程中经常使用的一次性卫生材料，包括一次性注射器、输液器、输血器、采血管、医用敷料、引流袋、引流管、 留置针、医用手套、手术缝线等。

体外诊断按检验原理和方法的不同，可以分为生化诊断、免疫诊断、分子诊断、微生物诊断、血液诊断、POCT（即时诊断）等细分领域。其中，生化诊断、免疫诊断、分子诊断是目前体外诊断主要的三大领域，体外诊断产品主要由诊断设备（仪器）和诊断试剂构成。

（2）关于本省市的生物医药产业发展情况

从统计数据上看主要行业、产值、税收等情况。

（3）典型园区成功要素分析

通过对国内数个典型生物医药产业园的分析总结出：

①生物医药产业在大方向上是国家战略新兴产业，极具发展前景。

②生物医药产业的初创企业普遍面临人才、资金、设备、场地缺乏等因素的制约，在发展前期主要依靠人才和资本投入，需要政府扶持，包括制定发展战略、一系列支持创新的法规、设立相关机构、直接投资 / 风险资金、公共服务平台的搭建等。

③生物医药产业是知识密集型的创新型行业，人才是生物医药产业发展和技术进步的主要推动力。

④龙头企业的带动对于产业的集聚效应非常重要。

⑤生物企业的场地需求不同于标准厂房，专业的设计非常重要。

⑥相关证照的发放对于医药行业至关重要，如果在这方面有突破，就可能实现弯道超车。

（4）本园区关键要素建议

①从功能分区上就体现“创新研发—孵化器—中试基地—产业园区”的产业发展体系；引导天使投资、创业投资等基金投资园区内的孵化企业、夯实产业发展的人才基础；依托重点实验室、工程技术研究中心、重大项目、重大人才引进计划等。

②支持企业与高等院校、科研院所、医疗机构等开展深度合作为各层次生物医药人才提供更完善、更全面的工作、生活配套保障。

③构建以企业为中心的全生命周期服务体系，积极引入专业的服务机构为园区企业提供医药器械产品开发、CDMO、检测检验、动物试验、新药报批、投融资等服务，开展政策法规培训、医工对接、融资推介等活动，精准匹配生物医药企业发展需求。

④沟通加快审批环节。和政府单位一起探讨，加快相关证照的审批。

⑤完善产业扶持政策。目前除了省市现有的生物医药扶持政

策外，连同园区所在的行政区出台叠加的扶持政策。

（5）功能建议

结合对客户的需求搜集和分析，从招商角度，建议园区应至少包含以下功能区：

制造生产区：生物医药产业的厂房建设要求远远高于一般工业通用厂房，在层高、荷载、换气、生产辅助配套（医药污水处理、净化空调处理、特殊工艺处理、危化品存放及动力、冷冻、循环水、配电、蒸汽、自控）等都有行业自身要求。建议在前期设计时一定要请专业设计生物医药产业园的设计单位而非一般的建筑设计院进行设计，避免后期出现建筑华而不实，企业无法使用的情况。

中试研发孵化区：新药的研发具有“双十定律”，即创新药物的研发通常需要 5~10 年，研发总成本 5 亿 ~10 亿美元。很多初创型企业由于不具备资金和技术、设备上的优势，无法走完整个产业链，非常需要产业孵化器、加速器的支持及公共检测服务平台、人才公寓及相关生活配套、医药物流区等区域，从研发、检测、中试、生产、投资孵化等方面给予入驻企业最优质的运营管理服务，全面满足企业的需求。

2. 实地调研

虽然通过资料搜集形成了初稿，但是初稿中的问题：

①产业定位方向是否可行？在这些可行方向中着重发展哪些，还有哪些发展方向？

②生物医药（医药类和器械类）企业最需要什么？

③载体需求应该是怎样的？

④方案中还有哪些是未考虑到的？

⑤与本地高校的资源如何有效结合？

带着这些问题，对业界数家企业、行业协会、相关政府主管部门、科研机构等进行多层次全方位的深入调研，包括但不限于如下问题：

· 您如何看待区域生物医药产业的总体发展基础？比如总体规模、人才、资本、技术等方面。

· 生物医药包含制药类和器械类，您如何看待这两个行业的发展关键要素？目前该区域哪方面做得比较好？

· 对于制药类企业，投入周期一般多长，研发和生产分别在哪里？拿证速度如何？对于载体空间的需求是什么？

· 器械类企业对于厂房的具体需求，目前的拿证审批制度是什么？

· 如果 A 地块建生物医药产业园，您觉得最有吸引力的是哪些？

· 您的企业目前处于什么发展阶段，最需要什么方面的扶持？未来是什么样的发展规划？

· 您现在所在的园区有哪些地方是可以改进完善的？

· 对于公共技术平台的实际使用需求是什么？比如动物房、集中三废排放等。

· CDMO 等平台会成为您入驻的加分考虑项吗？如果不是，园区中最吸引您的有哪些元素？

· 集采的大环境下会对高值医疗耗材等产生影响吗？

· 如果疫情可控，这波爆发的 IVD 产业是否会进入下行阶段？

· 您现在的招工渠道和高级人才招聘渠道，对园区有哪些建议？

· 对于园区里的配套需求有哪些？有哪些对载体方面的建议，对园区招商的具体建议？

通过调研，得出产业定位、面积需求、功能需求、政策需求。结合初稿中的内容，形成最终的调研报告（为保密需求，结论暂略）。

# 【附2】某新能源汽车产业市调报告

**（一）调研要求**

某地想打造新能源汽车产业园区，想根据区域特色，探讨产业方向、园区定位、园区体量、建设内容。

**（二）调研步骤**

**（1）制定初稿**

先通过行业研报、网络信息、书籍等渠道，梳理新能源产业的上下游，摸清新能源汽车产业链构成，通过资料分析产业未来的发展趋势、技术路线等。时间预计半个月。

对新能源汽车产业发展较好的地区进行梳理，提炼其发展新能源汽车产业的优势，以及做得比较好的地方，提炼新能源汽车产业发展的关键要素。

对本地新能源汽车产业的基础进行分析，通过各种管理工具和方法，初步对园区的产业方向进行定位，制定重点发展产业、机会型发展产业、限制发展的产业、不引入的产业。

**（2）实地开展市调**

制定市场调研名单和调研问题。

开展实地调研，并做好记录。

**（3）对调研记录进行整理分析，形成调研报告，作为可行性报告的附件**

**（三）调研过程小结（简版）**

1.形成初稿（即未开展市场调研前，通过资料搜集得出的内容）

**（1）关于产业链**

传统的汽车产业链包括上游（原材料）——中游（零部件及

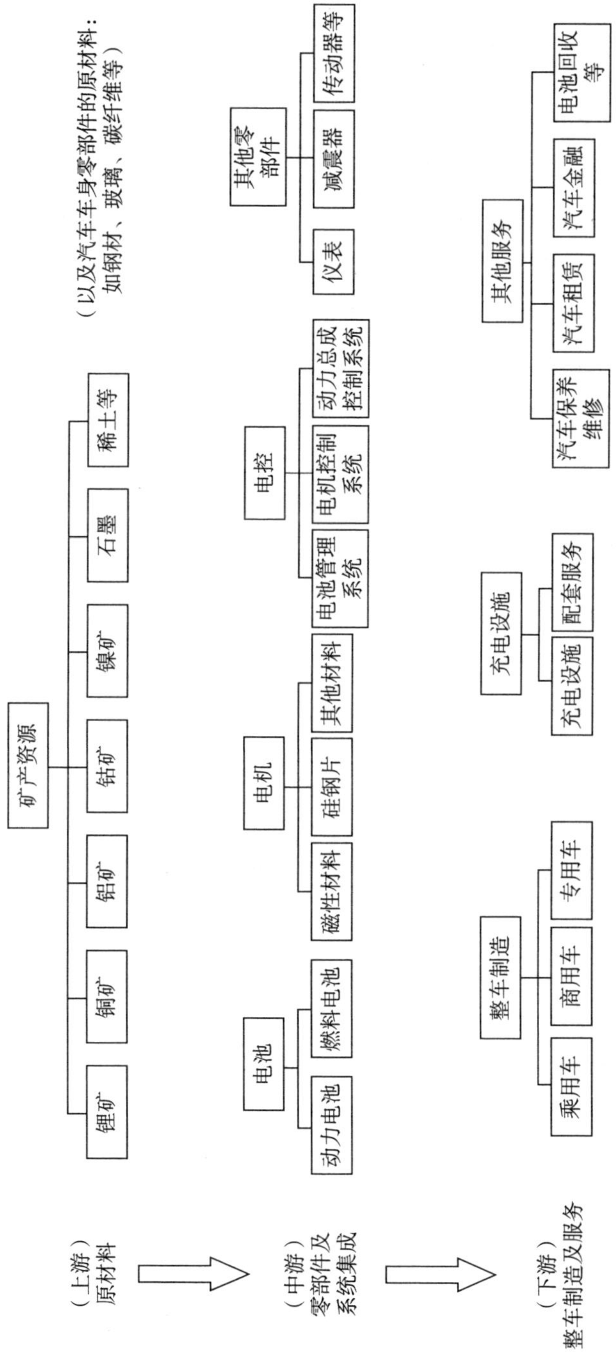


**图3-1　新能源汽车产业链**

系统集成）——下游（整车制造及服务）。与传统汽车产业链相比，新能源汽车产业主要是上游增加了电池所需的矿产资源，中游增加了核心的零部件——电池、电机和电控系统，下游主要增加了充电设施和电池回收等产业。

上游：原材料资源属性较重，产品价格伴随供需结构变化具有较强的周期性，很多重要的原材料依赖进口。

中游：零部件中，三电系统占据成本比例超过50%，其中电池占到近40%，电池分为动力电池（锂电池）和燃料电池（氢能源）。锂电池国产化程度较高，技术较为成熟，宁德时代排名全球第一；燃料电池是未来发展的趋势，但尚处于培育期；电机电控目前国产化水平较高，但是很多顶尖技术还是依赖进口。

下游：整车制造因为对技术要求较高，一直是国内汽车行业发展的薄弱环节，国内车企以比亚迪和上汽集团的投入最大，两者的市场占比也最大；下游充电桩数量不足成为制约新能源汽车发展的主要瓶颈，国家正在加大扶持力度，电池回收也具有一定的市场发展空间。

（2）关于发展趋势

· 新能源汽车顺应了节能环保趋势，是全球汽车产业未来发展的重点方向。

· 我国新能源汽车目前因补贴退坡加剧了市场经营压力，短期内处于行业调整期。

· 长远来看，我国新能源汽车产业将从快速增长转向平稳增长。

· 多方势力角逐，我国新能源汽车行业将迎来白热化竞争阶段。

· 积极布局运营服务，有望助力车企在竞争中赢得筹码。

· 锂电池、充电桩、硬件供应链发展机会多，科技、便利、安全仍然是新能源汽车发展方向。

· 燃料电池是未来的发展方向，将有更多企业布局该领域。

（3）关于成功要素

从广东、安徽、江西发展新能源汽车产业的情况看，这几个省份之所以能在新能源汽车产业发展过程中拥有一席之地，均因其在以下几大要素中占据了一个或多个。

· 土地资源。

· 产业基础和集聚。

· 交通优势（临近港口、铁路等）。

· 人力资源（技术人员和工人）。

· 地区经济发达，市场需求旺盛。

· 强有力的政策扶持。

· 透明公平高效的营商环境。

· 原材料优势（矿产等）。

（4）关于本区域发展方向

初步认为，汽车零部件、氢燃料相关、特种车制造、充电桩服务、电池回收可作为方向进行探讨。

产业上游：本区域缺乏原材料资源，所以不考虑发展产业上游的资源型企业。

产业中游：本区域已有 ×× 企业入驻，周边又有 ×× 基地，产业中游的零部件及系统集成发展的可行性较大，特别是区域具有港口资源，可着力引入具有出口需求的零部件厂商。

产业下游：本区域自身土地资源有限且缺乏成片的大面积土地，所以在产业下游中，不考虑发展传统的整车制造厂，但是在特色整车制造（高端化、定制化、占地小的企业）、充电设施及其他服务、电池回收方面可以进行探讨。燃料电池车作为未来的发展方向，可探讨引入相关的产业实现弯道超车的可行性。

2. 开展实地市调

经过初步案例分析研判后，项目组对本区域发展新能源汽车产业的五个方向的研判是否正确？在这些可行方向中，能落地的具体方向是什么，还有哪些其他的发展方向？现在的新能源汽车企业最需要的是什么，还有哪些是未考虑到的？带着这些问题，项目组一方面继续进行资料搜集论证；另一方面展开了翔实的市场调研。

因疫情期间不方便外出调研，课题组主要利用电话、微信等，结合部分线下面谈，对业界数家典型企业，行业协会，本集团内部企业、相关政府主管部门，学者专家进行多层次全方位深入调研。

**（1）调研问题组织**

为了验证初稿中的内容，特别是提出的五个方向，课题组列出了如下提纲，包括但不限于以下内容，不同的企业调研的角度和问题略有不同。

· 您如何看待本省的汽车产业、新能源汽车产业的发展基础，以及在业界的地位？

· 新能源汽车产业上游原材料、中游零部件（三电系统 + 其他零部件）、下游整车制造及服务（整车制造 + 充电桩 + 电池回收 + 其他运营服务），您认为本区域目前的资源禀赋，可以关注和有望引进的产业方向主要集中在新能源产业链哪些环节？

· 目前动力电池比较成熟，您觉得动力电池方面，本区域还有机会吗？电机电控目前国产化程度高吗？核心部件是否依赖进口？本区域在这方面发力是否可行，比如引进整条生产线组装？

· 您如何看待氢能源电池的发展前景？现在它的商业价值究竟几何？如果不是专门的研发机构和车企，有必要介入该行业吗？如果发展氢能源相关的产业，投入大概是多少？

·汽车零部件产业对于区位、政策、产业配套要求如何，本区域的现状是否匹配，吸引力有多大？如果本区域打造零部件产业园，应该集中在产业链的哪些方向，是集中在某个产业链环节招商还是广泛招商？有没有零部件产业园的规划、建设、招商运营的经验分享？

·您如何看待汽车零部件 KD 出口？

·您如何看待新能源汽车在无人物流车等专用特种车上的前景？

·您觉得本区域有可能介入电池回收产业吗？电池回收污染很大吗？

·充电桩产业目前是新基建的风口，您觉得本区域有发展前景吗？比如制造或者运营？

·以您对本省新能源汽车产业发展的了解，您认为 ×× 公司或者其他大型企业和本区域的合作空间是哪些？

·贵司的产业上下游是哪些企业，分布在哪些地区，有 ×× 地区的吗？

·贵司目前有扩张计划吗？如本区域发展相关产业，贵司有没有相关的招商资源可以推荐？或者您认为贵司和本区域可以在哪些方面进行合作？

（2）实地调研过程

鉴于调研对象来自不同公司，受公司立场和职位利益所限，对于同一件事情有不同看法，在市调结束后，课题组继续搜集资料，提取出如下观点：

在初稿中，鉴于资料中的对氢能源的趋势分析，以及在访谈企业中，部分企业家对于氢能源的大力推荐和看好，课题组在初稿结论中把氢能源也作为一个重点方向去研究。

但结合这轮市调结果，基本上所有的访谈对象在这方面达成了共识（除了一家专门从事氢能源的企业因利益相关，对这方面看法更乐观外）：

· 氢能电池车是未来的发展方向，但是目前还处于国家正在培育和大力发展的阶段，锂电池车还部分依赖补贴，氢能的商业化时间就更长了，无人驾驶的商业化更加靠后。

· 氢发动机的核心技术还是掌握在国外企业手里，而且受加氢站制约，氢能源汽车还处于政策性推广和示范作用阶段，前期投入很大，如佛山、天津、上海等。

**所以，课题组认为：**

· 以本区域的财力，不用把大力气放在氢能源相关的企业招引上。

· 如果遇到了相关企业可以引进，但是如果对方需要大量的扶持条件（如土地、补贴等）最好暂缓考虑。

· 如果要想快速创造税收，还是得在电动汽车领域做文章。

**在初稿中，课题组初步判断：**

· 产业上游：原材料属于资源密集型，本区域不适合发展。

· 产业中游：零部件产品附加值高，产值税收高，可以作为关注点。

· 产业下游：传统整车制造用地较大，本区域无土地承载，可探讨特种车；充电桩运营、电池回收也是可以探讨的方向。

**结合本次调研，课题组有了进一步的判断：**

· 产业上游：上游的原材料加工具有很大的污染性，本区域不适合牺牲环境优势来发展这类产业；目前原料加工企业都在往中西部的原料产地迁移，开发区也没有这方面的自然资源。所以，不适合发展上游原材料加工业。

· 产业下游：电池回收市场很大，但是前期的厂房建设、设备投资巨大，资金回收期较长，目前依赖国家补贴，但是补贴力度不大。在国家政策力度不大、前景不明确的情况下，社会资金投资意愿很低，而且有一定的环境污染（目前的技术还达不到完全的无污染），不建议发展。

·产业下游：充电桩目前处于风口，可以探讨相关机会，如果要快速产生产值，充电桩的生产组装或是一个方向。

·产业下游：本区域土地资源不足，无法承接传统的整车厂，但是可以在特种车方面加大引入，如电动叉车等处于需求上升期的车型，这些相对于乘用车和客车市场来说还处于蓝海，而且技术成熟，生产基地相对于乘用车、客车的用地需求相对较小，并且产业聚焦度不高，招商难度相对较低，引进的可行性较大。

·产业中游：汽车零部件依然是课题组觉得大有可为的方向，但是零部件这个概念太泛了，必须进一步聚焦。由于氢能车产业化还有一定的距离，故暂不考虑氢能源相关的零部件，还是集中在电动车的三电系统方面；除了新能源汽车产业相关的零配件外，传统汽车产业的零配件也是一个很大的市场，可以考虑。

**在调研前，课题组认为本区域周边有 ×× 客车基地，可以此为龙头，发挥带动作用，通过这轮访谈，课题组进一步细化了相关结论。**

·客车整车厂的带动作用远不如乘用车的整车厂，本身对产业聚集的带动作用就比较有限。

·目前本区域内的 ×× 汽车还处于小规模量产阶段，在业内还处于新兴发展企业，是一个还未发展壮大的潜力“龙头”，对于零部件企业的吸引力和影响力还有待发展和培育。

·周边的 ×× 汽车的零部件很大一部分是其集团内部供应，其他源自江浙等产业聚集地，产品价格可以抵消物流成本，在零部件企业带动上的作用有限。

**所以，课题组认为：**

· 本区域内的 ×× 企业属于“潜力龙头”，要继续扶持其发展壮大，并通过其资源渠道引入相关企业，但有一个发展过程。

· 可以与 ×× 进行对接联系，但是不宜投入过多精力。

**在初稿中，从政府文件上看，本身在新能源汽车产业上的基础还是不错的，规划也比较完善，但是通过这次市场调研，诸多访谈对象都表示：**

·本省的汽车产业有一定基础，优势在于几个龙头企业很突出。

· 但在全国而言，相比江浙、广东等产业聚集地，本省的竞争力较弱，主要缺乏乘用车的整车厂，带动作用不强；对于高端人才的吸引力不足，所以高精尖技术方面的积累较为薄弱。

· 本省有很多零部件企业，但是规模较小且分散各地，不成体系，内部协同性不强，没有形成产业聚集效应。

**通过初稿的研究，加上本轮市调，针对本区域在新能源汽车产业上的发展方向，课题组得出以下结论：**

**①产业方向。**

· 产业上游（原材料）、下游中的传统整车制造和电池回收不适合本区域。

· 可从产业中游（零部件）及产业下游的充电桩中挖掘机会。

· 零部件中，氢能源相关的暂不考虑，还是从三电系统，以及传统汽车零部件中挖掘机会。

**②产业环节。**

· 组装环节落地最快，最符合本区域的实际情况，也能最快出产值和税收。

· 研发等高端环节附加值高，但是目前较难引入，需要做好人才引入规划，布局未来。

· 目前很多核心技术还掌握在国外公司手上，若能引入这些公司的生产线，对于产值提升大有裨益，但是各地都在争抢，难度较大。

**③招商路径。**

·继续做大本区域内的 ×× 企业，寻找相关配套厂商的落地机会，但是该企业目前在业内的带动作用尚需培育；理性看待周边的 ×× 企业带来的机会，积极接洽但不作为重点。

·除了挖掘区域及周边资源，应在江浙一带、广东一带等传统汽车产业聚集区域寻找机会；鉴于很多技术掌握在国外企业手上，外商投资也是需要挖掘的方向（比如引入高精尖企业的组装线）。

·各地都在努力招引龙头企业，但是要付出相当大的成本，可以多关注“潜力股”，引入优质成长性企业，将其培育成龙头企业。

# 第四章
# 产业园区的规划设计

确定了园区的初步定位后，必须通过规划设计将想法落到空间上，这部分内容一般由开发方的规划设计部完成，规划设计部也基本是委托专业的设计院进行设计,虽然有专业的部门和机构来执行，但基本的土地和规划知识也是前期拓展和策划人员必须掌握的。

2019年,第十三届全国人大常委会第十二次会议审议通过《中华人民共和国土地管理法》修正案，增加第十八条：国家建立国土空间规划体系[①]。经依法批准的国土空间规划是各类开发、保护和建设活动的基本依据。

为了解决改革过渡期的规划衔接问题，新《土地管理法》还明确：已经编制国土空间规划的，不再编制土地利用总体规划和城乡规划。同时在附则中增加规定：编制国土空间规划前，经依法批准的土地利用总体规划和城乡规划继续执行。

目前，《土地管理法》《城乡规划法》还是有效的，所以一般要掌握以下内容：

土地规划：主要了解这片地是否可以用于建设，是不是建设用地。

城市规划：主要了解这片地要建什么，是什么业态和产品，比如是住宅还是工业。

本章主要对土地规划和城市规划进行讲解。

## 一、土地规划

土地规划主要是规定土地地类，土地根据所有权可分为国有

① 国土空间规划是对一定区域国土空间开发保护在空间和时间上做出的安排，是国家空间发展的指南、可持续发展的空间蓝图，是各类开发保护建设活动的基本依据。国土空间规划体系具有“五级三类四体系”的特点。依规划层级分为“五级”，国家、省、市、县和乡镇级；依规划内容分为“三类”，总体规划、详细规划和相关专项规划；依规划管理运行体系，分为编制审批、实施监督、法规政策、技术标准四个子体系。

土地和集体土地；根据土地用途可分为农用地、建设用地和未利用地。

**表 4-1　土地分类**

| 类别 | 涵义 | |
|---|---|---|
| 农用地 | 直接用于农业生产的土地 | 包括耕地、林地、草地、农田水利用地、养殖水面等 |
| 建设用地 | 建造建筑物、构筑物的土地 | 包括城乡住宅和公共设施用地、工矿用地、交通水利设施用地、旅游用地、军事设施用地等 |
| 未利用地 | 农用地和建设用地以外的土地 | |

只有在建设用地上才能进行建设，如果对照土规叠加后，发现后是耕地、林地等，则表示没有建设用地指标，一定要修改规划改成建设用地才可以，但是否可以修改、如何修改、报到哪一层次，这些都需要根据当地的情况和规定详细沟通了解。另外，遇到风景名胜、水源保护、基本农田、文化保护地、城市防灾工程等，尽量不要碰这种地，因为调规可行性很小。

## 二、城市规划

城市规划包括总规、控规（含规划设计条件）、修规。

### （一）总规

总规，全称城市总体规划，是指当地政府依据国民经济和社会发展规划，以及当地的自然环境、资源条件、历史情况、现状特点，统筹兼顾、综合部署，为确定城市的规模和发展方向，协调城市空间布局等所做的一定期限内的综合部署和具体安排，包括土地性质、区域容积率、建筑密度。

简单地说，就是政府根据当地的资源禀赋，结合未来的开发规划，对未开发的区域做的总体规划。

如果需要修改总规，在具备条件的情况下，以上位规划要求、行政区调整、重大工程建设、评估确需修改、审批机关认为应该修改等理由去报批。

此外，总规之下常常还有城市分区规划，其在总规的基础上，对城市土地利用、人口分布和公共设施、城市基础设施的配置做出进一步的安排，以便与详细规划更好地衔接。主要内容包括：

·确定分区的空间布局、功能分区、土地使用性质、人口分布、建设用地的容量控制指标。

· 确定绿地系统、河湖水面、供电高压线走廊，对外交通设施用地界限和风景名胜区、文物古迹、历史文化街区的保护范围，提出空间形态的保护要求。

·确定市、区居住区级公共设施的分布及用地范围，控制原则。

· 确定主要市政公用设施的位置。控制范围和工程干管的位置、走向、管径，进行管线综合。

· 确定城市干道的红线位置、断面、控制点坐标和标高，确定支路的走向、宽度，确定主要交叉口、广场、公交站场、交通枢纽等设施的位置和规模，确定轨道交通线路走向及控制范围，确定停车场的位置和控制范围。

### （二）控规

控规，全称控制性详细规划，以城市总体详细规划或分区规划为依据，确定建设地区的土地使用性质和使用强度的控制指标、道路和工程管线控制性位置，以及空间环境控制的规划要求。

控制性详细规划文本的内容要求：

· 总则：制定详细规划的依据和原则，主管部门和管理权限。

·土地使用和建筑详细规划管理通则——各种使用性质用地的适建要求、建筑间距的规定、建筑物后退道路红线距离的规定、相邻地段的建筑规定、容积率奖励和补偿规定、市政公用设施、交通设施的配置和管理要求、有关名词解释、其他有关通用的规定。

·地块划分，以及各地块的使用性质、详细规划控制原则、规划设计要求。

如果需要修改控规，一般在本级部门审批，上级备案就行。一般以社会经济原因来报批，比如以该项目落地后可拉动经济（产值、税收、就业等）来修改规划。

注意，看地时拓展人员一定要拿着法定的规划图去看，因为建筑物的现状不一定是完全按照规划建的；二手地不仅要看手头证件，还要看政府的法定规划，证件合法等于过去合法不等于现在合法。

比如在工业地上建了写字楼，无法办证，只能租用，收购的时候就要注意，如果手续没有调整，最后这块地还是会被政府收回，不能合法出让，即使侥幸通过，也会被整改收回；不能抵押，很难转让，即使转让发告知说已经可以变性。一定要注意，只有政府出具的调规文件才有法律效力，如果只是有自然资源局出具的文件是没有法律效力的。

在确定了控规后，就要制定规划设计条件。[①]

规划设计条件是贯穿规划实施管理全过程的重要线索，是对建设用地及建设行为有效实施控制引导的核心手段。

规划设计条件一般包括规定性（或称限制性）条件和指导性条件。

---

① 是依据控制性详细规划，对建设项目提出规划建设要求，编制修建性详细规划和审批、建筑设计方案审查、建设工程规划许可和建设项目竣工验收的重要依据，是建设用地规划许可的核心内容。

（1）规定性（限制性）条件，要求规划设计必须遵守，建设单位必须遵守。一般包括用地范围、土地性质、开发强度、环境指标中的绿地率（绿地总面积 / 地块面积）、交通组织、相邻关系、市政设施、公共设施、“四线”管制、公共安全。

（2）指导性条件，建设单位则根据建设项目的具体情况尽可能遵守。一般包括人口容量、环境指标中的绿化覆盖率和空地率、环境景观、城市设计。

作为用地规划许可的核心内容，以及国有土地使用权出让合同的重要组成部分，规划设计条件涉及建设项目开发强度等多项规划指标，一般情况不得变更。

确需变更的情况下，必须由相关单位向规划主管部门提出申请并说明变更理由，由规划主管部门依法按程序办理。

### （三）修规

修规，全称修建性详细规划，很多地方也简称为“详规”，以城市总规、分区规划或者控规为依据，制定用于指导各项建筑、工程设施的设计和施工的规划设计。

根据建设部《城市规划编制办法》，修建性详细规划应当包括下列内容：

· 建设条件分析及综合技术经济论证。

· 建筑、道路和绿地等的空间布局和景观规划设计，布置总平面图。

· 对住宅、医院、学校和托幼等建筑进行日照分析。

· 根据交通影响分析，提出交通组织方案和设计。

· 市政工程管线规划设计和管线综合。

· 竖向规划设计。

· 估算工程量、拆迁量和总造价，分析投资效益。

与总规、控规这种只有一张图或者表的规划相比，修规更加详细，以具体的建设项目为依据，实施性较强，通过很形象的方式（如模型、透视图等）将规划范围内的道路、广场、绿地、建筑物等要素表现出来，具有直观、形象的特点。

此外，与总规、控规必须由政府编制不同，修规的编制主题更加多元化，既可以是政府，也可以是开发商或者拥有土地使用权的业主。

**（四）概念规划**

除了这几个“规”外，有时候我们也会接触到“概念规划”，那么概念规划又是什么呢？这个概念规划一般和上面的不是一个层级，是开发商委托设计单位来制定。

对于项目开发人员来讲，那些被渲染得非常漂亮的效果图就是概念规划图了。

图 4-1　概念规划图参考

而概念规划的具体内容，则是甲方在给出地块的详细信息和诉求后，委托乙方在限定条件下给出的设计成果。注意，这个成果只是“概念”，并不完全和最后建出的建筑物一致。

表 4-2 列出常用的概念规划的设计任务书模板供参考。

**表 4-2　常用的概念规划的设计任务书模板**

| 序号 | 章节 | 内容 | 说明 |
|---|---|---|---|
| 1 | 项目概况 | 项目名称 | |
| | | 项目位置 | 宗地位置、宗地四至范围 |
| | | 项目用地 | 宗地地块构成、内部情况、地形图 |
| | | 项目规模 | |
| | | 地块周边条件 | 周边用地功能布局、基础设施条件 |
| | | 道路交通条件 | 地块周边道路交通条件、内部道路交通条件 |
| 2 | 设计依据及原则 | 设计依据 | |
| | | 设计原则 | |
| 3 | 设计内容 | 项目定位策划 | |
| | | 总体规划设计 | |
| | | 建筑设计 | |
| | | 经济技术指标 | |
| | | 分期开发建议 | |
| | | 项目风险提示 | |
| 4 | 设计目标及要求 | 设计目标 | |
| | | 设计要求 | 设计深度、设计风格（建筑风格建议、园林风格建议）、其他要求 |
| 5 | 设计进度及成果提交 | 应完成的设计成果 | |
| | | 形式及数量 | |

## 三、产业园区规划设计的原则

在确定了项目的功能、物业体量需求、物业形态及风格等之后，就要做项目的规划，确定项目的实际占地面积、规划红线、容积率、建筑限高、建筑密度、绿地率、初步的交通体系、建筑风格、景观等。

在项目前期，可以联合策划单位和概念规划编制单位，合作进行开发策划方案的编制，双方进行充分沟通，避免出现策划一张皮、规划一张皮的情况。比如产业定位及相关策划找一家机构来做，后续做规划时又找一家机构来做，产业的策划无法和规划有效结合，需要甲方在中间沟通，保证两家单位思路一致；或者直接委托既可以做产业定位策划又能做规划的单位，全过程一条龙服务，这样能够较好地保持策划规划的一致性。

# 第五章
# 产业园区的投资分析

如果是政府作为主体来开发的产业新城和产业园区等，最重要的考量还是对产业的引导和聚集作用；如果是企业作为园区开发主体，在初步确认了选址和用地范围后，必须进行初步的投资测算，看是否能算清账。

纯一级开发项目与纯二级开发项目、一二级联动的投资逻辑又不完全一致。

## 一、投资逻辑

### （一）纯一级开发项目

土地一级开发是土地储备的重要组成部分，是把生地 / 毛地变成熟地的投融资和建设过程，国家政策规定土地储备工作必须由县级以上土地储备机构承担，应通过公开招标方式确定实施主体，所以一级开发的项目主体是地方土储机构，通过公开程序确定社会投资人作为实施主体，实质是政府采购，政府付费来源为财政预算资金，实施主体按合同约定获取合理报酬。

纯一级开发项目的主要投资逻辑在于合同约定的价格符合预期的工程建设利润（在计算资金成本后）。

### （二）纯二级开发项目

在已经成熟的地上进行建设，比如建厂房、办公、商业、住宅、配套等建筑形态，主要投资逻辑是在约定的租售比例下，在扣除资金成本后，能获得预期的回报（一般通过 IRR[①] 来衡量）。

① IRR（Internal Rate of Return），即内部收益率，是指资金流入现值总额与资金流出现值总额相等、净现值等于零时的折现率 IRR 越高，说明预期获得的收益越高。

### （三）一二级联动开发项目

片区开发模式下的产业新城建设，将一二级的开发都委托给同一主体。不过，鉴于部分城市目前经营性用地的出让非常严格，无法确保二级项目用地（特别是居住用地）的获取，但企业作为一级开发投融资主体，在产业新城的建设过程中可获得较强的合作黏性和开发话语权，有利于二级开发工地的获取。一二级联动的开发项目，投资逻辑也是一级的工程利润＋二级的开发利润的通盘考虑。

## 二、政策争取

政策争取分两种：一是针对开发方的政策；二是针对入园企业的政策。

### （一）针对开发方的政策

与房地产的快进快出的高周转率不同，产业园区的开发，投入大、回收期慢，在很长一段时间内都属于净投入状态，所以需要强大的资金实力作为支撑。

很多园区开发商都会与当地政府进行洽谈，在开发之前就与政府谈好条件，获取定制化扶持政策。根据产业园区开发的行业经验及相关案例，为更好地促进产业园的开发，园区开发运营商一般都会获得政府在地价扶持（随着政策的不断收紧，在政府财政收支两条线的情况下，直接的土地款减免或者返还在途径上基本没法操作，最多可谈到基准地价成交）、配套住宅用地、税收分成、土地整理、基础设施建设、招商引资奖励、规划咨询服务等方面的扶持补贴。

这些将对财务测算产生极大的影响，关系到整个园区的账是否能算得清，所以在开发之初就要和政府谈好。

**注意：**

·必须以详细的具有法律效力的合同条款来规定这些特定政策（比较特殊的情况下，某滨海新城项目，相关的合作条款是以人大立法的形式予以明确，很多做不到这种程度，但是也必须要有合同约定）。

·充分考虑政策变动的可能性，开放方一是要加快园区的建设和招商运营，以招商成绩说话，争取政策的延续；二是在前期策划阶段的财务测算方面，要假设抛开了政府补贴后，自身实际的损益情况，评估自身抵抗风险的能力，谨慎开发。

·对于政策的争取不止在前期，应该贯穿整个项目的运营，并滚动更新。

### （二）针对入园企业的政策

针对入园企业制定的各项扶持政策，关系到后续的招商引资，虽然在前期沟通的时候不一定能面面俱到非常详细，但是前期也要在方案中提出要点，比如制定贡献及发展奖励、研发补贴、人才政策、租售补贴、装修补贴等政策。不过，提出扶持政策的时候，政府一般也会要求制定入园门槛和租售的条件，可以在门槛上先制定比较大的空间，待园区实际运营后再不断完善。

## 三、融资方式

产业园区 / 产业新城的投资大，回收期长，因此不可能完全使用自有资金，需要通过多样化的手段进行融资，合理规划资金的筹集、分配、运用和收回，降低财务风险，缓解财务压力。

随着金融业务的发展和衍生工具的创新，企业投融资方式更加多样，除传统的自有资金融资和银行贷款外，非标融资、资产证券化、房地产信托融资、PPP 等方式得到了广泛的应用。在此列举几类相对稳健、成熟的融资方式供参考。

### （一）自有资金、银行贷款、信托等融资

表 5-1　自有资金、银行贷款、信托等融资

| 分类 | | 主要方式 |
| --- | --- | --- |
| 自有资金融资 | | 向集团公司、财务公司或者关联公司借款 |
| 银行贷款融资 | 国内银行贷款 | 信用贷款、担保抵押贷款和保证书担保贷款 |
| | 国外银行贷款 | 外国政府贷款、国际金融组织贷款和国际商业贷款 |
| 房地产信托融资 | | 贷款型信托融资模式、股权型信托融资模式、财产受益型信托融资模式、混合型信托融资模式（夹层融资型） |

### （二）“EPC+”融资

1.EPC+ 工程基金认购

近两年，EPC+ 基金认购模式在山东、新疆、广西、重庆、河南等省份已广泛采用，有例可循。具体方案：由业主方成立的投资平台公司发起设立项目专项基金，业主方通过“施工总承包”公开招标形式（附带中标方认购基金的条件），引进投资方，投资方可认购约 Y 亿元基金份额，通过专项基金以股权形式投资本项目的项目公司，提供资本金支持，基金将以“注册资本 + 资本公积”的形式投资到本项目的项目公司。业主方投资平台公司指定方担任基金管理人 GP，投资方作为 LP，基金收益按预期，业主方按约定在建设期结束后分 n 年等额回购投资方基金份额。

2.EPC+ 融资租赁模式

为减轻总承包方的资金压力，以及延长业主（发包方）付款期限，缓解其短期资金压力，可尝试在 EPC 总承包项目中引入融资租赁公司，根据不同情况采用设备融资租赁模式、部分融资租赁模式、联合体融资租赁模式等。

3.EPC+ 延期支付

部分工程款可按一定比例支付，剩余部分延期支付，支付比例、延期周期等事宜需另行商议。

### （三）PPP 模式

PPP 模式（Public—Private—Partnership），即政府和社会资本合作，是指为了提供某种公共产品或服务，政府与私人组织之间形成伙伴式合作关系，PPP 模式更多的是一种风险共担机制，特别是在某些社会资本方（施工企业）根据合同规定能实际掌控的项目中，施工企业作为核心股东，其资金被项目占用显得名正言顺，而回款不再全部来自与地方政府及代理人之间的直接债务关系，部分项目回款通过特许经营权等方式约定，项目本身的质量更关键。

PPP 模式本质上是建筑施工企业协助地方政府承担了部分基建项目的融资职责，因此要求施工企业拥有相对强大的融资能力和信用资质，央企天然具有优势，而民企在承担这一职责的过程中可能面临更大的现金流管控压力。

PPP 项目按回报机制分为政府付费、使用者付费和可行性缺口补助三类。其中，可行性缺口补助是当使用者付费不能覆盖建设、运营维护成本及合理收益时，由政府支付可行性缺口补助，部分可行性缺口方式由政府付费类项目包装形成，实际上政府付费类项目占比更高；在实践中，可行性缺口类 PPP 项目从政府获得的补助可能达到项目总回报的70%~80%，因此主流PPP项目高度依赖区域地方政府的财力情况。

### （四）ABO模式

目前还出现了一种新型的投资模式，即ABO模式。

ABO模式，授权（Authorize）-建设（Build）-运营（Operate）模式首创于北京市交通委员会代表北京市政府与京投公司签署的《北京市轨道交通授权经营协议》中，即北京市政府授权京投公司履行北京市轨道交通业主职责，京投公司按照授权负责整合各类市场主体资源，提供北京市轨道交通项目的投资、建设、运营等整体服务。政府履行规则制定、绩效考核等职责，同时支付京投公司授权经营服务费，以满足其提供全产业链服务的资金需求。京投公司也因此成为北京轨道线网发展过程中的统一“业主”。

按照协议约定，市政府每年向京投公司拨付一定额度的授权经营服务费，用于双网的项目建设、更新改造和运营亏损补贴等。同时，京投公司充分发挥自身的投融资职能，筹集其余建设资金，保障项目用款。这里所谓的授权经营，就是法定意义上的政企、政事分开。市政府不再是公共产品的直接“提供者”，变成了市场化主体的“监管者”和“规则制定者”。京投也从最初单一的投融资平台一跃变成市场资源的“整合者”，并提供公共服务。

这样，政府从具体建设、管理事务中脱离出来，更好地履行规则制定、资金支持、监管考核等职责。此举有助于深化轨道交通投融资体制改革，充分发挥市场机制作用，提高公共管理的效率与质量。京投公司在政府的监督下，通过激励约束机制和市场竞争机制整合资源，发挥各类市场要素的积极作用，提供更多更好、性价比更高的轨道交通项目投资、建设、运营等整体服务。

片区开发中的ABO模式，由地方政府将片区整体开发策划、土地平整、基础设施及公建配套设施建设、土地营销、产业招商、城市运营等社会公共服务职能，授权至政府国资公司，并以提供授权经营管理形式加以实施，由被授权方提供片区经营管理服务，政府履行规则制定、绩效考核等职责，同时支付授权经营款项的合作开发模式。

ABO模式在长三角、西南片区已经有很多应用，核心步骤有三个：一是市政府要确定授权主体——授权某管委会为管理主体，某市属或区属平台公司为实施主体；二是建立资金保障机制——确定片区土地净收益及新增相关税费收入，市本级实得部分通过合规渠道拨付给地方平台公司，作为片区综合开发的资金来源，这里需要市财政局出具专门的资金计划；三是财政局资金计划中要约定拨付流程，和PPP这种已经被政府详细规定了流程的模式不同，ABO模式尚没有明确的法律法规来明确，因而很多地方政府担心会有隐性负债的风险，后续可能会继续发展演变。

## 四、财务测算的逻辑

此处，针对二级开发的财务测算进行说明：

### （一）前提假设

在测算之前，需要考虑好图5-1的因素。其中，租售价格在前期可以经过市场比较法进行初步匡算，但在项目投入使用后，具体的精确售价还需要进一步研究，再制定详细的租售方案。

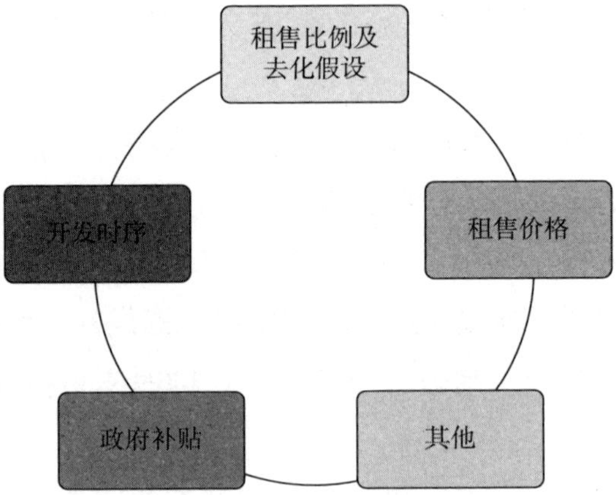


图 5-1 测算考虑因素

## （二）计算逻辑

收益（净利润）= 收入（销售收入、租赁收入、运营收入、政府补贴等）- 支出（土地支出、建安工程、工程及其他费用、基本预备费、建设期利息）

表 5-2 计算逻辑

| 类别 | 具体事项 |
|---|---|
| 土地支出 | 土地出让金、相关税费 |
| 建安工程 | 地下工程：土石方、桩基、地下室工程等<br>主体建筑：一般土建、外立面、安装和消防、装修工程等<br>设备工程：电梯、发电机、中央空调、抗震、智能化等<br>室外工程：道路、景观、绿化、夜景、安装工程等 |
| 工程及其他费用 | 城市基础设施费、工程咨询费、设计费、勘察测量费、施工图审查费与工程建设有关的其他费用 |
| 基本预备费 | 为对应设计变更或工程建设的不可预见费 |
| 建设期利息 | 根据项目实际融资利息计算 |

➢ 评估项目是否可行，通常关注项目内部收益率（IRR）、

财务净现值（是否为正）、投资回收期，动态和静态都要做，一般以动态为准。

➢ 为进一步分析财务回报的影响因素，可增加敏感性分析，如租金、售价、建安成本、财政补贴等因素对收益率的影响分析。

# 第六章
# 可行性报告的撰写

前五章的内容，从产业定位、选址、投资分析、测算方面进行了详细介绍，完成了这些工作，基本完成了项目的前期工作，可以形成比较完善的可行性研究报告。

除了可行性报告，经常听到“开发策划方案”和“商业计划书”等名词，这些内容有什么不同吗？

**表 6-1　可行性报告、开发策划方案、商业计划书对比**

| 类型 | 内容 |
| --- | --- |
| 可行性报告 | 在项目开发前的决策阶段，对项目的市场前景、产品定位、客户需求等因素进行具体调研、分析，综合分析各类因素，估计项目经济效益和社会效益，判断是否可行，形成书面报告，供决策者和决策机构参考，是项目开发前期的必要书面报告 |
| 开发策划方案 | 同样需要经过深入的市场调研，只是在内容上除了可行性分析，在项目的实操层面（如招商、营销、运营）提出了更多具体建议，格式也更加灵活 |
| 商业计划书 | 多面向投资机构，不仅要在可行性方面进行说明，在管理团队、经营战略、投资者回报的方式和投资者如何参与未来项目的经营监管等方面也要进行详细说明 |

三者都建立在翔实的调研和严密的逻辑分析基础上。

## 一、可行性报告的内容

可行性报告的内容很多，但基本上要说清楚三个问题：为什么要做这个项目？这个项目要做成什么样？这个项目可行吗（符合公司的收益要求吗？公司的资源能支撑这个开发过程吗？相关风险能承受吗）？

表 6-2 可行性研究报告的内容

| 类别 | 内容 |
| --- | --- |
| 为什么要做这个项目 | 项目必要性，如公司战略、业务转型等 |
| 项目要做成什么样 | ➢ 园区定位<br>➢ 客户定位<br>➢ 功能定位<br>➢ 建设方案 |
| 项目可行分析 | ➢ 财务测算：收益率、敏感性分析、盈亏平衡<br>➢ 风险分析和防范 |

## 二、可行性报告撰写的原则

虽然可行性报告的框架比较明确，而且专业型报告不需要太多华丽辞藻修饰，但是图文内容的组织还是需要经过一定的提炼，要做到行文流畅、逻辑明确。此外，大部分报告都会做成 PPT 格式，对于排版和视觉呈现也有一定的要求。

### （一）一份好的报告的衡量标准

· 让听的对象能够短时间内大致清楚你表达的内容，最好每页有提炼、每章结尾有小结。

· 能为其做决策提供支持（能打动人），前后要有逻辑推导关系，首尾呼应，让人觉得你的论据可以支持结论。

### （二）写报告时常见的问题

· 结构混乱、信息太多太杂；没有观点、只是材料堆砌。

· 缺乏逻辑，前后无法呼应；主次不分，难以弄清重点。

· 晦涩难懂，无法深入浅出；缺乏美感，排版配色混乱。

### （三）写报告的流程

1. 搭建逻辑架构

· 先弄清报告的对象和诉求。

· 根据经验积累和要求，梳理报告框架和逻辑。

· 自我演绎推断，确保逻辑顺畅。

2. 进行文字输出

· 搜集资料。

· 提炼分析。

· 按照结构行文。

· 篇幅上分清主次。

· 深入浅出，多用数据。

3. 优化视觉呈现

· 排版干净、整齐。

· 选择合适的图片和图标，字体不宜过多，尽量清晰。

· 选择合适的颜色搭配。

· 如果是做大量的 PPT，要遵守字不如表、表不如图的原则。

· 谨慎使用动画（因为很多报告都要转成 PDF 发送并打印）。

## 三、如何选择外部咨询机构

很多时候，因为项目较多，市场调研、规划设计包括可研报告都是由开发方（也称“甲方”）委托外部机构撰写，甲方把控节点即可，如何选择靠谱的咨询机构呢？

为什么要委托咨询机构来写呢？往往是希望在一个大型项目初期引入有经验的外脑，帮助一线执行团队克服人手不足、专业性不够、信息量有限的痛点，快速形成指导下一步工作的专业解决方案。

如何衡量一个咨询项目是否满足要求？如果这个咨询项目能够按计划完成、质量达到预期、成本控制在预算内，就达到了及格分。如果在此基础上能够与甲方合作融洽、相互成就，帮助甲方找到有战略高度、资源优势的方案，让利益相关方都同意，就达到了优秀分。

对于甲方，要做到以下几项：

### （一）理解咨询机构自身的定位

很多甲方觉得，咨询机构按照任务书的要求完成书面报告，咨询项目就结束了，并不承诺报告的实际效果。

咨询机构也很委屈，因为咨询机构的商业模式就是依靠员工的智力资源，在大量的商业实践中提炼具有普遍性的理念和方法论，帮助有咨询需求的企业将其运用于新的商业实践，创造新价值，注重的是理念而非实操。

咨询机构的优势在于科学的方法论（特别是大公司）和丰富的数据库（即大量案例），以及第三方的客观、中立视角；劣势在于不比甲方在业内实刀实枪的实操，咨询机构更多停留在研究层，缺少落地性。但是也不能认为所有咨询机构的成果都是花拳绣腿，甲方能做的就是选出最合适的乙方，协助他们做出最有用的报告。

所以，甲方需要充分认知咨询机构的定位，调整自己的认知，降低预期，不要指望乙方解决根本问题。

此外，咨询机构的核心资源是员工。咨询机构执行团队的构成一般会有 1~2 个 Partner、1 个 Manager、3~4 个 Consultant。Partner 和 Manager 参与商务环节，根据对咨询项目的理解，匹配合适的团队成员，估算团队成员的投入时间，并进行报价。

所以，甲方不能想当然地认为自己的项目就是对方会百分百投入的好项目，一定要在商务阶段把好关，引起乙方的重视，尽可能匹配更优质的团队成员和分工。

### （二）清楚自身需求并做好过程管理

咨询过程是甲方执行层与乙方咨询机构“斗智斗勇”的过程。甲方明确自己要什么、明确筛选标准、明确自己怎么进行过程管理。

**第一步，搞清楚项目需求。**

·是否需要乙方的品牌背书，即是否需要“大钻石型”（全球品牌的咨询大厂）公司来彰显项目的重要性，还是可以找“小珍珠型”（本地区域品牌，但是有本队团队，执行力也较好）的公司？这一步决定了选择范围和预算控制价，一般而言，“大钻石型”公司的费用比“小珍珠型”公司高很多。

·是否需要乙方做到项目执行还是只停留在策划，或者说甲乙方执行层的能力是否互补？

·是否已经统一了甲方的内部需求？最好有经过会议审定的项目咨询范围，并指定内部工作组和对接人。

**第二步，多维度评估乙方项目团队。**

·乙方公司资质：主要是公司业务规模、业务占行业水平、代表项目（同类过往案例）、公司资源支持等客观条件。

·乙方执行团队资质：主要是项目经理业务能力和项目经验；项目总监业务能力和项目经验、项目团队成员业务能力和项目经验。其中，项目经理是团队核心。

·乙方执行团队架构：了解项目总监、项目经理的投入度。

**第三步，确保乙方正确理解项目需求。**

·招标前充分沟通。广撒网发布工作任务书，让咨询机构了解甲方背景和项目背景，初步接触确定咨询机构的意向；邀请有意向的咨询机构进行前期方案沟通，不断修正咨询机构对项目的理解；开启招投标流程，邀请内部领导和专家评审项目方案，选择适合项目的最优方案。

·项目开始后保持跟进。甲方在咨询机构执行过程中，不能完全做甩手掌柜。建议甲乙方在工作组织上达成共识，共建工作团队。定期沟通交流，沟通频率建议为每周一次，以解决问题为导向，甲方为主及时反馈项目建议，乙方为主及时提出项目难点问题，双方共同解决。

建议甲乙方共同参与重要的访谈调研，在核心观点上达成共识。一般是甲方协调组织甲方内部访谈调研和实地考察，乙方组织市场调研及专家访谈。

所以，甲方执行层最好能全程跟进。一是授之以鱼不如授之以渔，甲方的对接人若能在推进项目过程中学习到咨询机构的方法论，结合实际工作的优势，在未来的工作中能更好地分析研究和落地；二是甲方能更好地掌握乙方的投入度和成果的可靠性，以防咨询机构过于依赖主观判断，不能做出有针对性的研究。

### （三）重视流程管理、合同管理

虽然说双方合作要以互相信任为前提，但是“在商言商”，把“丑话说在前头”，少给后期带来不必要的麻烦。

（1）尽可能用合同和工作任务书明确工作目的、范围和预期效果，越细越好，对于有争议的部分，最好用书面文件与乙方进行确认。

（2）务必要求团队人员（特别是项目经理）不能随意变更，若要变更，必须经过甲方同意，否则可视为违约，乙方需承担相应的违约责任。

（3）为保障项目进度和质量，尽可能设置分期付款，以阶段性成果达到验收要求作为付款条件。

（4）对于异地咨询公司，可视项目重要性要求咨询团队驻场研究，还可以在驻场结束后设置持续服务期、保持远程沟通合作及必要的线下汇报。

## 【附】某信息产业园可行性报告参考

### （一）项目开发的必要性和意义

说明公司成立以来的发展现状，受到的制约，以及为了可持续发展并达到项目愿景，开发专业的产业园区迫在眉睫。

该项目的开发建设顺应了产业整体发展势头良好、区域发展迅猛、各级政策大力扶持的背景，在A省率先建设低密度、生态型的第四代产业综合体，将以承接B市信息产业的溢出为重点，立足某某地区、面向全国，规模引进高新技术企业，提升区域内就业机会的数量和质量。

该项目的开发建设，符合地方政府“兴产业、促人气”的发展方向，开发成功后，公司可以此模式为标杆性参考，进行异地复制，加快“走出去”的步伐，寻找新的拓展空间和发展机会，并通过项目的实操锻炼，培养一批熟悉产业园区开发全流程的专业人才，为公司的可持续发展提供重要人才支撑。

### （二）项目概况

项目位于区域××地方，规划范围××万$m^2$，占地面积×亩，总建筑面积××万$m^2$（其中计容建筑面积为××万$m^2$），综合容积率××。

项目位于××大道、××大道路、××大道大通道等多条主干道交汇处，内外交通十分便利。

项目规划范围 ×× 万 $m^2$（红色虚线内的所有面积，包括市政配套等），占地面积（去除掉市政配套后）为 ×× 万 $m^2$（N 个子地块的总面积）。

项目计划分 × 期建设完成，一期占地面积 × 亩，建筑面积 ×× 万 $m^2$，容积率 ××，预计投资额 ×× 亿元；二期占地面积 × 亩，建筑面积 ×× 万 $m^2$、容积率 ××、预计投资额 ×× 亿元；三期占地面积 × 亩，建筑面积 ×× 万 $m^2$，容积率 ××，预计投资额 ×× 亿元……项目总投资额约 × 亿元。

本项目以 ×× 产业为主导，并涵盖 ×× 产业、×× 产业等相关产业，同时广泛引进高新技术产业的研发设计、总部办公、职能部门等产业链高端环节。

根据前期调研与研究策划，认为该园区应具备企业孵化、办公、配套和服务的功能，并依功能分为孵化主题区、综合主题区、总部主题区、商业主题区和服务主题区。

项目按照综合租售比 a ∶ b 的情况下，内部收益率约为 ×%，投资回收期（静态）约为 × 年。其中，一期投资约 × 亿元，建筑面积为 × 万 $m^2$，内部收益率约为 ×%，投资回收期约为 × 年。

### （三）项目竞争状况分析

1. 项目所处区域的宏观分析

**（1）该省的加速发展。**以某省为主体，涵盖周边区域，具有自身独特优势的区域经济综合体。这里可以列出国家对该省的具体要求，结合十四五规划等，提出主导发展产业、经济发展目标。

**（2）区域一体化的推进。**该城市与周边城市所形成的城市群的具体情况、战略机遇等。

**（3）该市的具体发展。**所在市的相关产业规划、重点项目规划等。

**（4）该区的具体发展。**所在行政区的相关产业规划、重点项目规划等。

2. 产业分析

**（1）整体势头发展良好**

世界趋势：20 世纪 90 年代以来，该产业 GDP 增长率保持在 6% ~ 10%，为同期世界整体 GDP 增长率的 2 倍，预计到 ×× 年，全球市场将达到 ×× 亿元规模。

中国趋势：据调查显示，中国 ×× 行业的主营业务收入从 × 年的 × 亿元增至 × 年的 × 亿元，年复合增长率高达 ×%，其中 ×× 行业、×× 行业等成为投资热点。

**（2）区域发展迅猛**

区域（省、市）规模以上企业 ×× 家，营业收入 × 亿元，产值 × 亿元、税收 × 亿元，比去年同期增长 ×，从业人员超 × 万人。如果该市的产业情况在该省遥遥领先，可以再加上该市的产业规模在全省的占比。

**（3）政策大力扶持**

×× 产业是国家新兴战略产业之一和重点发展领域，得到了国家、省、市各级的支持，国家在 × 年发布了《×× 发展战略》……

该省也极其重视培育行业领军企业，对 ×× 等产业的发展给予了金融、财税、资金等方面的扶持，如在 × 年发布了专项扶持政策。

区域政府层面，该市在企业销售、研发、人员培训等方面明确了奖励和补贴，也正在创建国家级 ×× 产业示范城市。

3. 主要竞争园区现状分析

项目组对项目的主要园区进行了走访，并详细分析了其中 × 个典型的竞争园区。从开发主体、地理位置、占地面积、建筑面积、容积率、项目定位、产业定位、产品形态、主要客群、租售模式、租金水平、售价水平、招商去化率等方面详细地分析了现有的几个典型园区，并总结各个园区的优劣势，对本项目的开发提供了若干方向性的建议。

4. 项目 SWOT 分析

**（1）优势（Strengths）**

如开发主体的特殊优势（实力雄厚、板块综合、有产业资源）、交通便利等地理优势、产城融合的配套优势、周边有大企业的带动优势、项目地环境优美等。

**（2）劣势（Weakness）**

本地需求较少，绝大部分客户需从外部招引，增加了招商的压力。

项目周边配套还需继续完善，特别是交通和住宿。

**（3）机会（Opportunities）**

产业发展势头良好，国家对其大力扶持。

周边产业的迅猛发展带来的产业溢出和转移。

**（4）威胁（Threats）**

临近的区、市也在积极出台各种政策，规划相关园区，加大对企业的吸引力度。

**（5）对应战略**

SO 战略：依靠内部优势，利用外部机会。

WO 战略：利用外部机会，规避内部劣势。

ST 战略：依靠内部优势，降低外部威胁。

WT 战略：规避内部劣势，降低外部威胁。

## 四、项目需求分析与体量预估

### （一）目标客户需求调研

1. 访谈调研——企业需求小结

为深入了解客户的需求，项目组在省内外进行了大量实地调研，获取了大量的客户需求信息，为项目的功能定位提供了参考。项目组共调研了重点城市 × 个、典型园区 × 家、实地走访了园区内企业 × 家、行业协会及政府部门 × 家，并委托市调公司完成 × 份企业问卷。

调研结果显示，不同类型的企业具有不同的办公偏好和需求。其中，中小微企业具有以下鲜明特征：

·规模小，人力财力有限，对租金、政策等外部优惠条件敏感度高。

·办公选址主要考虑接近市场和方便招人。

·与政府/园区管理者接触较少，很不情愿且尽量避免与其打交道。

·关注市场信息和行业氛围，尤其关注行业领军型企业的决策动态。

中小微企业的需求往往集中在财政补贴、平台建设等方面，具体表现为：希望园区能提供性价比高且充足的人才公寓及较齐全的商业配套，便于园区招募并留住人才；对租金补贴、人才补贴等有较大需求；希望园区能搭建行业交流平台和信息对接平台，提供公共会议室和空间、宣传推广等，帮助对接客户和投资人；需要一站式政务服务平台，提高行政效率，减少企业跟政府打交道的时间。

综合大中型企业及相关投资机构的意见，认为：

· 出于成本或者其他因素考虑，有意将某些后台业务或独立环节放置到成本较低或者环境较好的区域。

· 由于企业已经发展到一定程度，存在扩张需求，对独栋、联排等办公场所有一定需求和购置能力。

· 认为本项目比较适合某些需要良好的办公环境的企业，激发员工活力，提高工作质量。同时，不过分依赖城市中心区商务及商业配套、客户面向企业或者政府类的 To B 类企业。

调研组还对相关政府部门及业内几大行业协会进行了走访，其主要观点如下：

· 周边的配套非常重要：生活、工作成一体已成为一种趋势，所以在工作周围建设生活配套非常必要。生活配套设施的完善，比如吃住行已经成为吸引员工的重要因素。区域现有住宅、教育等配套都不错，要继续保持并完善，娱乐和商业配套也要重视，现在的年轻人对此方面比较看重。

· 结合已有的产业基础：区域已具有相关的产业基础。

· 规划先行，预留空间：园区内的交通问题在设计时就要提前预留好以后的发展空间，此前一些园区在此方面的不足和教训可以借鉴；一些基础的水、电及网络、光纤等也要从开始就规划好，后期改动很麻烦。

2. 问卷调研

通过前期的问卷调研，项目组发现交通条件、政府政策、产业氛围、招人方便及园区服务是企业选址的重要因素，位居企业选址影响因素的前五名。因此，完善园区的交通条件、提供符合企业需求的支持和打造有产业氛围的园区环境，是本园区需要重点考虑的方向。

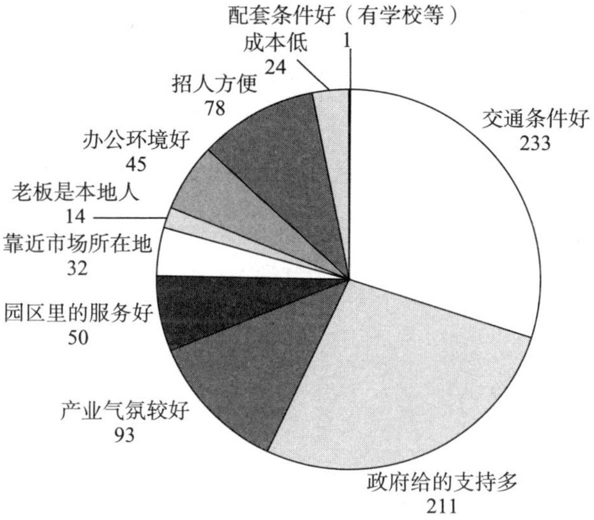


**图 6-1　企业办公所在地选择**

从被调研企业最担心的问题来看，员工流失和招聘难是企业最担心的问题，交通和产业环境在其次。因此，园区在运营初期必须要重点考虑人才招引、交通环境的改善和产业环境的营造几大问题。

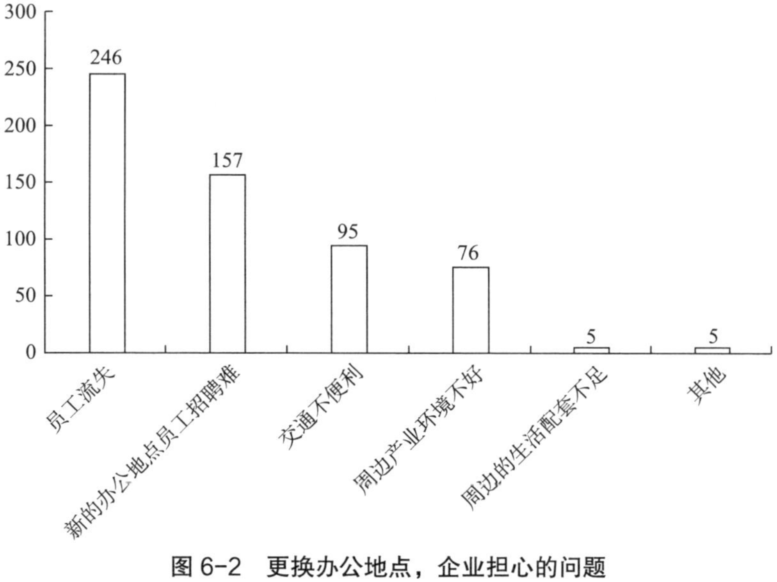


**图 6-2　更换办公地点，企业担心的问题**

从被调研企业更换办公场所的驱动因素来看，价格便宜是企业首要关注的因素，其次是政府的资金补贴，最后是工作环境舒适。因此，成本优势是吸引企业入驻的最大因素，园区运营需要给予企业产业、物业上的优惠，以吸引企业。

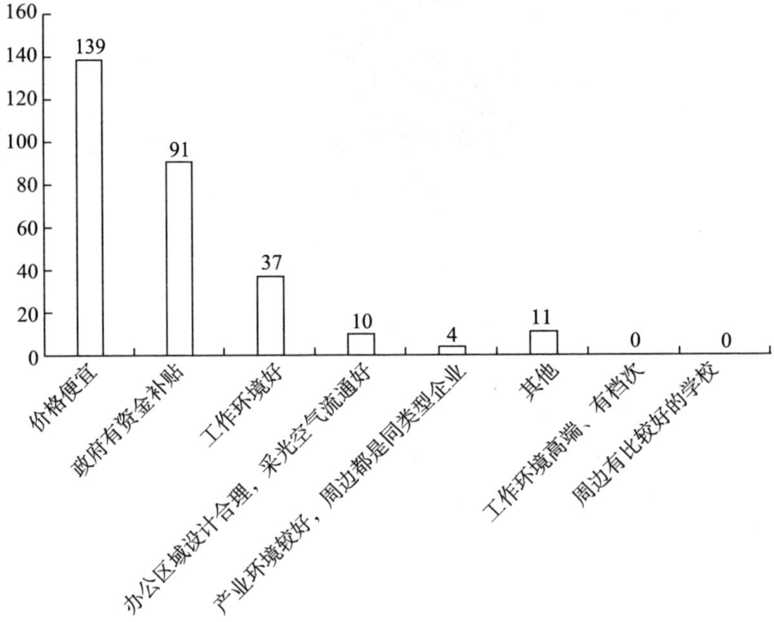


图 6-3　更换办公场所的驱动因素

从被调研企业对生活服务的需求来看，人才公寓、保安保洁、生活商业、子女入学的学校等是企业关注的重点。因此，园区未来生活服务设计可以打造并引入相关的服务需求。

从被调研企业对产业服务的需求来看，销售、品牌支持、融资等需求最多，补贴和税收优惠也是企业的需求，再次是公共技术平台、人力资源、统一采购和企业孵化器。因此，可以根据相应的需求打造园区的产业配套服务能力。

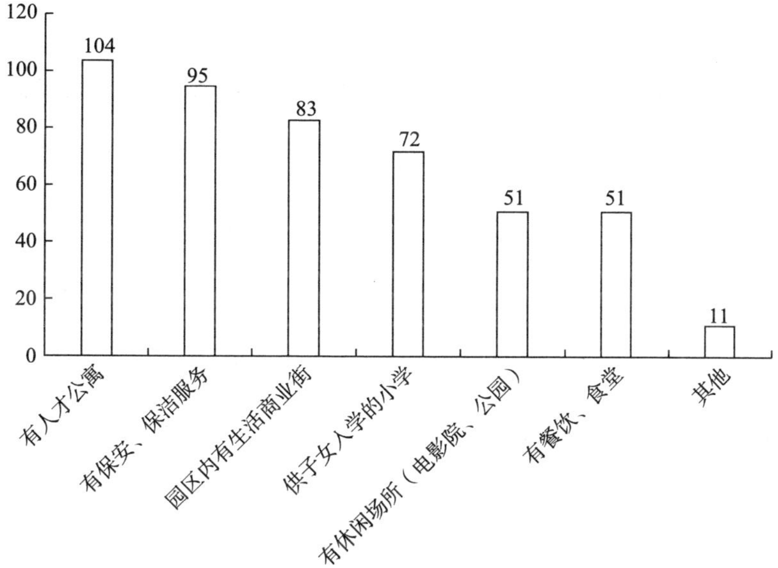


图 6-4　生活服务需求

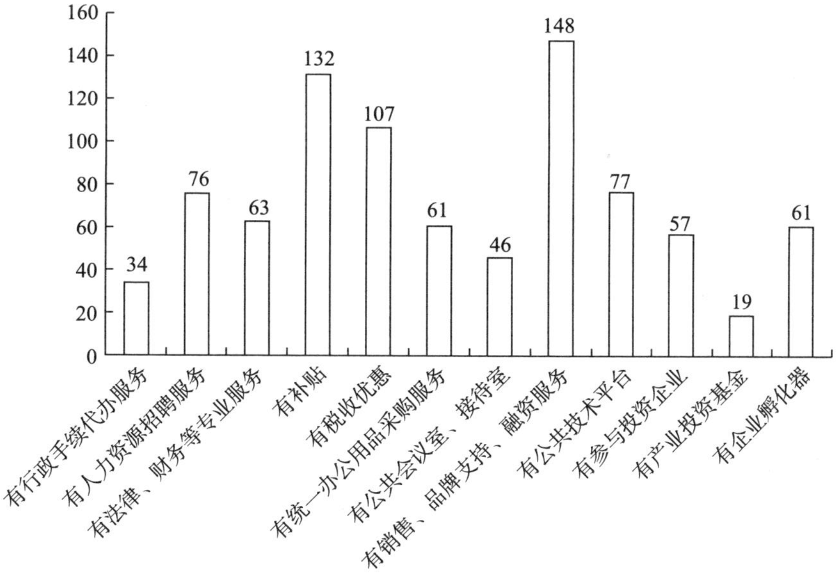


图 6-5　产业配套服务需求

### （二）本项目物业需求体量预估

结合案例和企业调研结论，建议本项目的园区物业提供四类功能，即孵化、配套、办公、服务。逐一估算每类功能的物业需求量，汇总得出物业总需求量。

## 五、项目定位

### （一）产业定位

以 ×× 产业为主导，兼顾 ×× 方向。

### （二）客户定位

基于上述客户定位，本项目可将目标企业集中在以下三类：

· 不过分依赖城市中心区商务及商业配套，同时需要良好的办公环境以激发员工活力、提高工作质量的智力型公司或部门，如大型企业的纯研发类部门；客户面向企业或者政府类（To B 类）而非面向大众（To C 类）的企业。

· 对完善的配套，尤其是住宿配套、优惠的政策等特别敏感的部分小微型企业或者创业企业。

· 需要独立办公环境的公司，如部分“后台服务型”公司（呼叫中心、快递服务公司等，或大型企业的某个外包环节等）。

### （三）功能定位

服务体系方面，本项目要围绕产业主价值链开展服务，打造八大平台，为企业办公提供畅通、便捷、高效、贴心的环境。其中，主价值链指企业采购、研发、产品或服务、销售四大业务板块。八大平台包含以降低采购成本为目的的集合采购平台，以对接政府为目的的 G2B 政务平台，以集成第三方服务为目的的综合服务平台，以集聚人才、培养人才为目的的人才服务平台，以对接供需需求、集成服务主体为目的的金融超市，以降低企业成本、支持科技创新为目的的研发设施租赁平台，考虑企业成长周期的全周期孵化平台，提供统一的产品展示与销售服务集合的销售平台。

提供时序方面，本项目要做到基础服务先试先行、增值服务完善内容、特色服务提升价值。在项目一期阶段提供基础型生活服务、政务型综合服务、公共型平台服务。在项目二期阶段提供增值生活服务、综合型企业服务、公共型产业服务；在项目三期阶段提供享受型生活服务、特色型企业服务和特色型产业服务。通过这种多角度、多形式、多方位、多层次的服务实现聚集企业和人才的目的。

### （四）项目成功要素

根据前期资料基础研究、现场调研访谈所涉及的科技信息类园区，总结出园区成功的五大要素，分别为产业发展、人才支持、推广能力、办公环境、资金运营。

其中，产业发展主要包括园区所形成的产业氛围、打造产业基础、搭建的产业服务平台，以及相关产业集聚规模、产值创造、高校科研合作等方面的情况。

人才支持主要包括园区在吸引人才和留住人才方面出台的相关政策与措施，如落户、租房 / 买房、子女教育问题，相关人才服务及吸引人才的重大项目。

推广能力主要包括园区举办会议论坛、进行项目路演、组织考察学习、互联网推广、品牌建立等商业营销的能力。

办公环境包括园区大环境上的规划布局、建筑设计、景观打造，以及相关办公人员日常的生活、工作配套服务等环境的打造。

资金运营主要包括园区不同层次的基金类型、目标适用性较强的资金体系，以及相关金融服务平台搭建。

## 六、基本建设方案

### （一）项目区位分析

1. 土地条件

规划基地位于 ××，项目四至（即东西南北四个方向的边界），规划范围用地面积 ×× 万 $m^2$，规划项目北侧地形平坦；南侧地形变化较大，有多个水塘及坡地，以后的交通规划会有 ×× 通过。

2. 周边视线景观分析

规划项目南侧能远眺 ××，视野景观开阔，景观视线最佳；规划项目西侧近观 ××，景观视线较好；规划项目东侧为 ××，景观视线相对一般。

3. 交通可达性分析

由北到南，交通可达性逐步减弱。

4. 景观价值分析

由北到南，景观价值逐步增强。

5. 商业价值分析

沿 ×× 商业价值最高，沿 ×× 商业价值良好，沿 ×× 商业价值一般，地块内部商业价值较弱。

### （二）总体及分期建设方案

本项目配备了孵化、办公、服务、配套四大功能，并结合各功能的特点，规划出商业主题区、孵化主题区、综合主题区、两大总部主题区共五大片区。

项目共开发 × 个地块，总开发用地面积 × 万 $m^2$，总建筑面积 × 万 $m^2$，平均容积率 ×。建筑面积中商业面积 × 万 $m^2$，办公面积 × 万 $m^2$，综合服务面积 × 万 $m^2$。

项目坚持生态、智慧、人文的设计原则。生态领域打造水绿融合的生态环境、人车分流的车行系统、能源低耗的节能园区；智慧领域构建信息高效的商务平台、高度智能的总部园区、功能多元的复合园区；人文领域建设活力连续的公共空间、安全宜人的街道空间、配套丰富的人文社区。

**图 6-6　项目设计原则**

**（1）项目总平图。**

（2）项目布局图。本项目以 ×× 产业为导向，为服务于产业和企业设有孵化功能、办公功能、配套功能及服务功能，分为孵化主题区、综合主题区、总部主题区、商业主题区及服务主题区。根据功能定位在各区设置服务中心、科技广场、数据中心、人才中心、餐饮中心等办公和生活娱乐配套。

（3）项目整体空间意向图。本项目在整体空间上与周边地块建筑物紧密融合，无突兀之处。

（4）主要指标控制。项目平均容积率为 ×，单体建筑容积率 ××，建筑高度控制在 × 米以内。

（5）项目建筑功能。园区内设有酒店、酒店公寓、数据中心、员工公寓、餐厅、孵化办公、众创空间、独栋办公、总部办公等多样性的生活和办公配套。在整体规划强调功能的复合多元，配套完善，以便吸引各类人才；商业娱乐类功能业态丰富，产业办公类产业强调类型、档次、规模的多样性，以适应不同企业的发展需求。比如物业类型、单层面积、单体面积、栋/户数、总建筑面积。

## （三）分期开发方案

1. 项目开发分期

项目计划分三期建设完成：

一期用地面积 × 万 $m^2$，建筑面积 × 万 $m^2$，容积率 ×，预计投资额 × 亿元，将规划园区服务中心、自营孵化器、数据中心、独栋总部办公楼、双拼总部办公楼、高层办公楼。

二期用地面积 × 万 $m^2$，建筑面积 × 万 $m^2$，容积率 ×，预计投资额约 × 亿元，将规划商业综合体、人才公寓、自营孵化器、冠名孵化器、员工之家、众创空间、独栋总部办公楼、多层总部办公楼。

三期用地面积 × 万 $m^2$，建筑面积 × 万 $m^2$，容积率 ×，预计投资额 × 亿元，将规划独栋总部办公楼、多层总部办公楼、餐饮中心。

2. 项目建筑风貌及意向

**（1）建筑风貌及意向：商业建筑**

彰显时尚都市活力、突出门户标志景观形象。规划打造现代、时尚、都市商业建筑风貌区；建筑立面以玻璃幕墙、石材和铝板为主，强化对建筑物顶及入口空间的标识处理，建筑色彩暖色调为主，体现简约、现代的风格。

**（2）建筑风貌及意向：办公建筑**

亲切而富有个性的后现代活力、办公文化展示形象。规划打造现代、大气美观的信息类办公建筑风貌区；自由灵活的空间布局、凹凸强烈的现代主义风格，倡导活泼、热烈、个性化的创意办公空间氛围。

## 七、经济效益分析

### （一）前提假设条件

1. 土地价格

共计 × 亿元（约合 × 万元 / 亩，即 × 元 /$m^2$）。项目拿地时序分为一期、二期、三期。其中，一期在 × 年内拿地，二期在 × 年初拿地，三期 × 年内拿地。

**表 6-3　分块土地价格表**

| 地块编号 | 用地性质 | 面积（万 $m^2$） | 容积率 | 地块单价（万元 / 亩） | 合计（万元） |
|---|---|---|---|---|---|
| 合计 | | | | | |

**表 6-4　分期土地价格**

| 分期 | 土地面积（万 $m^2$） | 平均单价（元 /$m^2$） | 总价（万元） | 契税（万元） | 印花税（万元） | 土地费用合计（万元） |
|---|---|---|---|---|---|---|
| 一期 | | | | | | |
| 二期 | | | | | | |
| 三期 | | | | | | |
| 合计 | | | | | | |

2. 开发时序

表 6-5　开发时序安排

| 开发时序 | | | | | … |
|---|---|---|---|---|---|
| 一期 | 建设期 | 建设期 | 运营期 | | |
| 二期 | | 建设期 | 建设期 | 运营期 | |
| 三期 | | | 建设期 | 建设期 | 运营期 |

3. 总投资估算

表 6-6　总投资估算表

单位：万元

| 项目 / 时间 / 投资额（万元） | | 一期 | 二期 | 三期 | 占总比 | 总计 |
|---|---|---|---|---|---|---|
| 1 | 土地招拍挂 | | | | | |
| 2 | 前期费用 | | | | | |
| 3 | 建安费 | | | | | |
| 4 | 管理费用 | | | | | |
| 5 | 其他费用 | | | | | |
| 6 | 不可预见费 | | | | | |
| 7 | 财务费用 | | | | | |
| 项目总投资额 | | | | | | |

4. 经营假设

项目分三期建设，租售结合的形式运营，总建面为 × 万 $m^2$（含地下停车位 × 万 $m^2$），租售比例约为 × ： ×。

一期：× 年内开建，× 年底建成，× 年产生 ×% 的销售收入，因为当年不能交房，所以销售收入结转到 × 年；× 年产生 ×% 的销售收入，一期所有销售收入都体现在 × 年；自 × 年起出租

率为 ×%、×%、×%；二期 / 三期同上。

5. 办公物业租金假设

根据市场比较法，通过比较打分，得出本项目办公物业当前租金水平 × 年约为 × 元 / ㎡ / 月。

表 6-7　办公物业租金类比 1

| 比较因素 | 权重 | 可类比项目 | | | | 本项目 |
|---|---|---|---|---|---|---|
| | | A | B | C | D | |
| 地段价值 | 20 | 18 | 16 | 15 | 14 | 15 |
| 商业配套 | 15 | 13 | 11 | 11 | 11 | 14 |
| 物业管理 | 15 | 12 | 12 | 12 | 11 | 12 |
| 商业氛围 | 10 | 8 | 6 | 6 | 6 | 6 |
| 硬件设施 | 10 | 8 | 8 | 8 | 8 | 8 |
| 交通条件 | 10 | 8 | 6 | 6 | 6 | 6 |
| 景观资源 | 10 | 7 | 6 | 6 | 7 | 8 |
| 品牌溢价 | 5 | 5 | 5 | 4 | 4 | 4 |
| 升值前景 | 5 | 4 | 5 | 4 | 4 | 4 |
| 合计 | 100 | 83 | 75 | 72 | 71 | 77 |

表 6-8　办公物业租金类比 2

| 指标 | 可类比项目 | | | | 本项目 |
|---|---|---|---|---|---|
| | A | B | C | D | |
| 合计分值 | 83 | 75 | 72 | 71 | 77 |
| 平均租金（元 / ㎡） | 50 | 23 | 30 | 25 | |
| 分值比例 | 0.93 | 1.03 | 1.07 | 1.08 | |
| 所占权重 | 40% | 40% | 10% | 10% | |
| 权重平均租金（元 / ㎡） | 18.6 | 9.5 | 3.2 | 2.7 | 34 |

6. 商业租金假设

根根据市场比较法，通过比较打分，得出本项目商业物业当前租金水平 × 年约为 40 元 / ㎡ / 月。

表 6-9　商业租金类比 1

| 比较因素 | 权重 | 可类比项目 | | | 本项目 |
|---|---|---|---|---|---|
| | | A | B | C | |
| 地段价值 | 20 | 12 | 12 | 13 | 12 |
| 商业氛围 | 15 | 13 | 12 | 11 | 5 |
| 人流量 | 15 | 8 | 8 | 8 | 6 |
| 交通条件 | 10 | 8 | 8 | 9 | 7 |
| 商业规模 | 10 | 8 | 8 | 6 | 8 |
| 片区印象 | 15 | 12 | 12 | 12 | 7 |
| 升值前景 | 15 | 7 | 8 | 7 | 8 |
| 合计 | 100 | 68 | 68 | 66 | 53 |

表 6-10　商业租金类比 2

| 指标 | 可类比项目 | | | 本项目 |
|---|---|---|---|---|
| | A | B | C | |
| 合计分值 | 68 | 68 | 66 | 53 |
| 平均租金（元 / ㎡ / 月） | 50 | 74 | 45 | |
| 分值比例 | 0.78 | 0.78 | 0.8 | |
| 所占权重 | 60% | 10% | 30% | |
| 权重平均租金（元 / ㎡） | 23.4 | 5.8 | 10.8 | 40 |

7. 人才公寓租金假设

根据市场比较法，通过比较打分，得出本项目公寓住宅租金。2015 年办公物业租金为 15 元 /m²/ 月，包含人才中心。

表 6-11　人才公寓租金类比 1

| 比较因素 | 权重 | 可类比项目 | | | 本项目 |
|---|---|---|---|---|---|
| | | A | B | C | |
| 地段价值 | 20 | 15 | 16 | 15 | 15 |
| 居住环境 | 20 | 13 | 16 | 15 | 16 |
| 人流量 | 20 | 16 | 15 | 15 | 15 |
| 交通条件 | 15 | 12 | 13 | 12 | 12 |
| 片区印象 | 15 | 10 | 12 | 12 | 10 |
| 升值前景 | 10 | 7 | 8 | 8 | 8 |
| 合计 | 100 | 73 | 80 | 77 | 76 |

表 6-12　人才公寓租金类比 2

| 指标 | 可类比项目 | | | 本项目 |
|---|---|---|---|---|
| | A | B | C | |
| 合计分值 | 73 | 80 | 77 | 76 |
| 平均租金（元 / ㎡） | 7 | 14 | 20 | |
| 分值比例 | 1.04 | 0.95 | 0.99 | |
| 所占权重 | 20% | 30% | 50% | |
| 权重平均租金（元 / ㎡） | 1.46 | 3.99 | 9.9 | 15 |

8. 售价假设

故各类物业类型入市价格及增幅预测如表 6-13 所示。

表 6-13　租售价格测算

<table>
<tr><th>物业类型</th><th>取值（以 2017 年为起点）</th><th>取值（以 2018 年为起点）</th><th>年递增率</th></tr>
<tr><td>独栋 / 双拼办公（售）</td><td></td><td rowspan="2">–</td><td rowspan="2">年递增 5%</td></tr>
<tr><td>其他办公（售）</td><td></td></tr>
<tr><td>其他办公（租）</td><td>–</td><td></td><td>2016–2018 年增长率 3%，<br>2019–2021 年增长率 10%，<br>2022–2035 年增长率 5%</td></tr>
<tr><td>公寓（租）</td><td>–</td><td></td><td>年递增 3%</td></tr>
<tr><td>商业（租）</td><td></td><td></td><td>2016–2018 年增长率 5%，<br>2019–2021 年增长率 10%，<br>2022–2035 年增长率 5%</td></tr>
<tr><td>商业（售）</td><td></td><td>–</td><td>年递增 5%</td></tr>
</table>

9. 经营收入估算

房产（含车位）租售收入、物业费收入等。

10. 政府补贴假设

租金补贴、物业费补贴、装修补贴、运营补贴等。

### （二）主要财务指标

根据测算，项目的内部收益率与财务净现值为正，总体方案内部收益率约为 ×%，投资回收期（静态）约为 × 年。具体财务指标情况表现如表 6-14 所示。

表 6-14　主要财务指标

| 计算指标 | 所得税前 | 所得税后 |
|---|---|---|
| 财务内部收益率 | | |
| 财务净现值（万元） | | |
| 动态投资回收期（年） | | |

## （三）敏感性分析及财务评价小结

表 6-15　敏感性分析

| 影响因素 | | 财务净现值 | 税后 IRR |
|---|---|---|---|
| 正常年份 | | | |
| 售价 | 10% | | |
| | 5% | | |
| | 0% | | |
| | -5% | | |
| | -10% | | |
| 租金 | 10% | | |
| | 5% | | |
| | 0% | | |
| | -5% | | |
| | -10% | | |
| 建安成本 | 10% | | |
| | 5% | | |
| | 0% | | |
| | -5% | | |
| | -10% | | |
| 销售比例 | 10% | | |
| | 5% | | |
| | 0% | | |
| | -5% | | |
| | -10% | | |

对内部收益率及净现值影响程度从大到小依次为建安成本、售价 / 租金及销售比例。

由上可得，为提高项目的盈利，应把控好项目的投资规模，同时加大招商引资的力度，吸引更多的客户入驻增加经营收入。

**小结：**从以上的财务测算来看，该项目财务净现值为正值，内部收益率较高，项目可行。× × 的开发将对本项目的自持资产的升值有重大利好，将大大提高内部收益率。

## 八、项目风险及防范

在项目前期的规划阶段、中期的建设阶段、后期的运营阶段都可能存在风险，且表现不一，需要我们及早发现，尽最大努力进行规避。现项目风险可分为三大类，分别是资金风险、招商风险和运营风险。

**（1）资金风险**

从资金风险的方面看，本项目开发体量和资金需求较大，要充分做好资金投入与回收的计划。因此，建议分期开发、滚动投资，采取灵活的租售方式；借助多样化的融资手段，减轻开发公司的资金压力。

**（2）招商风险**

招商风险方面，虽然 ×× 产业的市场氛围较好，但项目建成后招商时，可能产业环境和风口导向会有所变化。

**（3）运营风险**

运营上，大面积的自持经营将使园区存在较大的运营压力。

## 九、项目综合评价及建议

项目总体方案财务净现值为正值，收益率均较为可观，项目风险可控，发展潜力大，能给公司带来长期的经营收入和可观的投资回报，给区域带来经济体量的增加和人气的聚集。总体来看，该项目总体方案是完全可行的。

## 十、组织架构建议

鉴于项目开发意义重大，为提高内部决策效率，把握市场先机，加快项目建设，提升项目运营效率，公司计划新设子公司作为项目开发建设运营主体；注册资本 ×× 万元，项目公司下设开发部、设计管理部、成本管理部、招商运营部、财务部、行政人事部。各部门职能如下：

开发部职能：制订园区发展战略和开发计划、项目拓展管理、项目用地获取、报建报批、行业政策搜集、政府公共关系。

设计管理部职能：项目规划设计、施工图设计、初勘报告、详勘报告、内装设计、景观设计。

成本管理部职能：建安预算管理、动态成本管理、项目结算审查、建设工程可研、重大项目论证、项目竣工验收等。

招商运营部职能：宣传推广、市场营销、招商引资、对接行业协会、对接客商资源、举办营销活动、企业投资促进、产业政策申报、园区政策制定、产业基金对接、投融资业务、租售运营管理、物业服务管理、园区资质争取、政企公共关系。

财务部职能：财务制度制定、项目财务分析、财务数据编报、财税机构对接、资金调度管理、经营情况分析、销售统计复核、年度会计报表、银行财务管理、现金管理。

行政人事部职能：行政制度编制、会议会务、信息发布、活动组织协调、行政事务管理、法律风险管理、人事制度制定、人力资源管理、业绩指标考核、薪酬管理、档案管理、党群工作、工会工作、车辆管理。

# 第七章
# 积极获取土地

前面六章详细讲述了园区开发从定位策划、规划、测算到可研编写的实操过程，这些都属于土地获取的必备工作，但是最关键的一环就是土地真正在手，否则项目永远都停留在前期。只有成功获取土地后，才能建成产业园，开展系列后续工作，所以土地获取环节也是最难的环节。

## 一、组织支撑

### （一）主责部门架构

产业园区的土地获取，一般由公司里专门的投资拓展部门负责，但是获取土地是一个非常系统的工作，需要多个部门的配合，才能完成前面六章中讲述的相关工作。

一般而言，投资拓展部门会内设外联拓展部、规划策划部两大主要部门——外联拓展部，作为市场触角，主要负责维护政企公共关系、拓展市场，并搜集寻找合适的地块信息（包括地块情况、合作方、初步条件等），将合适的内容筛选后反馈给规划策划部，规划策划部进行初步的方案编制，包括园区产业定位、初步的规划（主要是物业形态和建筑体量）等。

拓展部主外，策划部主内，分工合理，行动一致，但后续再与政府 / 合作方进行沟通时，拓展人员通常会带着规划策划部的项目经理一起沟通，有利于方案的反复修改和多轮深化。汇报方案时，一般也由规划策划部的项目经理进行主汇报。

有时，根据甲方要求，投拓部一般还会与招商部（如有）进行联动，通过良好的蓄客情况更好地说服政府 / 合作方。

### （二）人员要求

外联拓展部的人员，首先要对自身公司的板块、业务、财务数据（净资产、总资产、年营收、利润、权威榜单排名等）、优势等了如指掌，因为不管面对什么级别的客户，公司的自我介绍都是必要的，要在不同场合、面对不同的对象有不同详细程度和时长的介绍，而且能够讲到重点，达到拓展的目的。

比如在会议室里对着电脑介绍公司的 PPT，和拜访客户时在办公室以聊天形式的介绍就完全不同。在专业技能方面，外联拓展人员虽然不需要能够上手写方案，但是也必须对产业园区的定位、策划、规划、测算等内容有一定的了解，掌握必备的基础知识，才能在对外谈判接洽的时候应对自如。

规划策划部的人员，则需要对前面六章所列的定位、策划、规划、设计、测算等非常精通，才能快速准确地响应政府/合作方的诉求。一般而言，初步的方案通常由规划策划部完成，但是到了需要向政府汇报比较详细的方案时，通常是委托专业的策划机构和设计院来完成编制，但是最终汇报时，一般还是由开发方来汇报，所以必须掌握必备的商务礼仪和沟通汇报技巧，面对各级汇报要做到落落大方。

拿地工作是一项综合性的工作，经常会遇到“拉锯战”，投拓人员应该具有专业的研判能力和良好的内外部沟通能力，要保持良好的心态，对每个项目都做好长期谈判的准备。

## 二、项目拓展流程

### （一）信息获取

主动拜访政府规划口、商务口，地方城投公司，平台公司等，介绍公司的情况，保持良好的公共关系，获取政府开发信息。

也可以是对区域有了一定了解，主动谋划后选定地块再去沟通。

这里要注意，一手地，业主多为政府或者平台公司，按照既定流程循序渐进；二手地，看似容易，但要谨慎研判可能的风险，比如为什么闲置了这么多年没有开发，是否有政府罚款，是否有多头债主等，一定要详细查看土地合同。

### （二）初步研判

进一步分析后先算一个大账，待不断补充条件后进行细致的财务测算。

需要了解的内容包括但不限于片区最新城市总体规划、片区概念方案、城市设计、产业发展等专项规划文件、土地利用规划、控制性详细规划文件、CAD 等、概念方案项目四至、红线范围、项目现状（看卫星图、航拍现状图，特别是项目范围内拆迁情况）、征拆摸底、建成区情况，当地征拆补偿标准资料，土地指标费用标准等，可出让用地面积和未来一定时间内土地出让计划，项目所在区域住宅用地、商业用地、工业用地的出让基准单价及近年实际出让单价、产业基础、人口流入情况等；政府对本片区发展诉求（产业规划等）相关的文件资料、会议纪要等。

### （三）方案制定

一般要制定几种方案：一是产业方案，即结合区域基础分析后的产业定位，蓄客长名单短名单等，这里一般政府会要求预估经济效应，具体的预估方法见本章附件；二是规划方案，一般做到概念方案即可，甚至比较初步的时候，效果图先不用渲，做到强排[①]即可；三是投资方案，比如说明投资主体，是否合作开发，分期投资方案等；四是运营方案，一般政府会要求协助制定入园管理办法等。这几个方案可以融合在一个大报告里，根据项目推

① 强排就是最高盈利强度排布建筑总图

进的深度分不同的重点来汇报。

### （四）多轮洽谈

根据政府的要求，反复洽谈，不断修改深化方案，短则半年，长则数年，期间要做大量的沟通工作。投拓人员要具有充分的心理准备和良好的抗压能力。

### （五）签订投资合同

对于拓展部门而言，地拿到手才是真正拓展完成，等到土地获取后，要把前期所有的关键工作和合同梳理清楚，以交底会的形式和后续的开发人员或者项目公司进行交接。

## 三、土地获取方式

### （一）通过招拍挂是主要途径

招标出让——市、县政府土地行政主管部门（以下简称“出让人”）发布招标公告，邀请特定或者不特定的公民、法人和其他组织参与国有土地使用权投标，根据投标结果确定土地使用者。

拍卖出让——出让人发布拍卖公告，由竞买人在指定时间、地点进行公开竞价，根据出价结果确定土地使用者的行为。

挂牌出让——出让人发布挂牌公告，按公告规定的期限将拟出让宗地的交易条件在指定的土地交易场所（或线上）挂牌公布，接受竞买人的报价申请并更新挂牌价格，根据挂牌期限截止时的出价结果确定土地使用者。

早些年经常有很多协议出让的土地，但随着各项法律制度日趋完善，政府为确保国有土地收益最大化，以“最低价标准”公示制度防范土地一级市场的风险。通过招拍挂方式拿地，成为主要途径。

早期为了促进招商引资，一些地方政府，特别是不发达区域的政府，在面对议价能力较高的园区开发商时，通常不惜低价出让甚至“零地价招商”，或者以土地作价入股，和园区开发商联合进行园区的开发。目前这种情况越来越少，零地价基本不太可能。

作为园区开发商，较多使用挂牌出让。一般操作流程是：园区开发商前期与政府谈好条件——双方签订投资协议——约定挂牌地价——政府设置挂牌门槛，土地挂牌上市——园区开发商摘牌。

在土地挂牌之前，一般还会发起产业审核，制定土地监管协议，约定产值税收投资强度等。一般会在协议里约定，如若达不到约定的产值税收，通常用现金补足。

### （二）合作开发

#### 1. 与产业资源方合作开发

如今各地政府都在想尽办法招商引资，业内知名的企业更是作为香饽饽受到追捧，往往拿地成本较低，获得土地之后，自用仅占一部分，短时间用不完全部土地，所以这些企业就会自己组建开发公司或与专业开发商合作。对于园区开发商来说，这又是一个拿地的重要途径。

2010 年 7 月 30 日，万通实业与 TCL 集团签订了《进一步推进工业地产领域合作之框架协议》。根据协议，双方出资创办万通新创工业资源投资公司，万通持股 55%、TCL 持股 45%。原 TCL 厂区经过万通新创收购后更名“万通工社”。投资之后，采用的是“售后回租”的方式，TCL 的回租部分为万通提供了基础回报，现成的空余厂房、仓库的出租，闲置空间的商业化改造，还有空余土地的建设销售或者出租使得增值部分有巨大空间。

2. 城市更新和合作开发

一些地方政府由于缺乏旧城改造所需的市政建设和拆迁安置资金，因此引入了有实力的公司作为城市运营商参与旧城改造、市政工程建造，其投资回报来源于整理出的土地拍卖后的部分收益。部分城市运营商由于本身是开发商出身，不满足单纯的土地整理收益，因此也会参与竞拍。这种具有运营商和开发商双重身份的拿地行为比较特殊，也具有一定的代表性。

一些地方政府由于财政比较吃紧，无法拿出大笔资金进行前期开发，就会邀请某开发商或市政工程公司合作，双方达成类似协议：由合作方负责土地整理投入，整理出的土地拍卖时，超过基准地价的溢价部分与政府按照一定比例分成，基准地价则包含土地整理成本和相关的税费；或者由合作方负责园区载体（厂房等）建设，政府以部分厂房物业抵扣投资建设成本，相当于园区开发商帮政府代建园区，获得一定比例的园区物业产权，进而再进行招商、运营。

## 四、相关手续

不管什么方式，最后出让人都会先行以成交确认书或中标通知书的形式确定土地受让人，只有取得了土地使用权证，企业才能算是该地块使用权的真正权属人。

签订出让合同，只是政府允许企业开始进行一部分的报批报建，但要想全面启动，需要先取得土地使用证。取得土地使用证前最关键的一项工作，就是缴付土地出让金，另外就是税款缴纳（契税比率一般在 3%~5%）和测绘定界。

缴纳完土地出让价款和契税，就可以携带土地出让合同、市政府批复文件、门牌号证明（此阶段是大门牌号，到了办理预售时再办小门牌号）、地籍调查成果、缴纳土地款和税金证明、定界地形图到自然资源局分局申请办理土地初始登记了。

报件成功后，一般情况下持自然资源分局定界委托单进行土地测绘，缴纳费用后领取测绘报告，成果入库证明，到交易中心办理无抵押证明，待自然资源分局审批完毕后，一定时间后咨询缴纳交易手续费及登记费等费用。至此，土地确权的前期手续就全部办理完成了。

## 【附1】产业园区经济效益预估方法

作为园区开发商，在与地方政府谈判时，政府最关心的是你能带来多少的产值、税收和就业。在方案中，政府都会要求写上预计的产值税收，那么，如何对一个尚处于蓝图中的产业园进行产值和税收的估算呢？

诚然，因为是未来的事物，所以不可能做到十分精准，谁也不能保证未来的数据和估算的一模一样，不然不叫估算叫精算了，但是也不能完全瞎拍脑袋，否则政府问起来依据就尴尬了。

笔者结合多年开发实操经验，总结了一些基础的估算方法，可以对产值、税收等进行一个初步的匡算，供各位同行在做相关测算时参考。

### （一）地均值法

含义：选取同类竞品的数据进行加权平均后，根据自己项目的特性，赋予一个系数后得出。

如果是打造一个工业园，那就搜集区域市场内 N 个同类园区

（N 最好大于 5）的地均平均值（最好取三年的平均值），再得以加权平均后，乘以自身园区的面积。

举个例子说明：ABCDE 五个园区的地均产值的平均数，就是本次测算的假设的地均产值。

即项目地均产值假设 X=（A2/A1+B2/B1+C2/C1+D2/D1+E2/E1）/5

**表 7-1　项目地均产值**

| 竞品园区名称 | 建筑面积（万平方米） | 产值（亿元） | 地均产值（万元 / 平方米） |
| --- | --- | --- | --- |
| A | A1 | A2 | A2/A1 |
| B | B1 | B2 | B2/B1 |
| C | C1 | C2 | C2/C1 |
| D | D1 | D2 | D2/D1 |
| E | E1 | E2 | E2/E1 |

本次拟开发项目的体量为 Y 万平方米，则本项目的年产值 G=XY，谨慎起见，可以再赋予一个系数，比如赋予 0.8，则最后调整出来的年产值 G1=0.8XY。

然后年产值的增幅，也可以通过这样的取均值得出。同理，税收、营收等也一样，方法取均值，再平均，再赋予系数。

注意：这个方法适合于在地方政府没有强制要求的时候，若有，请结合方法二进行调整，必须达到强制要求。

### （二）按照政府规定进行估算

这些适用于已经有强制规定的土地，比如一些省份对于工业用地的出让，对投资强度、亩均税收贡献都有非常严格的规定，开发运营商可以根据本次拟拿地面积，乘以基准要求后，根据自身的实力，再提高一些，比如乘以 1.2、1.5 的系数。

### （三）案例借鉴 + 经验值法

在周边无借鉴案例，当地政府也无强制规定的时候，一般有以下几个处理方法：

（1）找取同行业其他地区的案例，比如在广西做一个园区，当时没有这样的产业园，那可以找广东的数据，但是要乘以一个折扣系数，这个和方法一其实差不多。

（2）根据自身拟发展的产业，通过查找统计年鉴等，找到子产业的地均产值进行大概的估算，再进行加总。

（3）根据自己的经验大概估算，这种就算的更粗了。

根据笔者的经验，测算时基本采用第一种方法——地均值法的居多，即在前期市调过程中，先摸清竞品各方面的数据，得出均值，同时通过对周边竞品的比较，得出一个调整系数，再乘以自身项目的面积，估算出自身项目的各项指标。不过这种方法的运用也要看当地政府有无强制条件。若有，还要考虑政府对地块开发强度的要求。

除了进行纸面上的预估，针对政府最关心的产业导入问题，拓展部门应联动招商部门，提前做好相关产业的蓄客工作，更好地推动拿地工作。

## 【附 2】某工业用地土地监管协议模板参考

甲方：× 市 × 区人民政府

乙方：

本协议书项下的地块坐落 × ×（编号：×，下称为“本项目”），经甲、乙双方友好协商，达成一致共识，签订本监管协议。

### （一）转让要求及准入、退出机制

（1）乙方必须自持行政办公及生活服务设施建筑和全部地下停车场，不得转让、不得分割抵押。自持部分必须集中设置。经区政府批准行政办公及生活服务设施可整体转让的，应按实际用途补交地价。

（2）除上述行政办公及生活服务设施部分，其余部分可全部或部分转让、出租、抵押，且只能转让、出租给 ×× 产业，具体用地控制指标见 ×× 号文件，原则按层销售，分割转让的最小面积应不少于 ×× 平方米。本项目转让及今后所有的再转让需接受甲方的审核和监管。

（3）乙方及本项目再转让对象因经营不善无法维系或抵押处置、清算、迁出园区等情形，确需转让国有建设用地使用权的，或无法完成低效用地整改的，由甲方优先回购。土地使用权回购价格按原出让价格结合剩余年限核定，建筑物价格按重置成本结合成新核定。

以上事项甲方授权 ×× 市 ×× 区工业和信息化局监管。

### （二）开发建设要求

#### （1）开竣工要求

本宗地建设项目开工后，乙方应按土地出让合同约定向出让人申报，出让人审查确认后出具《开工申报回执》。如延迟开工的，乙方应按出让合同约定缴交延迟开工违约金后方可取得《开工申报回执》。

本宗地建设项目竣工后，乙方应按土地出让合同约定向出让人申报，出让人审查确认后出具《竣工申报回执》。如延迟竣工的，乙方应按出让合同约定缴交延迟竣工违约金后方可取得《竣工申报回执》。

**（2）环保要求**

乙方必须遵守本地块所在区域环评相关结论和要求，乙方应在项目开工建设前依法向环保主管部门报批环评审批手续，在该项目环评文件批准之前，项目不得开工建设。

**（三）运营要求**

投资强度：本项目投资强度不低于人民币 × 万元 / 公顷（土地面积），固定资产投资总额不低于人民币 × 万元（待定）。乙方承诺固定资产投资总额、投资强度未达到上述要求的，乙方应按照实际差额部分占上述约定的固定资产投资总额的比例，向甲方支付相当于同比例国有建设用地使用权出让价款的违约金，同时甲方有权要求乙方继续履约。

土地产出率：本项目用地范围内，投产后第五个会计年度起，乙方及入驻企业连续五个完整会计年度的产出率每年不低于人民币 × 万元 / 公顷（土地面积）。

税收要求：本项目用地范围内，投产后第五个会计年度起连续五个完整会计年度，乙方及入驻企业缴纳的年地均总税收不低于 × 万元 / 公顷（建议亩均税收按照 × 万 / 亩）考核（参照 × × 号文）。具体执行如下：

（1）五年考核期内，乙方（包括入驻企业）从 × 年起至 × 年止每年度在 × 市 × 区缴纳的税收应不低于人民币 × 万元。即 × 年起至 × 年乙方在 × 市 × 区累积纳税的税收总额度不低于人民币 × 万元。若乙方未完成前述考核期内的纳税承诺总额，乙方应于 2031 年第一季度前，按照甲方或其授权监管单位的书面通知支付实际纳税额与承诺纳税额差额部分的等额违约金。

（2）乙方基于自身投产运营情况可以申请提前进行纳税考核，即乙方可以申请在投产运营后第一至第四个年度内任意年度进入考核期，考核期则为自该年度起连续五个年度，考核指标、方式及违约责任承担约定等均不变。但乙方申请经甲方同意后，不得再要求变更或顺延考核期。

以上事项甲方授权 × 市 × 区工业和信息化局监管。

备注：上述控制指标内涵及计算公式参照 × 市工业项目建设用地控制标准要求执行。

### （四）公司注册及股权限制要求

乙方应在 × 市 × 区注册成立全资子公司负责开发建设本项目，并在属地完成税收登记。未经甲方批准，乙方不得采取任何形式质押、赠予、出售或转让其对该项目公司的全部或部分股份。

本市注册的工业企业（含仓储物流）竞得工业用地（含仓储物流）使用权的，不再成立新公司进行开发建设。

以上事项甲方授权 × 市 × 区工业和信息化局监管。

### （五）改变用途或违反监管协议收回条款

本项目只能作为工业用地（通用厂房），产业类型为 ×，未经职权部门批准，乙方不得改变用途或产业类型。若乙方出现全部或部分改变用途、改变产业类型的，出让人及甲方有权要求受让人限期停止上述行为并整改。乙方逾期不整改或整改不到位的，出让人及甲方有权依据合同约定及政策法律规定进行处罚，直至出让人收回全部用地。出让人收回用地时退还土地出让合同定金以外的全部或部分国有建设用地使用权出让价款（不计利息），该宗地内已建成的建筑物、构筑物及其附属设施不予赔偿，出让人还可要求乙方清除本项目地块上已建成的建筑物、构筑物及其附属设施，恢复场地平整。其中，依法应当没收的，按照法律政策规定执行。

本条款甲方授权 × 市 × 区工业和信息化局监管。

**（六）违约责任**

双方认可本合同的违约约定及违约金额系双方结合项目地块业态发展要求确定的，不存在一方利用其优势地位误导或胁迫另一方，任何一方不得主张违约金过高而要求予以调整。

若乙方因违反本协议约定的，需按约定向甲方履行支付、返还、赔偿等义务，经甲方书面催告后，乙方拒不履行，甲方有权做出要求乙方履行协议的书面决定，并根据法律规定程序向其所在地人民法院申请强制执行。

本协议书壹式肆份，双方各执壹份，× 市自然资源和规划局执壹份，× 市土地发展中心执壹份。

（以下无正文）

甲方（盖章）：× 市 × 区人民政府

法定代表人或委托代理人：

乙方（盖章）：

法定代表人或委托代理人：

日期：　　年　月　日

# 第八章
# 提升建设水平

在项目获得公司内部通过，或者政府审批后，项目从前期转入实际的开发建设阶段，此处列出新建型项目的完整流程，部分旧改型项目或者完全自持的项目可参照进行酌情增减。

由于产业园区 / 产业新城的开发建设往往体量大、周期长，所以一般采用分期滚动开发的模式，减轻资金压力，并且可以通过前期开发的效果来及时调整后期开发的规划策划。

## 一、主要流程

表 8-1　流程参考

| 阶段 | 主要节点 |
| --- | --- |
| 1. 获取土地 | 1. 公开出让（招拍挂） |
| | 2. 国有土地使用权出让合同 |
| | 3. 建设项目立项备案 |
| 2. 用地审批 | 4. 建设用地规划许可证 |
| | 5. 修建性详细规划审批 |
| | 6. 建设用地批准书 |
| | 7. 房地产开发资质证书 |
| 3. 规划报建阶段 | 8. 专业部门审查意见 |
| | 9. 电子报批文件技术审查 |
| | 10. 建设工程规划许可证 |
| 4. 施工许可阶段 | 11. 施工单位及监理单位招投标 |
| | 12. 质量安全监督登记 |
| | 13. 建设用地规划许可证 |

续表

| 阶段 | 主要节点 |
|---|---|
| 5. 预售许可阶段（不管定的租售比例如何，建议能办预售证的尽量多办） | 14. 项目地命名及门牌批复 |
| | 15. 房屋面积预测算成果报告书 |
| | 16. 项目概况审核 |
| | 17. 商品房预售许可证 |
| 6. 竣工验收阶段 | 18. 规划验收行政审批阶段 |
| | 19. 专业部门验收批复 |
| | 20. 档案认可书 |
| | 21. 竣工验收备案 |
| 7. 交楼办证阶段 | 22. 房屋面积初始测量及数据变更 |
| | 23. 项目权属证明书 |
| | 24. 各单元房产证 |

## 二、注意要点

### （一）预留后续空间

等项目立项或者通过审批后，开始做详细的规划设计和施工图设计。随着技术的发展，智慧化大潮的到来，工程建设也会涉及很多的智能化设施。所以，智能化设计最好在规划设计阶段就开始介入，为后面的施工预留空间。

### （二）规划设计与产业定位相符

园区建设规划应该和产业定位相符，不同的产业定位有着不同的要求。包括但不限于：

（1）房屋承重与层高：标准厂房和非标准厂房，以及不同行业对层高的要求，首层和二三层、三层以上的不同要求。

（2）供电系统：科技园区必须双路电源以防断电之不测，有些行业还对电源有额定要求。

（3）三废排放：特别是生物医疗园、新材料等园区，首先要考虑三废排放的处理问题。

（4）货梯、卸货平台的设计、是否设地下室等。

### （三）做好成本管控，提升工程管理水平

很多产业园区前期定位和规划都做得很好，蓄客能力也很强，但是最后因为工期交付等问题流失了大量储备客户，或者是因为成本超出可研导致售价提升流失客户。所以，开发方一定要有专门的成本管控部门和工程管理部门，并通过多种渠道提升管控水平。

# 第九章
# 精准营销推广

产业园区 / 产业新城项目的营销推广，包括树立品牌形式、促进实际租售，保持良好的公共关系等，与房地产项目的营销推广有相似之处，但是难度更大。

## 一、与房地产项目的异同点

### （一）相同点

· 需要聘请专业的营销策划机构，对于项目的定位、形象进行专业设计，制定科学系统的营销推广方案。

· 需要进行线上线下的广告宣传及活动策划。

### （二）不同点

· 与住宅项目的快速开发和高频率营销节点不同，产业园区的开发周期长，特定的营销节点也没有住宅项目密集，主要在于日常的推广维护，而且活动参与人群不如住宅广泛，而是特定行业的目标客户。

· 产业园区的营销需要配合招商，较早进行，长于住宅的预热和宣传周期。

## 二、产业园区的营销要领

### （一）读懂项目

要做好产业园项目的营销，必须花很多功夫，特别是要有产业思维，自身先弄懂项目，不要人云亦云。

作为营销人员，要能看懂吃透项目的可研和市调报告、对标报告，了解项目的由来、定位和发展，这样基本上对项目掌握了80%。

### （二）精准投放

在梳理项目亮点时，不同对象要有不同侧重，比如针对内部领导和外部客户，政府、企业主和员工等不同的对象，线上线下不同投放的载体，入市期、成熟期等不同的投放阶段，都有不同的宣传策略和材料。

每个公司、每个项目的营销经费都是有限的，如何在有限的资源里，最大程度地体现价值？比如很多园区项目最开始的宣传材料就是工地展板和宣传 PPT，有限展板里如何最大程度地兼顾不同诉求对象；PPT 里如何最大程度地体现亮点：项目概况、交通区位、产业定位、开发规划、核心优势。这些都是营销部需要思考的问题。

### （三）完善制度

1. 采购制度

营销部会涉及大量的服务采购，必须制定详细的流程和办法进行管理。此外，营销部必须定期与招商部充分交流（有的公司营销和招商放在一个部门，只是在内部区分专职的营销人员和招商人员），了解客户的心理，分阶段更新园区的营销主题。

2. 定价制度

有的公司，物业最后的租售价格由营销部制定，有的由招商部制定，有的由前期开发部制定。所以，营销人员必须懂得资产评估知识和定价策略，并能委托专业的机构进行定价。

3. 商标注册

此外，建议在项目策划到定性实质阶段后，可以委托专业的商标管理机构进行商标的注册，否则有被抢注的风险，届时还要进行诉讼，比较麻烦。如果没有提前注册，最好不要在公开报道中出现项目的具体名字。

本章附有笔者在产业园区项目推广时的实操方案，包括项目营销方案、公众号运营方案、招标要求（以沙盘为例）、服务采购办法、服务采购时的评分要求、广告公司的合作合同等可以根据自身项目的情况来套用修改。

## 【附1】项目年度营销策划方案

### （一）总体营销推广思路

1. 总体目标

积极推进招商工作，与一批企业达成入驻意向，顺利开园。

在工程进度许可的条件下，适时开展租售工作。

加大项目推广，巩固已有形象，持续提升品牌价值。

2. 目标受众

以 ×× 行业“企业主＋企业从业人员”为主要目标受众，进行精准营销。

兼顾政府层面的宣传，有利于扶持政策及相关补贴的申请。

3. 总体方案

营销活动：招商推介会、合作伙伴大会暨业务上线仪式、行业技术峰会、开园仪式（暨招商展示中心开放）、日常营销活动。

广告投放：户外广告（机场、道闸、核心区域 led、火车站 / 目标区域公交站、电梯 / 移动电视等）、软文宣传（官方保证）、新媒体营销（DSP 推广、微信运营、微信广告等）。

营销道具：沙盘制作、宣传视频制作（含微电影）、招商中心展示系统、园区导视系统、项目地三面高立柱广告、项目地展示板制作、宣传物料制作、纪念品制作。

策划服务：营销推广的相关策划、设计服务。

### （二）具体营销推广体系方案

1. 营销活动

**（1）招商推介会**

活动意义：项目首次亮相，意义非凡，需以高姿态亮相，用高新产品发布会的规格，做一场高端的项目推介会吸引企业主参加，借此机会扩大招商渠道，推进招商工作。同时，为提高本次活动的调性，引起社会及业界人士的关注，将邀请著名互联网或相关行业大咖，出席发布会发表演讲或行业分享。

活动主题：……

活动时间：5月（暂定）。

活动地点：××星际酒店。

活动人数：约200人。

邀请对象：政府相关领导、相关行业企业主、行业协会会长、行业大咖、媒体记者等。

**（2）合作伙伴大会暨业务上线仪式**

活动意义：借助合作伙伴业务上线的契机，共同举办合作伙伴大会，邀请合作伙伴上下游合作企业来园区考察，快速积累意向客户，加快龙头企业的引进，有效推进招商工作。

**（3）行业技术峰会**

活动意义：邀请知名实力大咖站台，扩大项目知名度的同时，为项目的招商做铺垫，并为日后园区运营打下基础。

**（4）开园庆典**

活动意义：通过举办隆重的开园庆典，把已入驻企业和目标企业聚集到一起，展示项目实力，引发业内聚焦，以浩大的声势制造社会话题，扩大招商渠道，并让意向客户认可项目前景，达到推进招商及提高知名度的目的。

**（5）日常营销活动**

项目考察活动意义：通过不定期邀请意向企业主来开发区进行实地考察，让企业主对项目及区域环境有更进一步的切身认识，加速入驻意向的达成。

行业沙龙活动意义：借助现场较为轻松的氛围，席间探讨行业发展及交流自身企业发展的经验等，择机推介项目，推进招商工作。

重点企业入园/战略合作签约仪式活动意义：根据招商进度，及时举办一次签约仪式或以大企业进驻为节点举办，作为招商进度小结，借势营销，吸引行业关注。

2. 广告投放

**（1）户外广告**

户外广告具有到达率高、视觉冲击力强、发布时间长、千人成本低等优点。投放户外广告能长期、直观、有效地传递项目信息，促进招商蓄客。

比如在机场安检处或者出口投放机场广告，在城市核心区域的户外展板投放广告，在定位类似的产业园区的户外、车辆道闸、电梯广告、公交站等地方投放户外广告。

**（2）软文宣传：本地日报等**

报纸软文宣传主要针对政府层面，如日报等官方媒体，通过对园区的建设进度、入驻企业的介绍，可以加深市领导对项目的记忆，有利于日后扶持政策、补贴等的申请和争取。而且省政府官网、省商务厅官网等都会对日报等官方报纸的文章进行转载，可以增加项目的政府背书，增强客户对项目的信任度。

**（3）新媒体营销：DSP 推广、公众号运营、微信朋友圈广告等**

公司应开设一个公众号，全面介绍公司的情况，比如导航栏可以设置为公司简介、项目汇总、联系方式等。此外，各项目应该有一个属于自己的项目公众号，导航栏可以链接具体的园区政策和产品。

由于公众号的对象基本都是企业主和员工，所以对文章质量有一定的要求，可以更新园区的建设进展、招商进展、政府关心、领导来访、园区的各项配套建设、政策出台等。

对于企业主而言，最容易接受的形式就是公众号文章的推送，因为直白简约，可以跳着看，还可以复制相关的信息，而朋友圈 H5、小视频、动态单图等转化率并不高，因为这些都需要看完所有内容，且不能复制内容。

3. 营销道具

营销道具是营销推广的必备品，为推进园区招商及租售工作，需使用的营销道具包括沙盘、宣传视频、招商中心展示系统、园区导视系统、项目地高立柱广告、项目地展示板、营销物料及纪念品等。

**（1）沙盘**

在为客户介绍项目情况时，沙盘是必要的道具，能让客户直观地产生对项目的认知和憧憬，招商人员可通过沙盘清晰地介绍项目各区域的功能布局。

根据项目实际情况，需制作 3 个沙盘：

①营销中心讲解沙盘。

②可移动式小型沙盘（相关营销活动使用）。

③壁挂式区位图模型。

**（2）宣传视频**

项目宣传片，一般可以剪辑为完整版、精简版、概念版、短视频等，分为 7 分钟、5 分钟、3 分钟时长视频等。

可以通过拍摄系列简短微电影，植入项目优势，让企业主和从业人员产生强烈的代入感，并且依靠微信等进行广泛传播，有效促进招商及后期企业人才招聘的工作。

**（3）招商中心展示系统**

一般与展厅建设结合起来，体现智慧、科技的项目特征，比如设置总裁驾驶舱等。

**表 9-1　展厅分区参考**

<table>
<tr><th>区域编码</th><th>区域名称</th><th>产品类别<br>商品名称</th><th>单位</th><th>数量</th><th>功能</th></tr>
<tr><td>——</td><td>门厅总台区</td><td>55 寸拼接屏</td><td>片</td><td>8</td><td>重要领导 / 考察团参观时的欢迎词展示区，平常可轮播项目图片或视频</td></tr>
<tr><td rowspan="2">模块 1</td><td rowspan="2">全观优势概略区</td><td>LED 曲面屏（内弧：0~8°）</td><td>平方米</td><td>35.20</td><td>用于展示园区整体形象及相关高清宣传片的视频，随着时间变化不断更换传播视频</td></tr>
<tr><td>项目沙盘</td><td>平方米</td><td>约 38.5</td><td>全方位立体展示园区建筑形象、景观设计及周边配套设施等</td></tr>
<tr><td>模块 2</td><td>纵览总体规划区</td><td>玻璃刻绘系统</td><td>片</td><td>9</td><td>展示园区大范围区位、整体规划和设计理念</td></tr>
<tr><td rowspan="2">模块 3<br>模块 4</td><td rowspan="2">集聚新兴产业区、搭建智慧平台区</td><td>55 寸拼接屏</td><td>片</td><td>6</td><td rowspan="2">展示不同产业最新业态的短视频和图片，介绍行业发展的趋势，还有智慧园区整体建设进展情况进行展示，为园区的发展提供一个展示平台</td></tr>
<tr><td>飞屏控制系统</td><td>台</td><td>1</td></tr>
</table>

续表

| 区域编码 | 区域名称 | 产品类别<br>商品名称 | 单位 | 数量 | 功能 |
|---|---|---|---|---|---|
| 模块 5 | 优享多维服务区 | 65 寸触摸一体机 | 台 | 2 | 让客户能够通过互动方式查阅园区为入驻公司提供便捷的服务，提高园区的服务水平 |
| 模块 6 | 解析优惠政策区 | 46 寸拼接屏 | 片 | 6 | 分别展示不同产业最新优惠政策的情况（短视频和图片），介绍行业发展的配套趋势 |
| 模块 7 | 构筑完善配套区 | 75 寸一体机 | 台 | 1 | 短视频和图片，让客户能够通过终端查阅园区为入驻公司提供构筑完善配套的服务，体现园区高质量的服务水平 |
| 模块 8 | 浏览园区数据区 | 46 寸拼接屏 | 片 | 24 | 用于显示平台管理软件产生的分析数据，进行对比，提供直观展示界面进行决策 |
| | | 55 寸触控屏 | 台 | 1 | —— |
| 模块 9<br>模块 10 | 入驻重点企业区、回顾开发历程区 | 55 寸拼接屏 | 片 | 6 | 展示不同产业最新业态的短视频和图片，介绍行业发展的趋势、入驻的龙头企业等，以及园区开发至今的重大事件 |
| 模块 11 | 备受关怀认可区 | 46 寸拼接屏 | 片 | 4 | 短视频和图片，用于显示园区所获荣誉、重要领导来访接待等 |
| 模块 12 | 展望篇区 | 55 寸拼接屏 | 片 | 4 | 分别展示展望行业发展的短视频和图片 |

**（4）园区导视系统**

园区导视系统是项目给现场客户的“第一印象”，细微之处愈显得园区的高品质，还能清楚传递项目信息、价值点，具有一定的广告作用。故需要根据项目的调性设计导视系统，有效提高项目品牌形象。

**（5）项目地户外广告**

在园区外围靠主干道的位置增设三面高立柱广告或者大幅户外屏，是长期大力度的宣传渠道，也可以增加项目地的区域辨识度。前期可为项目推广之用，开园后也可租赁给入驻企业使用。但是这需要与当地的规划部门沟通，事先获得批准。

**（6）项目地展示板**

打造项目形象，突出项目招商及租售卖点。

**（7）宣传物料**

招商宣传手册、统一 VI 的办公物料等。

**（8）定制高端的纪念品**

VIP 客户的礼品或举办营销活动时赠予来宾的伴手礼，既可彰显项目实力，又能凸显来宾的身份，最重要的是定制的礼品使用率高，可达到多次传播的效果。

营销预算列支，可与租售进度挂钩。

## 【附 2】沙盘制作要求

**表 9-2　沙盘制作要求**

| 沙盘名称 | 比例 | 规格 | 备注 |
|---|---|---|---|
| 展厅模型 | 具体不小于如下比例：<br>园林 1：200<br>多层/高层建筑平面 1：210，<br>建筑立面 1：195<br>独栋/双拼类建筑平面 1：200<br>建筑立面比例为 1：185 | 基座：椭圆，长轴 7.3 米，短轴 5.8 米，高 0.7 米<br>模型：椭圆，长轴 7 米，短轴 5.5 米<br>底盘：高 0.1 米（内嵌式）<br>玻璃护栏：高 0.25 米 | 含底座、玻璃护栏 |

### （一）制作方式

采用写实手法制作，利用模型直观的艺术特点展示项目特点，写实区域包括项目红线区域地块、商业地块、周边公园景观、学校等。

沙盘区域内的项目周边住宅区可用水晶体示意表现。

发挥乙方色彩搭配及制作经验的优势，制作出错落有致、层次分明的生态园林景观，并表现出整个项目的道路关系。

按照甲方提供所有材料（项目规划设计方案、建筑设计方案、景观设计方案、效果图等）写实制作，把握建筑的分布特点、结构特点、色彩关系；对于甲方未提供详细方案的部分，乙方可根据甲方的要求进行适当创作，并交由甲方审核确认。

### （二）制作深度

1. 建筑部

按照图纸表现建筑外形及外形细部，精细制作门窗、阳台、栏杆、立面构架、屋顶构件等配件，墙体采用“ABS”胶板和透明有机玻璃，采用溶解性氧化无缝粘接工艺，确保接口无缝且平整，采用进口高级颜料喷塑，确保色彩与实物一致。

外墙面经镭射激光、机械精雕等设备切割、勾缝，再经不同工艺喷塑处理，墙面采用高级颜料喷塑，确保色彩关系协调。

建筑细部构件通过电脑切割、车铣、真空吸塑等手段完成，玻璃面采用“超薄哑加力”材料制作。

2. 建筑灯光

在主楼楼体内，采用单片机控制系统，按视觉效果安装 0.3mm 直径的 LED，低层建筑、商业部分采用暖色光，高层建筑的办公部分采用冷色光，营造项目整体夜景的氛围。

3. 环境部分

整体要求严格按照图纸及设计方案，分析图纸运用多种表现手法，从不同角度表现项目的周边自然环境和园林艺术。

准确按照地形标高制作地形高差关系。

道路需表现出色彩关系、路面质感，标识出斑马线等路面符号。

区内水景采用动态透光效果，水系节点处放置石头、小鱼、荷花等配景，注入仿真水效果更加逼真；项目外围水景采用晕光效果，体现海面质感。

采用真空吸塑压模来表现区内花架、连廊及小品。

绿化部分采用不同类型的树木、花草，丰富整个模型的绿化环境，有疏有密、高低错落、整齐、清爽，应体现亚热带滨海环境特点。

模型中放置有变化形态的防真人、休闲椅、太阳伞、汽车等，渲染整个模型的景观细节。

模型中非项目区域地块均提供建筑形态的水晶体，并进行除草皮外的景观绿化，体现项目周边配套完善、环境宜人。

用标识牌、导向牌来标明本项目的配套设施，如楼名、商业、车库出入口等。

环境灯光：合理安装路灯、街灯、装饰灯、庭院灯、地灯、射灯、LED 循环灯等环境灯。

### （三）选材及工艺

**（1）使用有机玻璃表现幕墙玻璃。**

**（2）使用 PVC 塑胶片、塑胶棒表现细部及各式小品。**

**（3）使用透明漆及亚光漆，表现模型中不同色彩。**

**（4）使用仿真草地纸、草绒、花绒、海藻制作各式景观。**

**（5）使用 LED 仿真品，表示汽车、各式灯饰、石子等。**

## 【附 3】园区项目微信公众号的运营思路

微信公众号可设置三个导航栏：

**（一）导航栏设置**

关于我们：可设置“集团介绍”“公司介绍”“项目介绍”。
租售信息：可设置“物业类型”“配套设施”“入驻申请”。
园区服务：可设置“惠企政策”“一键导航”“一键拨号”。

**（二）关注后的自动回复设置**

欢迎来到【项目名称】；
回复数字【1】，了解项目整体概况；
回复数字【2】，掌握项目租售情况；
回复数字【3】，了解专属入园政策；
回复数字【4】，一键拨号联系我们。

**（三）内容发布管理规定**

微信公众号作为项目的官方宣传窗口，发布的内容代表项目的调性和形象，必须遵守媒体传播法律，必须由专人进行运营和审核。

## 【附 4】营销管理服务类采购管理办法

**第一章　总则**

第一条　为加强中心在营销策划领域的管理，规范营销策划服务类采购的程序和行为，提高营销策划工作的质量和效果，根据国家相关法律、法规并参照集团采购办法，特制定本办法。

第二条　本办法适用于中心营销管理服务类采购，包括项目研究及策划咨询、营销类咨询、营销策划及宣传推广（包括营销礼品采购）、商标注册、物业管理研究等服务的采购。

第三条　对于各类采购方式的数额标准规定如下：

单项合同估算价在150万元以下的可采用招标（公开招标或邀请招标）、直接采购、询价、竞争性谈判等方式。

单项合同估算价在150万元以上的必须采用公开招标（存在特殊情况未采用公开招标的，需进行说明并经过分管领导审核认定）。

第四条　营销管理服务类采购管理原则：

（一）公开、公平、公正、诚信。

（二）符合有限公司整体发展战略，维护有限公司利益。

（三）规范、有序，符合国家、省、市政府有关法律、法规与政策。

## 第二章　采购方式

### 第一节　招标采购

第五条　招标分为公开招标和邀请招标。

第六条　合同估算价在150万元（含）以上的，必须采用公开招标。

### 第二节　直接采购

第七条　直接采购是指采购人直接向特定供应商采购的方式，主要包括战略合作采购、跟单采购、网络采购、单一来源采购、供应商库合格供应商谈判采购等方式，具体应用范围如下：

（一）战略合作采购：集团有统一规划、统一设计、统一建设要求的；集团控股并实质经营管理企业能够直接提供的产品与服务，可以按照内部协议价直接采购；招商局集团战略合作供应商，有限公司战略合作伙伴能够直接提供的产品与服务。

（二）单一来源采购：只能从唯一供应商处采购的；发生了不可预见的紧急情况不能从其他供应商处采购的。

（三）跟单采购是指需要继续从原供应商处采购的，且金额不超过原合同金额的（签订补充合同即可）。

（四）供应商库合格供应商谈判采购是指从入选了合格供应商库的供应商里通过抽签决定该项采购的最终供应商。

第三节　询价采购

第八条　询价采购是指采购人组成询价小组向不特定或者特定供应商邀请对采购对象进行报价，以报价最低者作为中标供应商的采购方式，主要包括公告询价、邀请询价、现场询价、网上询价等。

询价一般适用于合同估算价在20万元以内的较为标准化的服务。

第四节　竞争性磋商

第九条　竞争性磋商是指采购人组成磋商小组与符合采购人要求的供应商对采购项目的设计方案或者解决方案及价格进行磋商，以综合评分方式确定中标供应商的采购方式。

## 第三章　采购程序

第一节　直接采购

第十条　战略合作采购、跟单采购、网络采购、单一来源采购的程序。

（一）填写采购申请表：10万元以下由采购部门部门长签字，10万元（含）以上由采购部门部门长审核、分管领导签字。

（二）采购谈判：由采购部门及外部人员组成 3 人及以上的采购小组（至少含 1 名外部人员，可邀请外部门相关单位成员，也可邀请公司专家库内成员）。供应商需提供企业的相关资质证明文件（包括企业的营业执照复印件等）、报价文件、唯一性证明、最低报价承诺函（需加盖公司公章）。采购小组与该供应商或者机构进行谈判后商定最终价格，并有书面记录反映谈判过程。

（三）填写采购结果审批表：采购小组成员需在采购结果审批表确认签字。10 万元以下由采购部门部门长审批签字，10 万元（含）以上需采购部门部门长审核、分管领导审批签字。

（四）材料上传 PMS 系统：将采购申请表、审批表及其他相关材料等作为相关附件上传 PMS 系统。

（五）确定并签订合同：我方需留存三份合同，一份由采购部门保管，一份存财务部，一份存风险管理部。

第十一条　供应商库合格供应商谈判采购的程序。

（一）供应商按要求填写《供应商基本情况表》。

（二）组织评审：采购部门经办人初审《供应商基本情况表》，符合公司要求的，通知其提供签字盖章的《供应商基本情况表》，以及加盖公章的营业执照、组织机构代码证、税务登记证（含国税、地税）的复印件。审核通过后留存作为附件。

（三）由采购部门、总经理办公室、风险管理部人员组成 3 人及以上的考察小组，对供应商的相关信息进行复审，可采用评审会形式，也可以现场实地勘察。

（四）考察合格后，填写《供应商认证表》，由考察组成员员及采购部门负责人签字。

（五）供应商考察完成后，由采购部门经办人填写《供应商入库审批表》并后附签字完整的《供应商认证表》及考察资料附件以发起供应商入库审批。

（六）《供应商入库审批表》由采购部门负责人审核，报采购部门分管领导复核后审批通过。

（七）供应商入库，后续可在供应商库中随机抽签选择合格供应商进行谈判采购。

（八）采购申请表、审批表的填写及合同的签订，均参考本办法的第十条实行。

（九）每年对供应商库内的供应商进行评价，不合格者从供应商库中剔除。

第二节　询价

第十二条　询价程序（除现场询价情况外）。

（一）填写采购申请表：10万元以下由采购部门部门长签字，10万元（含）以上由采购部门部门长审核、分管领导签字。

（二）将询价通知书发给三家及以上的供应商。

（三）收取供应商回函：供应商需要密封寄回询价任务书中所要求材料，一般包括封面、报价申请、报价单（加盖企业公章）、服务方案及技术指标等说明、企业的相关资质证明文件（包括企业的营业执照复印件等）、最低报价承诺函等。从询价通知书发出之日起至供应商提交响应文件截止之日止不得少于3个工作日。

（四）召开采购评审会确定最终供应商。评审小组由采购部门和外部人员组成，外部人员可邀请外部门相关单位成员，也可邀请公司专家库内成员，不得少于（含）3位成员现场拆件。其中，外部人员数量不得少于（含）1位。评审小组当场拆封，填写询价采购表，评审会全程需拍照存档。

（五）采购结果审批表的填写、材料的上传及合同的确定与签订，参照本办法的第十条实行。

第十三条　现场询价程序。

（一）填写采购申请表：10万元以下由采购部门部门长签字，10万元（含）以上需采购部门部门长审核、分管领导签字。

（二）由采购部门成立询价小组，小组成员不少于3人，走访供应商市场。

（三）走访市场上不少于3家合格供应商，并进行现场记录（录音、拍照、笔记等形式），如供应商可提供书面报价单，留一份以便存档，填写《询价采购表》。

（四）按最低价者中标原则确定最终供应商。与中标供应商进行深入谈判，最终确定采购价格。

（五）采购结果审批表的填写、材料的上传及合同的确定与签订，参照本办法的第十条实行。

第三节　竞争性磋商

第十四条　竞争性磋商程序。

（一）填写采购申请表：10万元以下由采购部门部门长签字，10万元（含）以上由采购部门部门长审核、分管领导签字。

（二）将竞争性磋商任务书发给三家及以上的供应商。

（三）收取竞标人回函。磋商任务书发出之日起至供应商首次响应文件的时间不少于5个日历天，最终截止之日距离发标之日不得少于10个日历天。

（四）召开评审会，采用综合评分法对竞标人的各项因素进行综合评审。需组成不少于（含）3人的评审小组。外部人员不少于（含）1名。评分内容主要包括价格、技术、商务（财务状况、信誉、业绩、服务、对招标文件的响应程度等）三个部分，根据采购项目实际情况确定三个部分的权重比值。其中，价格分值所占比重应为10%~30%。

## 【附 5】宣传视频采购评分表

**表 9-3　宣传视频采购评分表**

| 序号 | 评分项目 | 评分说明 | 满分 | 投标人得分 |
|---|---|---|---|---|
| 1 | 视频制作团队 | 根据供应商拟为本项目配备的视频制作团队情况进行横向比较，最优的得 15 分，其余的依次递减 4 分；最优单位唯一，其他的若响应情况相当，允许得分相同 | 15 | |
| 2 | 类似案例 | 根据供应商在类似视频制作方面的案例实践情况进行横向比较，最优的得 15 分，其余的依次递减 5 分；最优单位唯一，其他的若响应情况相当，允许得分相同 | 15 | |
| 3 | 制作周期 | 根据供应商在制作周期方面的响应情况进行横向比较，最为合理的得 15 分，其余的依次递减 4 分；最优单位唯一，其他的若响应情况相当，允许得分相同 | 15 | |
| 4 | 视频制作方案整体情况 | 根据供应商提供的制作方案整体情况进行横向比较，整体编排最为合理、内容最全面完整的得 20 分，其余的依次递减 5 分；最优单位唯一，其他的若响应情况相当，允许得分相同 | 20 | |
| 5 | 视频内容 | 根据供应商提供的视频制作方案的内容进行横向比较，对主旨的理解、对创意、理念的最契合服务需求书要求的得 20 分，其余的依次递减 5 分；最优单位唯一，其他的若响应情况相当，允许得分相同 | 20 | |

续表

| 序号 | 评分项目 | 评分说明 | 满分 | 投标人得分 |
| --- | --- | --- | --- | --- |
| 6 | 报价得分 | 供应商的报价得分按以下公式计算得出：<br>P=（1−A×\|1−F/Z\|）×15<br>公式算法说明：<br>1. 以供应商的最终报价为评分对象<br>2.P 为供应商报价得分，15 分为报价最高得分<br>3.Z 为供应商的最佳报价：即对所有通过资格性检查和符合性检查的有效供应商报价取算术平均值，并对算术平均值下浮 5%<br>4.F 为供应商报价<br>5.A 为价格调整系数，当供应商报价低于最佳报价时，A=0.5; 当供应商报价高于本次最佳报价时，取 A=1<br>6. 计算分数时四舍五入取小数点后两位<br>7. 当价格分 <0 时，取 0 | 15 | |
| 分数合计 | | | 100 | |

说明：评审小组将根据供应商提交的响应文件，并结合其讲标情况，按照上述评分规定对其具体响应方案进行评审。

## 【附 6】广告公司营销策划服务合同

根据《中华人民共和国合同法》规定，双方经友好协商，就甲方委托乙方为 ×× 园区项目推广策划、创意设计、制作指导事宜，订立如下合同条款以兹共同遵守。

**第一条　乙方服务内容**

乙方受托甲方之 ×× 园区项目推广策划、创意设计、制作指导事宜，并根据甲方要求完成其他相关设计，详细内容见附件一。

### 第二条　费用标准及支付方式

（1）费用标准：合同正常履行期内，月固定费为人民币 × 万元整，不满整月的，固定服务费按实际天数 × 月固定服务费 / 30 天计算；月团队浮动绩效奖金分为三档，分别为人民币壹万元整、伍仟元整、零元整。甲方每月有权根据《月度团队考核表》对乙方进行考核并根据考核结果向乙方支付费用，详见表 9-4。

表 9-4　《月度团队考核表》

| 单月得分（以下简称 Q） | 月固定服务费（元 / 月） | 月团队绩效奖金（元 / 月） | 总金额（元 / 月） |
|---|---|---|---|
| 100 分 > Q ≥ 90 分 | | | |
| 90 分 > Q ≥ 80 分 | | | |
| 80 分 > Q ≥ 0 分 | | | |

（2）合同价款包含广告策划费、创意制作费、制作指导费、文本文件复印装订费、提供电子文本费用、办公通讯邮寄费用、人工费、差旅费、税费等乙方完成本合同项下广告顾问服务所需的全部费用，除合同另有约定外，甲方无须再向乙方支付其他任何费用。

（3）服务期限：自 ×××× 年 × 月 × 日起至 ×××× 年 × 月 × 日止。

（4）乙方因公需要在项目所在地办公，办公场所由甲方提供，食宿费用由乙方自理，如需到第三城市考察、出差等，需经甲方同意，相关差旅费由乙方自理。

（5）乙方人员驻场期间，若因甲方现场工作需要产生的由乙方垫付的款项（须事先获得甲方认可），乙方凭发票实报实销。

（6）甲方每次付款前，乙方须提供等额正规合法的增值税专用发票。若甲方因乙方发票问题导致的经济损失，包括但不限于税款、滞纳金和罚款，乙方需承担全额赔偿责任。

（7）甲方的开票信息：

名称：

纳税人识别号：

地址及电话：

开户行及账号：

（8）乙方账户信息：

名称：

纳税人识别号：

地址及电话：

开户行及账号：

**第三条　甲方的权利和义务**

（1）甲方有权根据自身需要，提出对委托项目的总体设计风格和功能要求，并要求乙方及时响应。

（2）甲方有对委托项目各阶段的服务方案提出修改要求的权利，最终方案以甲方纸质文件签字确认（或邮箱确认）为准。

（3）本合同期限内及合同期满后，甲方委托乙方所服务项目的相关作品，在付清全部应付的相关费用后（时间以甲方支付相关费用到达乙方账户为准）其所有权和知识产权均归甲方所有，未经甲方同意许可，乙方不得再次在其他项目中使用。

（4）甲方有权对乙方从事甲方所委托事宜的行为及相关活动进行检查监督。

**第四条　乙方的权利和义务**

（1）乙方根据甲方提出的总体设计风格和功能要求，按本合同第一条规定的内容，及时为甲方提供设计和服务方案。

（2）乙方需根据招标文件要求，安排专门人员组成××园区工作小组，整体服务于本项目，**并保证主创人员和驻场人员的**

**稳定性。乙方不得随意擅自更换项目组工作人员，如有更换，须提前十五个工作日向甲方报备，征得甲方书面同意后做好工作交接。**项目服务小组成员名单及驻场人员名单详见本合同附件三；若在合作过程中，乙方派出工作小组人员无法满足相应工作要求，甲方有权要求乙方对工作小组人员进行更换并调整直至甲方满意为止。乙方团队中非驻场人员应根据工作需要不定期到现场参与乙方服务内的工作。

（3）乙方应对甲方提出的修正意见，在甲方发表实施、制作执行等要求的时间内进行及时的修改、调整，直至甲方纸质签字认可或邮箱确认方可定稿。

（4）甲方有权委派乙方与第三方机构进行对接（如印刷、制作等），印刷物料等宣传品若因乙方自身失误带来的损失，由乙方全权承担损失并进行赔偿。

（5）乙方在提供服务过程中，有悖国家有关法律、法规及政府有关规定的由乙方承担全部责任；造成甲方经济损失的，乙方应承担赔偿责任；若造成甲方严重损失的，甲方有权终止本合同，并追究相关责任；但经甲方同意采用的，或是按该区域行业惯例施行的除外。

（6）乙方应保证在作品中不存在侵犯第三人合法权益的情况，甲方因使用乙方提供的作品而侵犯第三人合法权益的，由乙方承担责任。甲方因此遭到损失的，可向乙方追偿。

**第五条　双方工作方式及工作要求**

**（1）实行小组工作制**

乙方服务人员团队由策略总监、创作总监、项目设计师、项目文案、项目 AE 组成。

乙方总经理需定期参与工作例会，对乙方的服务质量进行管控。

**（2）实行简报制**

乙方需根据实际工作情况，向甲方提交相关简报。

《策略简报》为乙方提出策略的工具，甲方确认《策略简报》后，乙方进入执行及创作。

《创作简报》为乙方提出创意的工具，甲方确认《创作简报》后，乙方进入执行及创作。

《工作简报》为乙方沟通工作内容的工具，乙方每周提交《周工作简报》，每月提交《月工作简报》，甲方确认《工作简报》后，乙方下单执行。

《会议简报》为乙方根据工作会议上双方达成的共识所制作的简报，便于会后工作的有效推进。

**（3）实行工作例会制**

工作周例会：甲方与乙方驻场团队包括上周工作总结和下周工作计划。

工作半月会：甲方与乙方驻场团队，以及乙方所有项目组成员，讨论阶段性推广策略和工作计划。

工作月会：甲方与乙方驻场团队、乙方所有项目组成员及乙方总经理，通报当月考核成绩，商定上一阶段营销、推广、创作得失及下一阶段推广及创作部署，如当月有重要营销节点或营销活动，则根据活动时间调整例会时间，使之统一。

工作例会召开前，乙方应根据甲方要求，根据会议内容认真准备相应会议材料，会后由乙方整理会议纪要，一式贰份，双方负责人审阅确认，乙方严格按照会议确认的工作内容进行执行。

**（4）签字确认制**

乙方须在整体策略方案指导下，创作出符合项目的最佳作品，所有作品按工作计划提交，经甲方签字确认后方可发布。乙方完成的所有设计与方案均实行签字确认或者邮箱确认：

甲方签字人：______________

甲方确认邮箱：______________

乙方须指定专人与甲方进行确认。

乙方专人：______________

邮箱：______________

**第六条　违约责任**

（1）如乙方不能按质、按量、按时完成工作，对甲方项目推广造成损失的，若明确证实起因和事实责任方归于乙方前提下，甲方有权提前解约；或因工作失误等原因造成甲方项目形象受损或工作完成得严重失误则视为违约，甲方有权提前30天以书面形式通知乙方解除合同。在合同终止前双方交接工作，甲方付清乙方截至合同终止日前的服务费用。

（2）为更好地评价乙方的工作和服务质量，甲方由营销策划部组成考评小组（人数不少于3人）作为考评人，对乙方每月工作进行百分制打分考评（考评表详见附件二）。若连续三个月考评分数低于80分，则甲方有权与乙方提前终止本合同。乙方服务期满半年后，若半年月考核平均分数低于80分，则甲方有权与乙方提前终止本合同。

（3）乙方未经甲方书面同意，擅自将本合同中任何事项委托其他公司，应属违约，甲方有权与乙方解除合同，乙方应按合同最高总额的20%支付违约金。若合同执行过程中出现委托方单位变更，本合同仍然有效。甲方须向受让方说明本合同，并重新签订合同。

（4）合同期间内及合同期满后一年内，未经甲、乙双方同意，双方均不得录用对方人员（或其他合作方式），否则视为违约，每录用一人，违约方应向另一方支付人民币20万元作为违约金。

**第七条　保密责任**

（1）甲乙双方应保守对方之商业秘密，不得透露或以任何形式使他人知悉相关资料。

（2）本条在本合同终止或解除后仍继续有效，直到该商业秘密进入公知领域。

**第八条　合同的终止**

（1）经甲、乙双方协商一致，同意终止合同。

（2）合同期内，一方违约，导致本合同无法履行的，另一方有权以书面形式（盖公章）解除本合同（须提前30天通知违约方）。

**第九条　争议的解决**

（1）如果双方就本合同的解释、有效性、终止或执行方面有任何问题，应尽最大的努力协商解决有关问题。

（2）如双方不能协商解决与本合同有关的或由本合同引致的任何问题，任何一方均可将争议提交甲方住所地人民法院予以裁决。

（3）在发生任何争议和在任何争议正在进行诉讼时，除了所争议的事宜外，双方应继续完成其各自在本合同项下的义务。

**第十条　附件**

本合同下列附件构成合同不可分割的组成部分，与本合同具有同等的法律效力。

附件一：《乙方服务内容》，共计3页。

附件二：《月度服务质量考评表》，共计1页。

附件三：服务小组人员，共计2页。

**第十一条　其他**

（1）本合同自双方盖章之日起生效。

（2）本合同一式肆份，甲方执叁份，乙方执壹份，具同等法律效力。

（3）如有其他未尽事宜，双方应友好协商解除，并达成书面补充协议，否则视为无效。

（4）本合同期限内的全部函件、附件均为本合同的组成部分。

甲　　方：　　　　　　　　　乙　　方：

代表签字：　　　　　　　　　代表签字：

签订时间：　　年　月　日　签订时间：　　年　月　日

## 《乙方服务内容》

以下工作内容是指乙方在合同有效期内可以承担的工作任务，但不是指乙方必须完成的具体工作。乙方的具体工作内容，由双方通过工作例会等形式在上述服务内容的范畴内每月确定，其文件是本合同的有效附件，包括但不限于如下：

1. 全程广告项目策划

1.1 市场调查与分析

⊙广告营销环境分析

⊙广告竞争对手分析

⊙广告目标客户群分析

1.2 广告定位

⊙ 市场定位：物业市场定位、消费群体定位

⊙ 功能定位：项目功能定位、自身功能定位

⊙ 形象定位：项目形象定位、目标客户群形象定位

1.3 广告策略及创意构想

1.4 传播与媒介策略的制定

⊙ 传播策略遵循的原则

⊙ 传播与媒介覆盖策略目标
⊙ 分阶段传播策略的制定
⊙ 媒介炒作计划的制订、实施、监控及调整

1.5 促销活动策略及工具选择建议

1.6 分阶段广告策略的制定

⊙ 进入市场的时机与姿态
⊙ 调整与控制策略
⊙ 分阶段目标制定
⊙ 分阶段战术安排

1.7 整合宣传推广阶段性策略与组合

⊙ 筹备期策略
⊙ 试销期策略
⊙ 引销期策略
⊙ 强销期策略
⊙ 促销期策略

1.8 公关活动

⊙ 公关策略
⊙ 媒体关系
⊙ 市场研究
⊙ 直效行销
⊙ 活动管理（产品推介会、开盘活动、入驻企业联谊会、各种节点活动等）

1.9 项目全程跟进服务

⊙ 定期广告发布效果跟踪简单调查及信息反馈
⊙ 广告成本预算及费用监控

2. 品牌识别系统建立与设计

2.1 基础系统设计

⊙ 标志
⊙ 标准字体
⊙ 标准色
⊙ 象征图形与吉祥物
⊙ 标准组合

2.2 应用系统设计

⊙ 事务用品系统
A. 名片 / 工作证（卡）设计
B. 便笺、笔
C. 纸杯
D. 手提袋
E. 销售人员工作牌
F. 购房协议书封套 / 置业计划封套
G. 售楼专车

⊙ 展示系统设计
A. 地盘形象设计：◇工地围墙 / 安全通道围板；◇工地广告牌；◇现场包装（导示牌 / 立柱挂旗 / 条幅 / 招示布）
B. 售楼形象展示：◇售楼处内部形象概念提示及指导；◇销售中心形象背景牌及接待部分；◇售楼处展板设计
C. 外卖场展示：◇展销会氛围展示（风格把握、形象墙设计、展板设计、挂旗）；◇大气球竖幅；◇招示布；◇条幅

⊙ 导示系统设计
A. 样板间：◇户型牌；◇功能牌（主任房、儿童房、父母房、书房、健身房、洗手间等）；

◇免费赠送牌（洁具、厨具等）；◇设计要领介绍

B. 售楼处：◇区位标示牌；◇功能批示牌；◇看楼路线指引牌

⊙ 户外广告类

A. 车体广告

B. 候车广告

C. 路牌广告

⊙ 促销礼品类

A. 礼品外形或外包装形象

B. 促销活动卡

C. 请柬、邀请函

3. 项目全程宣传物料实施

3.1 宣传设计、制作

3.2 售楼书（或宣传手册）设计

3.3 单张、折页设计

3.4 海报

3.5 DM

4. 媒体广告实施

4.1 报纸广告创意、文案、设计

4.2 杂志广告创意、文案、设计

4.3 电台广告创意、脚本、制作跟踪

4.4 电视广告创意、脚本、制作跟踪

4.5 电视专题片的创意、脚本、制作跟踪

4.6 微信公众号、微博相关文稿、单图、H5、微信视频广告及活动发布策划

5. 根据甲方要求，完成其他相关设计

**表 9-5 《月度服务质量考评表》**

考评月份：________考评人：________考评时间：______

| 考核项目 | 项目分数 | 考核细则 | 考评得分 |
| --- | --- | --- | --- |
| 主创成员异动 | 10 分 | 乙方项目总监、项目主策划、项目主设计师、项目主文案不得擅自变动，如特殊情况需调换，应提前 15 个工作日说明，经甲方同意后调换，临时换人扣 10 分 | |
| 广告方案质量 | 15 分 | 提供的广告方案，如因专业沟通或能力导致连续 2 次未被甲方认可，扣 5 分；如连续 5 次未通过，扣 10 分 | |
| 广告设计质量 | 15 分 | 乙方提供的设计成果，如因专业沟通或能力导致连续 2 次未被甲方认可，扣 5 分；如连续 5 次未通过，扣 10 分 | |
| 提交工作成果的及时性 | 15 分 | 根据下单时间，如乙方未能按时完成工作，按 5 分 / 次进行扣分，如拖延 24 小时以上，一次性扣除 10 分，若因工作拖延为甲方带来损失，扣除 15 分 | |
| 工作成果的失误率 | 15 分 | 乙方提交稿件如出现明显失误（如错别字、已明确不予使用的图片、项目基础资料错误等），每发现一处扣 1 分；稿件审核确认后，在发正稿给制作方时出现发错稿等严重失误，则一次性扣除 15 分 | |
| 工作主动性与配合度 | 15 分 | 对于突发事件和热点能积极提出响应方案、积极配合甲方重要的营销活动，主动对项目营销提出合理化建议。如不能按计划积极配合，视情节扣 5~15 分 | |
| 项目工作会议 | 15 分 | 周例会、半月例会、月例会均需按甲方要求派人参加（若因甲方原因未能按期召开除外），无故缺席按 5 分 / 人扣除；如遇特殊情况，应提前半天予以说明 | |
| 总分 | | | |

# 第十章
# 重视招商引资

## 一、招商引资的重要性

产业园区的核心是“产业”，而要实现企业的入驻和产业的聚集，招商引资是最重要的环节，特别是政府和平台公司主导的园区，对招商引资的要求更高，除了要求满足租售率，对产值、税收也有考量；而对产业园区开发商而言，招商引资能力是对外拓展的有力背书和支撑。

## 二、多维度开展招商

### （一）招商前置

和住宅不同，产业园区的招商蓄客需要在项目前期甚至策划之初就开始进行，很多产业园最初就源于某个龙头企业的入驻而形成产业上下游集聚后而逐渐形成。

企业的迁移涉及诸多方面的考虑，决策流程比较长，而且很多企业特别是龙头企业，都存在个性化需求，需要定制开发，所以不能等项目建好后才开始招商，一定要前置。市场上一些做得比较好的工业地产开发商，前期蓄客能力强大，基本上盖楼时即招满，开园即开业。

### （二）深化研究

产业研究是招商开展前重要的前期工作，比如一个行业的上下游都有哪些环节、价值链怎样分布、产业特征是什么、产业前景如何、这些链条上都分布着哪些比较好的企业，这些企业对招商选址的需求是什么，是否已经扩张了，有无落地的可行性，这些企业和园区本身的定位是否相符等。这些都是在招商工作开展前就必须弄清楚的，而不能眉毛胡子一把抓。

对招商人员而言，需要大致掌握行业的价值链、市场规模、发展趋势，主要企业的商业模式和关键成功要素，主要终端产品的市场情况；能梳理出项目痛点，能实际打动企业，在商务洽谈时能够和业内人士交流专业词汇，让人不质疑你的专业性，同时不断深入了解，逐渐成为行业专家。

### （三）广布渠道

积极参加行业论坛、展会等拓宽人脉，并充分利用招商中介、行业协会等协助招商；先集中精力搞定龙头企业，再通过其产业聚集效应，以商带商；在招商前期，可以不严格限定在项目的客群定位本身，相关延伸产业都可以进行宽口径招商，等后期人气高后再逐渐腾笼换鸟；通过行业内企业高管的转介、参加行业活动、政府招商部门介绍等扩大信息来源。

目前，主流的委托中介招商付费方式有以下几种：

1. 项目付费制

不提前支付任何前期费用，等项目成功落地后，根据具体情况给予相应比例的奖励费用（或是按固投，或按实缴资本，或按项目个数），这也是委托方最喜欢的模式，引进项目才给钱，引不进也没损失，看似稳赚不赔，但很难吸引较多的优质渠道，因为招商工作是需要开展很多前期工作的，人员的差旅交通接待都是成本。而且招商引资工作在现在的经济形势下越来越难开展，谈10个项目能有1个落地就算很高的转化率了，如果完全没有“底薪”只有“提成”，很难吸引大型中介来服务。一般愿意接受这种形式的都是和委托方有很好的合作基础，或者是刚成立的小型机构，为了拓展业务而接受，但是小型机构的资源和执行度不一定能保证，所以从隐性成本来看，委托方付出的时间成本和风险也不低。

2. 服务费包干制

支付一笔固定的费用，要求被委托方在固定时间内完成多少招商任务，比如约定企业注册数、投资额、固定资产额、营收等，一般是签订合同时支付一定比例，完成任务后再支付剩下的部分。

这种模式的弊端在于，一般费用都比较高，有的都达百万，虽然被委托方有时会承诺如果没有完成任务，费用全部退回。但是从实操层面，如果发生了违约情况，要让被委托方把已经收到的费用退回来，委托方需要付出很多的时间成本，过程比较复杂，甚至会用到司法程序，所以一定要选择口碑品牌比较好的、有一定互信基础的服务商合作。

3. 付费加奖励

先付一笔前期费用，解决被委托方招商人员在前期接洽中产生的费用，如交通、住宿、接待、办活动等费用，待项目落地后，按照项目的情况再奖励，这也是目前使用最多的付费形式。

通俗地说，第一种是“纯提成”，第二种是“纯固薪”，第三种是“固定底薪＋提成”，每种方式都有自己的适用情景，一般而言，第三种适用的最多。

不管选择哪种付费方式，都需要找到合适靠谱的招商渠道。那么，从哪些维度来考虑呢？

（1）资信优良，最好此前有合作案例。

（2）通过走访调研，了解该机构在项目落地中起到的作用，确定案例的真实性及该机构的招商能力。

（3）有分工明确的团队。

（4）完善的招商体系。

（5）完整的招商服务流程。

（6）团队主要领导有一定的行业影响力。

（7）有主导产业相关背景，或有能力联络相关行业资源。

（8）最好选择本地或在本地有资源或者分公司的机构。

招商委托合作协议书参考本章附件1。

## 三、招商引资的流程

### （一）产业研究

产业研究是招商引资工作的最前端环节，也是不可或缺的基础性工作。特别是如果招引项目多数为理工科背景的工业类项目，更需要加强产业研究。

1. 研判项目质量

在不同阶段，均需要对各种渠道推送的项目信息进行研判，包括行业情况和企业情况、研判企业前景和落地的可行性。

2. 寻找招商机会

主动通过对产业链的分析，找出可选的长名单，结合限制性条件甄选出可供选择的短名单，对各产业链及价值链进行研究和选择，筛选合适企业后积极联系接洽。

3. 增强客户认同

不管是招商接待还是企业拜访，了解行业，增加谈资，具备沟通的基础，不做“外行人”，得到企业的认同感。

### （二）项目接洽

当接到临时接洽任务时，可能只有几个小时准备，如何在商务洽谈时能够和业内人士做到“至少表面过得去”，不要让对方认为你是个“门外汉”？可通过知乎、微信公众号等搜索相关问答和文章，快速构建起对产业的总体认知。比如上午接到通知，下午要接待一家做隔膜的企业，但你之前没有接触过隔膜行业，怎么办？首先，通过知乎、微信搜索行业总结类的文章，迅速建立行业认知。

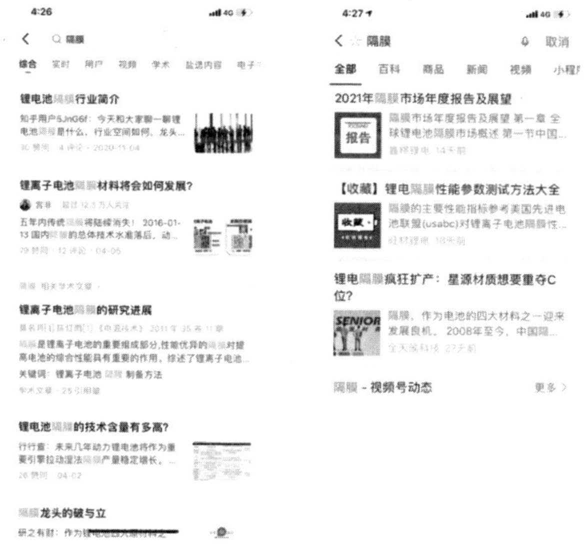


**图 10-1　在知乎和微信等平台上快速搜索**

在快速搜索后，可通过这些文章提炼主要元素并记忆，形成洽谈要点。要点提炼如下：

（1）锂电池行业蓬勃发展，隔膜是重要上游（电芯包含正负极、隔膜、电解液，pack 组装后成为电池）。

（2）隔膜行业的市场规模，主要技术有干湿法、龙头企业的集中度（恩捷等）。

（3）这家企业的产能、客户、与恩捷等龙头企业的关系、与宁德等下游的关系。

（4）诉求：厂房、用地、投资等。

（5）下一步对接计划等。

初次洽谈完，有意进行后续接洽时，这时具有较为充足的时间。招商人员需要大致掌握行业的价值链、市场规模、发展趋势，主要企业的商业模式和关键成功要素，主要终端产品的市场情况，结合目的，经过分析，能给出自己的观点结论，能快速获得大概的知识。可结合不同的渠道进行综合研判，如龙头公司财报、券商行研报告、咨询公司报告、行业协会报告、业内人士咨询、热点新闻咨询等。

常用通用型工具网站有：

（1）发现报告。

（2）乐晴智库、工信智库等。

（3）巨潮资讯。

（4）洞见研报。

（5）慧博投研。

（6）同花顺 iFind 产业链中心。

（7）国家统计局、国务院发展研究中心信息网查询等宏观数据。

（8）知网、维普等专业论文网站。

聚焦具体行业的工具有：

（1）TMT 行业：虎嗅网、199IT。

（2）汽车行业：盖世汽车。

（3）锂电行业：高工锂电等。

此外，天眼查、企查查等也非常实用，股权透视、历史法律纠纷等问题一看就很清楚，建议购买账号，可以看到更加详细的内容。在接洽企业过程中，可以借助这个“火眼金睛”，看到企业的本质。

### （三）诉求对接

企业一般投资落地的基本需求如下：

（1）场地需求：生产空间、办公空间。

（2）投资需求：地方政府引导基金、明股实债等。

（3）政策补贴：开办补助、异地搬迁补助、落地补助、装修补贴、设备补贴、租金补贴、人才政策等。

（4）业务需求：希望政府提供应用场景、产品采购等支持，但政府采购现在基本都是公开招投标，只能支持参与竞标而不能确保。

如果企业提出的政策诉求在已出台的政策范围（俗称“普惠政策”内，那就直接走申请兑付流程；如果企业提出的政策诉求已超普惠政策的范围，则进入一企一策或者一事一议的流程，由园区招商部门与所在的行政区进行沟通洽谈。

## 四、招商部门的管理

### （一）部门管理

招商部门每天要接洽大量的客户，研判大量的内容，有非常多的项目要跟进，所以需要把平时的工作内容标准化和数据化。

（1）项目记录模板，包括拜访客户的备忘录、项目大事记、各类上会材料模板等。

（2）产业研究报告模板。

（3）不同阶段发给客户填写的内容模板。

（4）交底会内容、招商答客问。

（5）战略协议、各类合作合同等。

（6）项目台账（在谈已落地、接洽后未落地、在谈中）。

（7）载体情况（供给端、需求端）等。

（8）项目接待流程等。

### （二）激励机制

要按照能者多劳、劳者多得的方式，以结果为导向，有效激励招商人员。

（1）对于比较市场化的园区开发主体，即对招商部是以租赁和销售情况来考核的，可实行与租售结果紧密挂钩的激励机制，详见本章附件 2。

（2）对于偏政府类的园区开发主体，即对招商部是以项目的质量、产值税收等来考核的，可以实现积分制的激励机制，详见本章附件 3。

## 五、招商人员必须掌握的材料

作为招商人员，必须了然于心的内容有：

### （一）园区情况

园区情况包括开发主体的介绍（公司简介、业务范围、业务板块、典型项目、未来发展等）、园区自身的情况（用地性质、总建面、单栋面积、层高、荷载、配套情况等）。

### （二）常见政策

接洽客户时，除了场地情况，企业一般会关心现有的政策有哪些。常见的针对企业的有总部经济政策（经营贡献奖励、租售载体补贴等）、专精特新“小巨人”（设备补贴、研发补贴）、新型研发机构、国高奖励（所得税税率降低）、发明专利奖励、外资到资奖励、无尘车间奖励、增产增效奖励、营收奖励等。针对人才的主要有生活补贴、配偶安置、子女入学、购房租房补贴、个税补贴等。

### （三）常见名词

政府统计口径中的常见名词，也是必须了解的内容。

1. 固投（即固定资产投资额）

固定资产投资额是指以货币形式表现的在一定时期内建造和购置固定资产的工作量，以及与此有关的费用的总称。

2. 产值

产值的计算基础是工业产品的总产量。只要是这个时期生产的，不管有没有卖出去，都要算产值。它经常用于各种统计报告，并向统计局报告行业指标。制造业项目，一般统计产值。

3. 营业收入

以产品销售为基础，用于财务报表的利润表，包括主营业务收入和其他业务收入。服务业项目，一般统计营收。

4. 财税贡献

财税贡献一般指企业的增值税和企业所得税在地方的留存部分。

5. 规上企业

规上企业是规模以上企业的简称，一般以年产量作为企业规模的标准，国家对不同行业的企业都制定了一个规模要求，达到规模要求的企业就称为规模以上企业，规模以上企业也分若干类，如特大型企业、大型企业、中型企业、小型企业等。

规模以上工业企业是指当年产品销售收入2000万元以上（含）的工业企业。

6. 国家高新技术企业

国家高新技术企业（国高企业）是指在《国家重点支持的高新技术领域》内，持续进行研究开发与技术成果转化，形成企业核心自主知识产权，并以此为基础开展经营活动，在中国境内（不包括港、澳、台地区）注册一年以上的居民企业。认定国高企业最重要的是可以获得企业所得税的部分减免。

# 【附 1】招商委托合作协议书

甲方：
统一社会信用代码：
地址：

乙方：
统一社会信用代码：
地址：

甲、乙双方以互助共赢、共同发展为宗旨，在符合双方共同利益的前提下，甲方委托乙方以社会化专业招商中介机构的身份开展招商引资工作，经过友好协商，就甲方委托乙方进行产业招商合作事宜达成如下条款：

**（一）合作期限**

合作期限自本协议签订日起，至乙方按本协议约定推荐给甲方接洽的产业项目数量达 × 家且签订投资合同数量至少达 × 家止（不超过 2 个自然年），协议期满后，根据双向选择原则，乙方如完成本协议期招引项目任务，双方可续签。

**（二）合作内容**

（1）甲方以集团自身或合作行政区可利用空间开发为载体与乙方进行合作，共同引入目标项目落户，形成产业聚集。

（2）合作期间，由乙方向甲方引入产业项目，且引入的产业方向包括但不限于智能制造、生物医药与健康、软件信息服务、新材料与新能源、数字创意、海洋高新等。上述项目经甲方确认后，由甲方根据项目进展情况向乙方支付招商服务费用及奖励。

（3）产业项目要求标准如下：产业项目投资方应为 ×× 企业……

### （三）费用标准及支付

1. 招商服务费用

首期招商服务费用：自本协议生效之日起，乙方向甲方引荐产业项目 1 个，甲方向乙方支付人民币含税价 × 万元。

第二期招商服务费用：乙方向甲方引荐产业项目，并成功促进 1 个项目投资方签订甲方认可的投资合同后，甲方向乙方支付第二期招商服务费用人民币含税价 × 万元。

第三期招商服务费用：乙方向甲方引荐产业项目，并成功促进第 2 个项目投资方签订甲方认可的投资合同后，甲方向乙方支付第三期招商服务费用人民币含税价 × 万元。

招商奖励服务费用：在乙方按本协议约定推荐给甲方接洽的产业项目数量达 X 个后（且签订投资合同的项目数量达到 Y 个），每多一个签订投资合同的项目，额外奖励含税价 × 万元。

乙方申请上述奖励时，须向甲方提供等额增值税专用发票等必要材料，甲方在收到乙方提供的材料审核无误后 20 个工作日内予以兑付。

2. 重点项目额外奖励

在合作期间，乙方向甲方引荐的产业项目（需成功签订落地合同），对符合 ×× 的项目，每增加 1 个项目，额外奖励含税价 5 万元（税率 6%，不含税金额 47169.81 元）。

乙方申请上述奖励时，须向甲方提供等额增值税专用发票等必要材料，甲方在收到乙方提供的材料审核无误后 20 个工作日内予以兑付。

3. 载体租售奖励

租赁奖励：在合作期间，乙方向甲方引荐的产业项目，若发生相关载体租赁行为，可按首年首月租金进行奖励。

销售奖励：在合作期间，乙方向甲方引荐的产业项目，若发生相关产业项目投资方购买甲方载体行为，按实际成交总价（即商品房买房合同签订价格）的 ×% 计提，重大销售引荐行为可申请一事一议进行奖励。

### （四）甲、乙双方的权利和义务

1. 甲方的权利和义务

（1）甲方根据乙方产业招商的需求，及时向乙方提供产业招商等宣传材料，并积极配合乙方进行项目洽谈，做好项目考察相关组织安排等工作。

（2）甲方指定专人负责对乙方的具体工作进行对接和协调，并确认目标项目信息及与项目投资方进行初步洽谈。

（3）对乙方推荐的目标企业，经甲方逐个确认、认可后，甲方出具相关确认函等证明材料。

（4）对乙方引荐的项目，经甲方认可并签订投资合同的，甲方应出具书面证明（盖章）确认给乙方。

2. 乙方的权利和义务

（1）乙方须按照甲方的要求引入产业项目，及时提交项目建议书供甲方审核。对于推荐的项目，乙方须能协调项目投资方与甲方进行洽谈，以及陪同项目投资方和甲方互相进行实地考察。

（2）乙方进行产业招商时，须按照甲方现有产业政策与投资方进行沟通洽谈；若超出上述政策支持范围，须经甲方同意后方可继续与项目投资方推进有关合作事宜。

（3）乙方须积极配合甲方完成项目评估，以及推进项目落地建设等工作，服从甲方的工作安排。

（4）乙方指定专人负责对甲方的具体工作进行对接和协调，并安排项目投资方考察和洽谈。

（5）乙方积极为甲方策划相关的招商活动，包括但不限于沙龙、发布会等。乙方以书面形式报请甲方，包括活动方案、参与的目标企业，有关招商活动举办经费须经甲方同意后，由甲方承担。

### （五）违约责任

（1）未经甲方同意，乙方单方面承诺项目投资方政策扶持条件，并由此给甲方造成经济损失、投资环境等负面影响，甲方有权提前终止合同。

（2）乙方引荐的项目经甲方考察评估并书面盖章确认同意引进后，乙方将该项目向其他第三方进行推介与合作，甲方有权提前终止合同。

（3）乙方如对引进项目和资金弄虚作假，骗取奖励，甲方除追回全部奖金外，依法依约追究乙方的法律责任。

### （六）其他

（1）鉴于招商引资项目落地时间偏长，因此本协议到期后，乙方引荐给甲方接洽的目标企业若继续在甲方落地，则乙方同意继续推进目标企业项目直至成功落地为止，且甲方同意将项目计入乙方的项目落地奖励。但若延长后的年度考核指标调整，甲方有权对项目要求进行调整。

（2）在本合同期限内，若遇国家税率调整，含增值税工作经费总额（不含增值税工作经费总额＋调整后的税额）不因国家税率变化而变化，具体税率以开具发票的时间为准。

（3）本协议未尽事宜双方应本着友好协商、互谅互惠的原则，达成一致意见后，签订补充协议。补充协议作为本协议附件，与本协议有同等的法律效力。

（4）甲、乙双方在合作过程中应严格保守对方的商业秘密。双方承诺不得因自身原因泄露对方的商业秘密而使对方的信誉受到损害，并确保不会将该信息用于执行或履行其在本协议中的权利或义务之外的其他目的。

（5）凡履行本协议产生的争议，应首先由双方友好协商解决，如果双方协商不能达成一致意见，可将所涉争议向甲方所在地人民法院提出诉讼。

（6）本合作协议自双方法定代表人或其授权代表正式签署并加盖公章之日起生效。本合作协议一式陆份，双方各持叁份。均具有同等的法律效力。

## 【附2】招商人员绩效考核方案

为有效评价营销人员的工作业绩，进一步加强园区的招商销售工作，激励招商销售人员积极签约，公司全体人员积极配合，本着公平、公正和按劳分配、多劳多得的原则，特制定本制度。

### （一）适用范围

本制度适应于招商运营部经理、营销策划部经理、招商运营部副经理、营销策划部副经理、销售专员、招商专员、销售助理、招商助理等营销相关岗位。

### （二）分配原则

（1）切合实际。以提高部门及员工的工作绩效为导向，匹配公司总体绩效考核体系、部门目标与岗位分工现状与自身情况。

（2）综合绩效。实行销售硬性指标（定量化）和非硬性指标（定性化）相结合。

（3）即时激励。实行营销人员月度绩效考评，以业绩为导向，兼顾过程管理；激励先进，鞭策后进，达到即时激励的效果。

### （三）考核标准

1. 薪资总构成

营销人员薪资由底薪（月基本工资）+ 提成 + 五险一金（五险一金按照公司相关标准执行）+ 各类补贴构成。

2. 底薪标准

**表 10-1　底薪标准表**

| 部门 | 岗位类别 | 月固定基本工资 |
|---|---|---|
| 营销策划部 | 营销策划部经理 | 元 / 月 |
| | 营销策划部副经理 | 元 / 月 |
| | 销售主管 | 元 / 月 |
| | 策划专员 | 元 / 月 |
| | 销售专员 | 元 / 月 |
| | 销售助理 | 元 / 月 |
| 招商运营部 | 招商运营部经理 | 元 / 月 |
| | 招商运营部副经理 | 元 / 月 |
| | 招商专员 | 元 / 月 |
| | 招商助理 | 元 / 月 |

3. 销售佣金提成

（1）全体营销人员按照月度考核，销售提成及激励奖金根据业绩完成情况而定，销售提成实行目标销售动态阶梯制，销售提成比率主要考核内容包括月度、任务完成情况、销售回款及时情况等。

（2）公司根据年度指标将销售与招商任务分别分解落实到每位营销人员，并制定个人月度考核指标。根据销售人员入职时间及在职情况每月最后一个工作日前发布下月营销人员的业绩指标。

（3）营销策划部团队佣金计算标准。

表 10-2　营销策划部团队佣金计算标准

| 人员岗位 | 任务完成情况 | X ≤ 80% | 80%<X ≤ 100% | 100%<X |
|---|---|---|---|---|
| 营销策划部经理 | 销售 | | | |
| | 租赁 | | | |
| 营销策划部副经理 | 销售 | | | |
| | 租赁 | | | |
| 策划专员 | 销售 | | | |
| | 租赁 | | | |
| 销售主管 | 销售 | | | |
| | 租赁 | | | |
| 销售专员 | 销售 | | | |
| | 租赁 | | | |
| 销售助理 | 销售 | | | |
| | 租赁 | | | |

（4）招商运营团队佣金计算标准。

表 10-3　招商运营团队佣金计算标准

| 人员岗位 | 任务完成情况 | $X \leq 80\%$ | $80\% < X \leq 100\%$ | $100\% < X$ |
|---|---|---|---|---|
| 招商运营部经理 | 销售 | | | |
| | 租赁 | | | |
| 招商运营部副经理 | 销售 | | | |
| | 租赁 | | | |
| 招商专员 | 销售 | | | |
| | 租赁 | | | |
| 招商助理 | 销售 | | | |
| | 租赁 | | | |

说明：

（1）表格内字母 X 为当月项目销售或租赁完成的月度指标。

（2）营销策划部经理、营销策划部副经理、招商运营部经理、招商运营部副经理、销售主管、策划专员月度指标完成情况指当月项目销售或租赁指标完成比率。

（3）销售专员、招商专员每月个人指标完成率指当月个人销售或租赁指标完成比率。

（4）销售助理、招商助理月度指标完成情况指当月项目回笼指标完成比率。

（5）销售额指当月该套可售物业首付款或一次性付款的销售额，不含协议认购（最后 7 天协议金额可计入当月销售额）。租赁额指当月该套可租物业的相应租金。回笼额指当月该套可售物业定金、首付款或一次性付款的全部回笼额。

4. 其他提成

除了营销人员，为鼓励公司其他部门员工也积极参与项目的销售及招商工作，佣金需进行以下标准分配：

（1）如果公司员工只提供客户信息并没有参与谈判，而是由销售人员或招商人员谈判，客户成交后，佣金按表 10-4 比例分配。

**表 10-4　提供客户信息佣金比例分配**

| 分配对象 | 提供客户信息者 | 销售 / 招商人员 | 合计 |
|---|---|---|---|
| **分配比例** | 个佣 20% | 个佣 80% | 100% |

（2）公司员工不但提供客户信息，而且与销售人员或招商人员共同谈判并成交者，佣金按如表 10-5 比例分配。

**表 10-5　参与谈判佣金比例分配**

| 分配对象 | 提供客户信息者 | 销售 / 招商人员 | 合计 |
|---|---|---|---|
| **分配比例** | 个佣 50% | 个佣 50% | 100% |

（3）如果公司员工直接与客户谈判成交，后续服务工作由招商运营部负责跟进（合约、验房、水电、消防、装修、注册等），佣金按如表 10-6 比例分配。

**表 10-6　直接与客户谈判成交佣金比例分配**

| 分配对象 | 提供客户信息者 | 招商人员 | 合计 |
|---|---|---|---|
| **分配比例** | 个佣 100% | 无 | 100% |

5. 各类补贴

（1）营销人员因公出差期间产生的交通费用、伙食补助、出差补贴等，均参照有限公司现行制度执行。

（2）营销人员在寻找客户信息中产生的费用（如交通费、招待费等），如果客户最终签约，可凭发票进行报销，具体需公司财务部核准。

### （四）佣金计算说明

（1）自行开发：营销人员自行完成的销售业绩，按照合同金额全额计算销售业绩和佣金。

（2）个人关系介绍（无独立承担费用）：由政府、公司领导介绍或其他社会关系介绍（非中介）的客户资源，由项目销售负责人指定销售管理人员和销售人员跟进所完成的销售业绩，如不产生由项目单独承担的介绍费用，则全额计算销售业绩和佣金。

（3）个人关系介绍（有独立承担费用）：如客户一次性购买或承租超过____万元或____㎡以上，个人关系介绍所需介绍费用超过____‰，则项目销售负责人提请公司副总经理、公司总经理审批，审批通过后，项目销售负责人按照公司财务部门要求（包括提供发票等要求）进行支取、冲抵和报备。跟进客户的销售人员、销售团队，全额计算销售业绩，按照实际成交金额的 80% 计算佣金。

（4）单位中介介绍（分销代理）：由项目签约的中介代理公司所介绍并促成成交的，同一客户一次性购买或租赁面积不超过____㎡（含），或实际购买金额不超过____万元（含），中介费用原则上不超过实际购买金额的____%；如果同一客户一次性购买面积超过____㎡或实际购买金额超过____万元的，中介公司对于中介费用有特别要求的，由公司招商运营部经理申报，公司副总经理、总经理审批确认后，审批通过后，根据金额到账情况予以支付，项目销售负责人按照项目财务部门要求（包括提供发票等要求），进行支取、冲抵和报备。跟进销售人员和销售人员全额计算销售业绩，按照实际购买金额的 50% 作为佣金计算基数。

（5）合作完成：如一个客户由不同销售人员合作开发完成，则项目销售负责人根据销售人员贡献度，分配销售业绩和销售佣金。

（6）其他有关业绩及佣金分配未尽事项，由项目销售负责人把握原则，酌情处理。

**（五）佣金发放细则**

（1）按照销售回款的90%发放佣金，10%待项目交付后发放。

一次性付款：在规定时间内付完全款后，次月发放到款额计提佣金的90%，剩余10%在交房后次月发放。

分期付款：在合同付款期内客户按要求付款，次月发放依据回款额计提佣金的90%，剩余10%在交房后次月发放。如客户逾期不超过30日（含30日）到款，到账次月发放到款计提佣金的40%，剩余10%在交房后次月内发放。客户到款逾期超过30日，当期到款不计提佣金。

银行按揭付款：客户付清首付款及相关税费后次月发放到款额计提佣金的90%，依据合同银行确认按揭放款后，且经过项目财务部门确认无误，次月发放到账金额计提佣金的90%，剩余10%在交房后次月发放。如因银行原因按揭放款未能如期按期放款，在银行和项目财务部门确认按揭放款时间，且相关手续确认无误后，项目销售负责人报请项目总审批后，次月发放到账额计提佣金的90%；如因客户原因未能完成按揭贷款手续，致使按揭金额到账时间逾期不超过30日（含30日），到账次月发放到款计提佣金的40%，剩余10%在交房后次月内发放，逾期超过30日，不计提到款额佣金。

客户延期付款：客户一次性付款或分期付款过程中，因特殊原因，需要延期付款的，需在当期付款期前两周提出申请，原则上延期不超过当期付款时限起一个月，且客户只能提出一次延期支付申请，由项目招商部、项目总、事业部招商部副总、事业部总审批通过，批准延期，在延期内全额支付完成约定款项的，销售佣金（管理及非管理人员）全额按一次性或分期付款标准支付，如超过延期标准支付的，依据一次性或分期付款逾期付款标准支付或不付佣金。

（2）当月佣金发放标准以季度完成目标最低值先期发放。在年末时，根据年度任务完成情况，如高于最低目标完成值，则按照实际到达任务佣金提成标准一次性补足应发佣金。

（3）销售人员的业绩核算及佣金计算台账管理由公司的营销销售部负责管理，招商人员的业绩核算及佣金计算台账管理由公司的招商运营部负责管理，佣金的发放由有限公司人力资源部门负责。每月 5 日前公司销售助理与招商助理提供销售人员与招商人员应发销售佣金数据给公司财务经理、总经理逐级审批后，公司总经理确认后由人力资源部门报财务部于每月 15 日负责发放。销售人员依本办法所获的各项收入，均由个人承担所得税，该税项由公司代扣代缴。

### （六）奖惩制度

为激励公司各部门共同协作，实现公司月度销售与招商目标，专门设立公司团队奖金。由公司总经理根据公司各部门月度工作表现按月度进行重新分配，具体分配标准另行制定。

增加品牌客户奖励，对于引入品牌企业、上市公司或 500 强企业的招商人员给予 3 万 ~10 万元的奖励。

为鼓励公司营销人员公平竞争、力争上游，在完成个人业绩指标的基础上，增加对营销人员相应的奖惩措施，具体如下：

（1）每月拓客数量和质量总评分第一名，奖励 1000 元；最后一名，罚金 500 元。

（2）每月回款额第一名，奖励 1000 元；最后一名，罚金 500 元。

（3）每月签约面积数量第一名，奖励 1000 元；最后一名，罚金 500 元。

**（七）辅助措施**

1. 退单处理

（1）如因销售客户经理、招商专员自身原因造成退单的，不计提成、不计业绩。

（2）如因公司或客户原因造成退单的，则相关营销总监、销售专员、招商专员只计业绩、不计提成。

（3）所有退单物业，均可另作出售并按正常提成标准重新计提。

2. 离职处理

（1）凡中途离职人员，在按规定办理完离职手续后，经确认无遗留问题，应一次性结付上月及当月销售全部提成。

（2）如销售人员在销售完成且款项付清后但交楼前离职，则剩余 10% 的佣金发放给办理该客户交楼手续的交楼人员。如销售人员在销售完成，但未付清相关款项即离职的或该销售人员在其重大客户洽谈过程中正常离职的，由销售负责人指定或由原销售人员指定销售人员进行跟进，相关到账款项所计提佣金原则上发放给跟进销售人员或由双方书面协商佣金分配方案并交公司备案。

## 【附 3】招商人员积分激励方案

为充分调动招商人员的工作积极性和创造性，推进公司年度招商引资目标的完成，招引优质产业项目，促进产业集聚，现结合公司实际情况，制定产业招商部员工积分激励方案。具体如下：

### （一）适用范围

该方案适用于全体招商部门员工（不含部门经理）。

### （二）激励方案

1. 激励原则

对部门日常工作采用积分制，各成员平时做好工作记录和材料留存，原则上每月由部门经理对各人积分进行确认，年度积分成绩将作为个人晋升、招商奖励金分配的重要考核依据。

2. 激励机制

**（1）档级晋升**

对于当年度积分成绩排名第一的员工，次年工资档级可自动晋升两档（若遇集团普调或其他形式的晋升调档，可叠加晋升）。

**（2）招商奖励金分配**

①预算来源：招商奖励金在工资总额专项安排，部门成员通过本办法获得的招商奖励金单独列支，不占用年度部门绩效奖金额度。

②分配方式：

部门员工的招商奖励金由部门经理将分配方案报分管领导后进行分配。部门经理的奖励金分配方案由分管领导直接分配。

员工奖励金总额 = 部门奖励金总额 − 部门经理奖励金

员工个人奖励金 = 个人积分总分 / 部门员工积分总分 × 员工奖励金总额

### （三）积分细则

鼓励项目接洽、招引、落地鼓励“竞争中合作”，多人同时参与同一内容，各人均可同等全额积分。具体细则如表 10-7 所示。

表 10-7 积分细则

| 序号 | 类别 | 内容 | 备注 |
| --- | --- | --- | --- |
| 1 | 招商项目的拓展 | 每新增 1 个新项目对接，线上接洽积 1 分；域内线下接洽积 2 分，市域外出差拜访额外追加 1 分 | 只对首次接洽的达到入库标准的项目进行积分，后续洽谈不积分 |
| 2 | | 推进项目方拜会市领导、行政区主要领导额外追加 0.5 分，项目获市委书记亲自接见额外追加 2 分 | 只计算一次，不重复积分 |
| 3 | | 招商项目入选省、市、区级签约活动，每个项目积 0.5 分 | 同个项目只积分 1 次，不重复积分 |
| 4 | | 和市直部门招商小分队联动合作推进项目，每推进 1 个，积 1 分 | |
| 5 | | 每新拜访 1 个行业协会，积 0.5 分。市域外出差拜访额外追加 0.5 分 | 只对首次拜访积分 |
| 6 | | 每推荐一家招商中介，获得公司认可并签订委托协议，加 2 分 | |
| 7 | | 策划举办行业招商活动，并成功举办积 2 分 | |
| 8 | 一企一策项目（含用地项目）的落地 | 过市区级会议每个项目加 2 分 | 一个项目多次过市区级会议仅计算一次 |
| 9 | | 签订投资协议每个项目积 5 分 | |
| 10 | | 项目成功取得用地，加 5 分 | |
| 11 | | 签订投资协议或取得用地的项目，属市里认可的加分项目，追加 3 分 | |
| 12 | 其他 | 经部门经理认可的加分项，如产业基金等，分值由部门经理分配 | |

### （四）其他事项

本办法从颁发之日起，试行期一年。

# 第十一章
# 完善运营管理

园区开发建设完成后，企业陆续入驻，进入运营阶段，开发主体需成立专门的运营部门，对整个项目进行运营管理。有的公司运营板块不断做大后，就从公司本部分离出来，旗下的运营服务板块甚至可以“走出去”，对外服务，进行“咨询规划 + 平台建设 + 运营输出 + 招商输出 + 整体托管”的对外轻资产输出。

## 一、设立入园管理办法

在土地拓展阶段，投拓部门制定的方案中会提到初步的入园管理办法，但是主要是方向性的，不会特别细；到了运营阶段，需要制定更加细致的入园管理办法，包括企业的入驻流程等，详见本章附件 1。

## 二、传统园区管理

表 11-1 对服务需求进行提炼小结，可根据不同需求酌情增减。

**表 11-1　服务内容**

<table>
<tr><th>服务类别</th><th>具体内容</th><th>说明</th></tr>
<tr><td rowspan="2">入园服务</td><td>入园申请（填表、资质审核等）</td><td rowspan="2">安保停车<br>物业管理（保洁、维修等）<br>物业租售<br>招商管理<br>会议室管理<br>……</td></tr>
<tr><td>入驻办理</td></tr>
<tr><td>企业服务</td><td>金融服务（融资租赁、投融资对接等）<br>财税服务、法律服务<br>商标注册、企业评估<br>网站建设、认证、人才招聘</td><td></td></tr>
</table>

续表

| 服务类别 | 具体内容 | 说明 |
|---|---|---|
| 企业服务 | 营销宣传设计、人才培训<br>集合采购、集合销售<br>会议室预约<br>创业孵化（创业辅导、创业讲座、创业沙龙等） | |
| 政务服务 | 工商注册<br>工商变更<br>…… | |
| 生活服务 | 订餐、叫车<br>机票/酒店预订、自助打印<br>停车缴费、车位预约<br>物业报修、水电、房租、物业费缴交<br>信息发布、自助查询<br>商家联盟、快递 | |
| 公共技术服务 | 设备租赁、技术平台等 | |

## 三、智慧园区运营

此外，还可以委托第三方专业机构打造手机端/电脑端的集成服务平台，进行智慧化管理。

积极打造产业服务板块，主力产业发展，以打造项目智慧园区服务云平台为目标，通过互联网连接园区发展的各个环节、部门与人员，建立全要素的相互连接，构建产业园区发展的云端生态；通过云平台、物联网等手段，实现管理、招商、物管、运营、服务等园区业务的线上化、智能化，提升园区运营效能；通过互联网整合财、税、人、法、金融等一系列企业发展成长中所需要的服务资源，实现资源对接高效配置和服务数据的全程管控，提升企业竞争力；以企业的空间聚集为基础，向价值链顶端延展，通过互联网、大数据为企业建立信息互通、业务合作的平台，强化产业链条。让园区能够高效招商和运营，让入园企业能够吸引优秀人才，让产业能够有效聚合，让政务业务能够集中受理，让金融科技能够无缝对接，使得产业生态中的各部门能够相互协同、分工协作、自由组合，彼此不再孤立。

## 【附 1】入园管理办法

### 第一章　总则

第一条　为规范园区企业入驻及管理，推动园区企业的良性运行，特制定本办法。

第二条　本规定适用于经审核入园的企业。

第三条　××公司负责园区范围内企业招商、企业服务、园区管理等工作。招商运营部为公司在园区常设办事机构，负责具体实施事宜。

### 第二章　企业入园管理

第四条　园区建立企业入园资格审核制度，申请入驻园区的企业需具备下列条件，企业可凭原公司/母公司资质申请入园。

（1）主要从事××行业。

（2）入园企业必须依法在区内办理工商、税务登记等手续（若为外资企业，还需在办理完工商登记手续后，向区工信局进行备案）。

第五条　企业申请入驻应提交下列材料并加盖企业公章（各一份，原件需审核）。

（1）企业入驻申请表、企业情况登记表。

（2）企业营业执照复印件、企业章程复印件。

（3）项目可行性研究报告或商业计划书。

（4）企业法定代表人、高级管理人员个人简历、身份证等证件复印件。

（5）原公司 / 母公司的资质证书复印件。

（6）原公司 / 母公司近三年纳税证明（若公司成立未满三年，提供成立以来纳税证明）。

（7）其他需要提供的材料。

第六条　入驻审批程序。

（1）企业入园资格审核实行二级审核制。拟入园企业向招商运营部提出书面申请，由招商运营部根据园区产业发展导向，结合企业投资规模、技术创新性、企业团队等条件进行初评，并提出初评意见。

（2）初评通过后，由公司对入园企业的技术水平、市场前景、团队和效益等进行评估论证，对企业法人进行审核，并给出最终核定，确定企业入园购房或租房资格、入驻区域和面积。

（3）企业取得入园资格的，应在 10 个工作日内与公司签订《×× 认购协议》或《企业入驻意向书》，同时支付相应订金。待双方签订《×× 园区商品房买卖合同》或《×× 园区物业租赁合同》并完成相关手续后，企业即可装修入驻。企业进行装修前，应按照园区装修管理要求向招商运营部申报所入驻房屋的装修方案并获批准。

**第三章　园区企业管理**

第七条　入园企业应遵守的制度。

（1）入园企业应合法经营，自觉遵守园区管理各项规章和制度，按照核定的经营范围开展经营，并享有相关优惠政策，不得从事与主营业务不相关的其他业务。

（2）入园企业自办理好相关入园手续后，需在六个月内实现正常运营。

（3）入园企业不得在园区内设置内部小厨房或餐厅。

（4）入园企业不得私自将购置的办公经营场地进行转让或转租，企业因经营规模调整，所购办公经营场地空置的，应向招商运营部申请转让以满足其他企业的入园需求。受让企业必须经公司审核通过。

企业拟将办公经营场地出租的，承租企业需先取得入园资格；承租企业已取得入园资格的，应在3个工作日内报招商运营部备案。

（5）入园企业工商、税务等手续的变更，须在3个工作日内报招商运营部备案；入园企业申请变更经营范围可能影响企业入园应具备的资格条件的，××公司招商运营部将重新核定企业入园资格。

（6）入园企业应严格按照国家广告管理的法律法规、园区广告宣传管理规定等在园区内开展广告宣传活动。

（7）入园企业需按要求向招商运营部上报企业有关经济运行数据材料。

入园企业若违反上述制度的，一经查实，××公司有权要求企业限期整改，逾期不整改的，将取消其享受园区各项优惠政策及配套服务，严重违规者，将按合同约定提前收回物业。

第八条　入园优惠政策。

（1）入园企业可享受××等优惠政策。对申请同类政策扶持的企业，按照“从高从优不重复”的原则进行奖励扶持。

（2）入园企业物业管理费、水电费、停车费等费用由招商运营部按照有关规定，以及《××园区物业收费标准》执行。对符合有关政策性补助条件的企业，可按规定申报补助。

（3）入园企业可享受国家、省、市有关支持软件及服务外包等产业发展的政策措施。招商运营部将积极协助入园企业争取各级各类产业扶持计划和项目扶持资金。

## 第四章　企业续租、退园管理

第九条　续租管理。

（1）租赁办公经营场地的企业在合同到期前至少2个月向招商运营部提交续租申请，合同到期尚未办理续租手续的视为自动放弃园区入驻资格。

（2）续租申请提交后，招商运营部将根据企业上一年度的实际运营发展情况进行综合评估，确定该企业是否具备续租条件。

（3）符合续租条件的企业与公司续签《园区物业租赁合同》，并办理相关手续。

（4）租赁办公经营场地的企业在合同到期前，自愿迁出产业园的企业需至少提前2个月向公司提出迁出申请，并办理相关迁出手续。

（5）经综合评估不符合续租条件的企业，在合同到期后7个工作日内办理退园手续。逾期未完成退园流程的，根据情况予以罚扣押金。

第十条　退园管理。

（1）入园企业如有下列情况的，公司有权按照合同约定提前收回物业，并予以清退处理：

· 违反国家政策法规。

· 未经批准超越经营范围，在3个月内未完成整改。

· 未经批准将物业转售或转租。

· 拒付应缴费用或拖欠应缴费用时间超过3个月。

·其他违反管理办法且情节严重的。

（2）企业以弄虚作假方式骗取入园购房资格，一经查实，公司有权对所售出的办公经营场地予以强制回购，取消企业的入园资格并不再核准该企业的入园申请。

## 【附2】企业入园相关流程和表格参考

**表11-2　企业入驻申请表**

我公司________________确认已仔细阅读××园区相关管理规定，如获准入园，我公司将严格遵守中华人民共和国法律及园区相关管理规定。

<table>
<tr><td rowspan="3">入园意向</td><td>主选</td><td>号楼　　层　　室</td><td>面积</td><td>$m^2$</td></tr>
<tr><td>备选</td><td>号楼　　层　　室</td><td>面积</td><td>$m^2$</td></tr>
<tr><td colspan="2">入园形式</td><td colspan="3">□购买　　□租赁</td></tr>
</table>

我公司自申请入驻获准之日起10个工作日内未签订《××园区商品房认购协议》或《××园区企业入驻意向书》的，视为我公司自动放弃申请。

如所申请楼号/房号已售/租出或出于园区建设管理需要无法提供的，我公司____（愿意/不愿意）接受楼号/房号调整。

此入驻申请系我公司自愿提出，我公司将对本申请书中所填写信息及送审材料的真实性和完整性负责，特此声明。

企业公章：

企业法人代表签字：

申请日期：　　年　月　日

以下由园区运营部门填写：

| | |
|---|---|
| 企业提交资料 | □ 企业入园申请书、企业情况登记表<br>□ 企业营业执照复印件、企业章程复印件<br>□ 项目可行性研究报告或商业计划书<br>□ 企业法定代表人、高级管理人员个人简历、身份证等证件复印件<br>□ 原公司 / 母公司的资质证书复印件<br>□ 原公司 / 母公司近三年纳税证明（若公司成立未满三年，提供成立以来纳税证明）、审计报告<br>□ 其他需要提供的材料 |

---

**企业入园申请受理回执**

______________________________：

我公司已经收到贵公司提交的入园申请及相关入园材料，我公司将在 10 个工作日内对贵司的入园资格进行审核，届时结果将以纸质形式送达贵公司。在此期间，贵公司如有任何疑问请致电我公司：____________________。

××有限公司（公章）

年　　月　　日

**表 11-3 企业情况登记表**

**新注册公司企业基本情况：**

| | | | |
|---|---|---|---|
| 企业名称（公章） | | 成立时间 | |
| 公司地址 | | 注册资金 | 万元 |
| 企业类型 | □制造业　□软件信息服务业　□建筑业 | | |
| 法定代表人 | | 电话 | |

**原公司 / 母公司企业基本情况：**

<table>
<tr><td>企业名称（公章）</td><td colspan="2"></td><td>成立时间</td><td></td></tr>
<tr><td>公司地址</td><td colspan="2"></td><td>注册资金</td><td>万元</td></tr>
<tr><td>企业类型</td><td colspan="4">□制造业 □软件信息服务业 □建筑业</td></tr>
<tr><td>法定代表人</td><td></td><td>电话</td><td colspan="2"></td></tr>
<tr><td rowspan="3">经济概况</td><td>上年度收入</td><td></td><td>今年预计收入</td><td></td></tr>
<tr><td>上年度利润总额</td><td></td><td>上年度税收</td><td></td></tr>
<tr><td>上年度研究开发支出</td><td colspan="3"></td></tr>
<tr><td rowspan="2">人员概况</td><td>职工总数</td><td></td><td>大专及以上学历人数</td><td></td></tr>
<tr><td>技术人员人数</td><td colspan="3"></td></tr>
<tr><td>企业资质</td><td colspan="4"></td></tr>
<tr><td>企业介绍</td><td colspan="4"></td></tr>
<tr><td>主要负责人简介</td><td colspan="4"></td></tr>
<tr><td>主要产品介绍</td><td colspan="4"></td></tr>
</table>

填表人员： 联系电话：

邮　　箱： 填表日期：　年　月　日

# 【附3】智慧园区搭建方案

## （一）智慧园区服务平台业务构架

提供弹性、灵活、先进的业务架构，保障智慧园区服务平台各个业务的持续发展，通过用户整合层、业务应用层和业务支撑层构建园区大数据平台。涵盖了web网站、App、微信公众号、互动大屏、多媒体设备等渠道，扩大了平台服务半径范围，让用户可通过多种形式了解和进入园区平台。

通过多层次系统架构，实现了业务逻辑与具体设备硬件的分离，不仅集中对接园区内停车系统、WiFi、能效系统、门禁系统、空调系统等，还可支持园区多个设备的混合接入，具有极大的可扩展性，能够保证园区智慧物联平台的持续扩展壮大。

## （二）智慧园区平台建设方案

1. 产业服务平台

平台将有效聚合产业集群所需要的各类优质服务，包括政务服务、企业服务、公共技术服务等，便捷、高效、多维度地服务企业客户，以专业服务满足企业不同阶段发展需求，以专业化的产业服务，推动园区企业的快速发展，推动园区产业的转型升级。

**（1）G2B政务平台**

智慧园区服务平台将从企业工商、税务、扶持等角度，为企业提供方便、快捷的政务服务窗口。平台运用标签化的政策管理，促进政策的有效传播与贯彻落实；通过线上化政务服务，为园区企业提供便捷的服务申办通道，实现政务服务的互联网+。

政策扶持：通过平台，管理方可全面管理各类政策的发布管理，通过给政策打标签，实现前台用户快速、高效的搜索政策。同时，平台为用户提供政策的智能搜索、政策智能匹配、在线政策申报等服务内容。

工商、税务等服务：在园区的政务大厅，设立办理政务业务的指引入口和办理窗口。同时，平台还可将政务业务进行线上化包装，方便用户快速了解工商、税务等事项的办理流程，并支持服务项目的在线预约功能。

**（2）企业服务平台**

企业服务系统提供整套完善、智能化的互联网专业服务，通过企业服务系统，集中管理各类服务资源，自定义编辑服务产品、完成服务的上架、推广、促销等，实现服务的线上支付，通过订单管理功能，提高服务商的快速响应服务，给园区企业客户带来良好的服务体验。

企业服务平台为园区提供了灵活可变的运营模式，分销企业从成立到成熟各阶段所需要的专业服务，如商标服务、法律服务、营销服务、人事服务、金融服务等，同时还可自行招募相关服务商，不断增强平台的产业聚合力。

**（3）金融服务平台**

金融服务平台将充分整合区内外的优秀金融资源，构建多类型资产（银行、融资租赁、小贷、保理等）、多方合作（金融机构、征信机构、政府政策服务机构、园区管理机构等）的产融机制，为入驻企业提供投融对接、融资担保等一系列的金融配套服务，同时发挥招商局综合金融板块优势，打通金融服务双创的关键环节，对接全流程创业综合服务，协助企业申请产业引导基金的扶持等，让金融助力产业发展，最终形成完整的产业金融生态体系。

**（4）产业合作平台**

企业由于自身信息有限、行业壁垒、地域区隔，往往对整个园区相关产业的配套资源、潜在业务合作对象的了解都非常有限。

建立企业间的合作引荐和牵线搭桥机制，对整个产业的发展都有着巨大的推动作用。

**（5）人才服务平台**

人才服务平台为企业与人才建立了线上对接的渠道，集聚和整合涉及人才服务的各类公共服务及优质社会服务资源，为人才和企业提供政策查询、项目申报、人才资讯获取、求职招聘、创业辅导、技术合作、交流培训等多功能、全方位、专业化的“一站式”服务，解决企业招人难、人才流失高等问题。

**（6）公共技术服务平台**

公共技术服务平台通过与移动互联网技术服务平台、物联网服务平台、动漫游戏技术服务平台等第三方技术平台对接，让园区企业能够享受多个公共技术平台服务，使园区企业，尤其是中小企业真正得到降低生产成本、运营成本和提高产品质量的实惠，助力园区企业快速成长。

**（7）生活服务平台**

智慧园区平台借力互联网，有效连接、整合园区及周边生活要素、集合第三方服务应用，提供方便快捷的园区生活，助力产城融合发展。

具体包括如下核心模块：

一公里商圈：基于对园区及周边生活要素的整合，打造线上店铺。通过商品线上展示，引导用户消费，并通过扫码支付、一卡通支付，实现消费全流程线上化，进而便捷园区员工的生活消费环境。

一卡通：平台将有效集成一卡通系统，通过一卡通在门禁、消费场景的应用，用户补充完善个人及所属企业信息，实现园区对用户身份的快速识别和有效管理，实现园区一卡通行。

生活服务：园区生活平台，不仅关注园区周边的线下资源，还提供园区配套的公寓在线预订，同时有效连接第三方服务应用，如美团、饿了么等第三方应用，实现服务资源的有效集合，合力为园区提供便利的生活环境。

2. 运营管控平台

园区管理平台的构建，不仅关注园区的招商环节，还将通过打造高效协同的线上物业管理工具，助力园区打造物业全流程管理。通过对园区公共资源的有效整合、现有系统的有效集成，实现园区资源的高效利用和有效管理，同时为园区运营方处理园区内企业各项事务，如入驻申请、物业报修、投诉建议等提供了管理入口。

具体包括如下核心模块：

**（1）招商管理平台**

通过全方位展示园区的概况、优势、地理位置、配套设施等信息，为用户提供直观、立体化的展示效果。同时，为用户提供线上预约参观、线上预订场地等一系列的园区入驻窗口，为项目带来实际的招商商机。

**（2）物业管理平台**

为园区的物业管理部门提供线上物业管理云平台，打造高效协同的物业管理工具。通过单元管理、房态管理、租约管理，实现对园区物业资源状况的实时跟踪与发布，同时为用户提供电子缴费账单及线上缴费的通道。物业管理平台有效提高缴费通知效率、降低人员管理成本、提升用户缴费体验。

**（3）公共资源租赁平台**

为优化园区的固定资产运营状况，降低空置率，服务平台将提供全流程线上的资源预订管理服务。实现园区仪器设备、空间会场、多功能面试室等公共资源的在线发布与管理。园区可实时查看和了解资源预订和使用情况，有效利用公共资源，真正发挥公共资源服务为产业配套的作用，助力园区企业的发展。

**（4）入驻管理**

对于入园申请，可查看其需求类型、公司规模、联系人和审核状态，为园区的招商提供更便捷的渠道。

**（5）物业报修**

园区企业申请物业报修，在物业管理中心即可查看报修需求，并且安排维修物业人员尽快处理报修任务，同时可更新和查看服务状况。

**（6）客服**

可查看用户对于园区的各种建议、咨询和投诉，为园区收集用户心声、提高服务质量提供了依据。

3. 智慧物联平台

智慧物联平台，将整合物联智能设备，集中对接园区内停车系统、WiFi、能效系统、安防系统、门禁系统、空调系统、幕墙系统等，以供各类应用场景使用和连通。平台将汇聚各类数据，联动应用和智能监控，以智慧的云端连线架构为基础，加上先进的云端运算技术，通过适用于操作系统的应用程序编程接口（API），进行园区等设备系统的连接，实现前台统一办理、后台统一管理、数据统一收集，提升园区管理运营品质。

智能停车：通过与停车系统的对接，在车辆进出园区时实现停车费用的在线缴交，实现车辆进出园区的高效通行，提升园区的满意度和管理效能。核心业务包含：

· 停车位申请。提供设置停车位申请流程等服务事项，园区用户可在线申请车位，简化车位申请流程。

· 月卡缴费。对于园区固定车辆，支持对通过固定车辆的月卡费用的在线缴交，避免线下管理处缴交的不便。

· 临时缴费。对于临时的车辆，在进出园区时，可在离开园区前直接通过线上查询需缴交的费用，并通过线上直接进行费用的缴交，可减少进出园区的拥挤，提升通行效率及管理效能。

· 按图索车。通过平台移动端的按图索车，在移动端上输入对应的车牌号后，即可实现寻车的路线导航，快速找到车辆的停放位置，提升用户的服务满意度。

智能通行：借助智能通行和智慧访客，为园区的所有用户提供进出园区的唯一身份通行证；对于临访客户，为临访客户提前发放临访通行证，减少访客进出园区的等待时间，保证访客快速的进出园区，提升访客满意度和园区的管理效能。

4. 大数据平台

智慧园区平台运用大数据技术，通过从企业、产值、创新、就业四个维度扩展，分析提炼数据指标及算法口径，对数据指标进行加工处理。通过各类数据的聚集、产业数据采集、数据挖掘分析等大数据服务能力，逐步形成园区经济运行与管理的大数据中心，帮助管理者对园区经济运营的掌控，提升园区服务管理能力，推动园区产业结构调整。

通过领导驾驶舱的展示（可与展厅结合），通过对园区的产业招商概览、园区房态图、平台运营概览、企业 / 用户概览，以及服务受理情况、服务评价满意度等信息进行统计及分析，以数字化、可视化的形式全面反映园区的管理及运营情况，方便管理者快速、直观地了解整个园区的经营状况，并及时调整或改进运营模式，为入驻企业提供高质、高效的服务，提升园区的运营管控能力。

**（1）企业大数据**

不仅从行业分布、规模、成立年限等多维度横向展示园区注册企业概况，还通过园区周边及对外投资企业的概况与园区注册企业进行纵向对比，可以快速了解园区相关企业的综合情况。

**（2）产值大数据**

通过对园区及园区所带动的周边年产值情况的分析，反映园区“小宏观”经济运转状况、经济结构及新兴产业的发展趋势。

**（3）创新大数据**

通过园区企业的专利、发明创造能力，软件著作权、作品著作权、商标申请情况等创新能力指标，并与所在城市进行对比分析，反映园区的整体创新能力。

**（4）人才大数据**

对园区岗位招聘、薪酬福利、人员分布等的描述，反映园区人才及就业情况。

智慧园区管理平台是园区运营服务的高阶阶段，在园区运营前期还是要做好基础的物业服务和保障，到了园区服务的后期可以结合企业自身的规划进行阶段性的优化和提升，甚至最后单独分拆为独立的板块，对外输出服务。

# 后　记

感谢一路以来各位良师益友的关心和支持，没有你们的帮助和指导，就没有笔者对产业园区这个行业的实操沉淀。感谢博瑞森的约稿邀请，也“逼”着自己在繁忙的工作之余沉下心来总结十年的工作感悟。近 10 万字虽不算鸿篇巨制，但也是笔者这十年的实操经验精炼而成。横看成岭侧成峰，每个人眼中的园区开发都有不一样的定义，希望本书能为你解开些许疑惑，不足之处还请包涵指教。在产业园区的从业道路上，大家携手共进吧！

黄婷

## 老板 · 创业

### 一、经理人

| 书名 | 内容 | 书名 | 内容 |
|---|---|---|---|
| **老总有想法，高层有干法**<br>王清华　著 | 企业将、帅之间的定位问题、角色问题、方法问题、思维问题、管理问题等 | **历史深处的管理智慧1：组织建设与用人之道**<br>刘文瑞　著 | 通过历史鉴照当今企业选人用人、二代接班人、创业团队管理等问题 |
| **历史深处的管理智慧2：战略决策与经营运作**<br>刘文瑞　著 | 通过历史鉴照当今企业决策、战略规划、战略冒进、决策监督等问题 | **历史深处的管理智慧3：领导修炼与文化素养**<br>刘文瑞　著 | 通过历史鉴照当今企业的领导修养、用权、管理风格等问题 |
| **老板经理人双赢之道**<br>陈明　著 | 经理人怎么选平台、怎么开局，老板怎样选/育/用/留 | | |

### 二、用人

| 书名 | 内容 | 书名 | 内容 |
|---|---|---|---|
| **用好骨干员工**<br>王敏　著 | 系统化分享关键人才打造与激励方法 | **领导这样点燃你的下属**<br>孟广桥　著 | 领导者如何才能让员工积极主动地工作 |
| **让用人回归简单**<br>宋新宇　著 | 帮助管理者抓住用人的要害，让用人变得简单 | **激活新生代员工**<br>史量　孙斌　著 | 走进新生代的世界，一套行之有效的管理、激活90后、95后、00后的方法 |

### 三、转型 · 创业

| 书名 | 内容 | 书名 | 内容 |
|---|---|---|---|
| **创业要过哪些坎**<br>董坤　著 | 15年创业咨询经验总结的创业遇到的问题及办法 | **高潜牛人**<br>董坤　著 | 创业和事业发展中如何找到牛人 |
| **成为下一个SaaS独角兽**<br>崔牛会　主编 | 19位SaaS领专家，7个不同的视角总结SaaS行业实践 | **创模式：23个行业创新案例**<br>段传敏　著 | CEO社群23位企业家的思考与实践分享 |
| **重生——中国企业的战略转型**<br>施炜　著 | 本书对中国企业战略转型的方向、路径及策略性举措提出了建议和意见 | **7个转变，让公司3年胜出**<br>李蓓　著 | 企业估值、业务模式、营销、生产制造、客户服务、用户黏性、组织管理7个转变 |
| **企业二次创业成功路线图**<br>夏惊鸣　著 | 五步骤给出了一幅企业二次创业经营突破、管理提升的成功路线图 | **跟老板“偷师”学创业**<br>吴江萍　余晓雷　著 | 如何通过“偷师”学习与积累当老板的阅历 |
| **公司由小到大要过哪些坎**<br>卢强　著 | 企业成长路线图，现在我在哪儿、未来还要走哪些路都清楚了 | **跳出同质思维，从跟随到领先**<br>郭剑　著 | 66个精彩案例剖析，帮助老板突破行业长期思维惯性 |
| **极速增长：企业扩张策略**<br>董坤　著 | 以“8shoes扩张法则”为思考框架，帮助处于这个阶段的创业公司及以创业公司形式孵化的变革型项目做出清晰的战略选择 | | |

## 企业经营

| 书名 | 内容 | 书名 | 内容 |
|---|---|---|---|
| **经营打造你的盈利系统**<br>高可为　著 | 选择最有效的经营策略，打造属于自己的商业模式 | **中国企业的觉醒**<br>王涛　著 | 企业告别自私、野蛮，转向善良、爱，才会赢得消费者 |
| **成为敏感而体贴的公司**<br>王涛　著 | 未来有竞争力的企业，一定是那些敏感而体贴的公司 | **有意识的思考**<br>王涛　著 | 对头脑中固有观念保持觉察，从而超越它们的局限 |
| **简单思考**<br>孔祥云　著 | 著名咨询公司（AMT）CEO创业历程中的经验与思考 | **写给企业家的公司与家庭财务规划**<br>周荣辉　著 | 以企业的发展周期为主线，介绍各阶段企业与企业主家庭的财务规划 |

续表

| 书名 | 内容 | 书名 | 内容 |
| --- | --- | --- | --- |
| **从10亿到100亿的企业顶层设计**<br>刘建兆　著 | 重新定义企业成长方式，有效益、有效率、有效能、有效果、有品质的良性成长 | **企业融资：投资人没告诉你的那些事**<br>杨军　著 | 资深投资人揭示融资"潜规则"，让企业有的放矢 |
| **宗：一位制造业企业家的思考**<br>杨涛　著 | 发展20年营业额近亿元制造业企业家的思考与心得 | **使命：驱动企业成长**<br>高可为　著 | 用大企业发展轨迹及企业家的心路历程，揭示企业成长的基因、做事的逻辑 |
| **让经营回归简单**<br>宋新宇　著 | 战略、客户、产品、员工、成长、经营者的经营法则 | **边干边学做老板**<br>黄中强　著 | 86个案例讲述中小公司成长过程中遇到的问题和方法 |
| **盈利原本就这么简单**<br>高可为　著 | 跨越业务与财务边界，为企业提高盈利水平提供方法 | **战略参谋：写出管用的战略报告**<br>蔡春华　著 | 企业对自己、市场、行业其实了解更深，助你高质量完成战略规划 |
| **不战全胜：给企业家读的孙子兵法**<br>王吉坤　杨伟霞　著 | 从《孙子兵法》提炼和总结了帮助企业打造行业龙头品牌的体系 | **公司离不开的全栈运营高手：产品运营与推广获客**<br>王虎　著 | 涉及运营案例、思维理论、实操复盘、管理方式、推广策略等，是作者八年运营推广经验的浓缩 |
| **公域引流　私域经营：这样经营用户关系**<br>王庆云　汪洋　著 | 为大中型企业提供私域建设的顶层和全景式框架，探索不同业务特性可能适配的不同私域模式 | **平台生态：价值创造与价值获取**<br>彭亳　罗珉　著 | 厂商之间的竞争已经从产品转到平台，如何创造新的价值创造和获取模式，是企业最想得到的答案 |
| **合伙制经营：有效激励，而不丧失控制权**<br>胡八一　著 | 重点阐述实施合伙制的流程，通过四步为企业家提供一种有效激励而不丧失控制权的工具和方法 | **机制创造人才**<br>彭剑锋　尚艳玲　著 | 华夏基石专家团著作，为个体赋能，经营人成就人，进行机制创新和价值管理 |
| **企业高管经营课：觉察认知盲点，突破增长瓶颈**<br>范桃根　著 | 65个问与答，全面认知企业问题在哪里，避免盲人摸象；打破认知障碍，拥有解决问题的能力。附赠一套方法工具 | | |
| **管理·管理学** | | | |
| **一、企业管理** | | | |
| **让管理回归简单**<br>宋新宇　著 | 从目标、组织、决策、授权、人才、老板自己等提供方案 | **管理的尺度**<br>刘文瑞　著 | 西医式的体检化验，又要施加中医式的望闻问切 |
| **管理：以规则驾驭人性**<br>王春强　著 | 人性驾驭角度权度运筹安排的可兑现性，管理有效性 | **看电影，学管理**<br>刘文瑞　著 | 十六部电影的解读，揭示电影内含的管理之道 |
| **好管理　靠修行**<br>曾伟　著 | 从佛法、道法思想中寻找管理智慧 | **公司大了，怎么管**<br>金国华　著 | 成长型企业发展中的共性问题，通过案例实录解开 |
| **低效会议怎么改**<br>王玉荣　葛新红　著 | 从梳理公司会议体系的层面改变低效会议的现状 | **年初订计划年尾有结果**<br>郭晓　著 | 总结七步落地方案让战略计划切实落地实现 |
| **分股合心**<br>段磊　周剑　著 | 围绕股权激励，详细介绍相关知识和实行方法 | **员工心理学超级漫画版**<br>邢雷　著 | 以漫画形式对组织中个体心理的全面介绍和深入探讨 |
| **让投诉客户满意离开**<br>孟广桥　著 | 投诉法律法规，应对各种投诉技巧等提升客诉能力 | **管理就是定计划，抓落实**<br>张国祥　著 | 员工"看了就会、拿来就用"的计划制订操作指南 |
| **不读韩非子，怎么当老板**<br>王春强　著 | 通过集中分析有关人性的内容，引导现代管理者更深理解人性是如何影响企业运行，以及管理者应如何因人性而实施管理 | **重新想象组织**<br>彭剑锋　尚艳玲　著 | 华夏基石专家团著作，通过组织变革逐步进化，找到成长之道，让企业可持续发展 |

续表

| 书名 | 内容 | 书名 | 内容 |
|---|---|---|---|
| **战略管理有方法**<br>和恒咨询　著 | 结合中国企业实践总结的一套独创性、实操性的战略方法，100+工具轻松做战略 | **高管如何为公司创造高增长**<br>彭剑锋　尚艳玲　主编 | 战略驱动着企业成长，企业又该如何突破增长的瓶颈 |
| **供应链管理改善咨询：案例·方法·工具**<br>于晓光　许忠宁　赵玭　著 | 掌握供应链改善结构化方法，实现准时交付和低运营成本 | **重塑竞争的市场边界战略**<br>张戟　著 | 选择与竞争对手不同的消费需求集合，通过独特的价值链活动，创造一个最有利的市场地位，让企业获得领先的核心竞争优势 |
| **工程总承包企业法律风险与防范指南**<br>中国电建集团西北勘测设计研究院有限公司法律与风险管理部　编著 | 从总承包单位管理实务角度，详细梳理了总承包项目招投标、EPC合同签订、履约和生产经营过程中的76个风险点 | **管理就是管组织**<br>黄娜　张梦　钟淑芬　著 | 用组织建设破解管理难题 |
| **二、管理思想** | | | |
| **管理学的奠基者**<br>刘文瑞　著 | 近代以来的管理思想发展揭示管理思想的演化奥秘 | **巴纳德组织理论研读**<br>郭威　著 | 深度研读巴纳德《经理人员的职能》，帮你理解和看懂 |
| **管理学在中国**<br>刘文瑞　著 | 科学看待管理学流入中国，对继承发展进行深入的阐述 | **德鲁克管理学**<br>张远凤　著 | 以德鲁克管理思想发展为线展示20世纪管理学的发展 |
| **德鲁克与他的论敌们**<br>罗珉　著 | 德鲁克与马斯洛、戴明等诸多管理大师论战的故事 | **德鲁克管理思想解读**<br>罗珉　著 | 全面解构德鲁克思想的精髓与实践价值 |
| **治论：中国古代管理思想**<br>张再林　著 | 深入分析中国古代哲学基本精神的基础上，梳理分析了儒法墨三家的管理思想 | **流程经理10年案例笔记**<br>王焕东　著 | 用自身工作和生活中的鲜活案例及思考后的心得呈现不一样的流程管理思想 |
| **透过决策看组织**<br>李慧才　著 | 对西蒙管理行为进行贴近企业的通俗化解析和阐释 | **为什么高管爱读德鲁克**<br>王鹏　著 | 辅助深读德鲁克、提升管理认知 |
| | **营销·销售** | | |
| **一、企业销售** | | | |
| **大客户销售这样说这样做**<br>陆和平　著 | 大客户销售活动的十大模块，68个典型销售场景 | **向高层销售**<br>贺兵一　著 | 销售人员与客户高层打交道需要重点掌握的知识、技巧 |
| **资深大客户经理**<br>叶敦明　著 | 将大客户经理必须具备的规划、策略、执行三种能力运用自如 | **成为资深的销售经理**<br>陆和平　著 | 让销售经理成功把握销售管理的6个关键点，并提供工具 |
| **销售是个专业活**<br>陆和平　著 | 据客户采购流程拆分销售过程十阶段，讲解方法技巧 | **学话术　卖产品**<br>张小虎　著 | 手机、电动车、家电、食品等消费品的一线销售话术 |
| **工程项目大客户销售攻略**<br>陆和平　著 | 三十八讲循序渐进，全方位透视工程大项目拿单的奥秘，通俗易懂，看了就能用 | **大客户销售谈判：获得利润的最快途径**<br>陆和平　著 | 从不会谈判到成为谈判专家，帮助你在与大客户的谈判中轻松说服对方，实现从一次成交、成本价成交到高价成交、持续成交的转变 |
| **世界500强谈判内训课：招商　并购　工程项目　大宗采购**<br>张长江　著 | 通过学习本书的相关理论和实战案例，读者可以全面而系统地掌握统筹型商业谈判的相关理论，形成灵活、务实、有效的谈判策略和谈判技巧体系，从弱势、被动的谈判者转变为强势、主动的谈判者 | | |

续表

| 二、企业营销 | | | |
|---|---|---|---|
| 书名 | 内容 | 书名 | 内容 |
| 新营销组织力<br>迪智成　著 | 适应最新数字化外部环境，系统化协同组织能力建设 | 营销按钮<br>老苗　著 | 讲述存在于人性及各个营销环节中的“按钮” |
| 精品营销战略<br>杜建君　著 | “精品营销战略”核心逻辑与营销组合策略 | 360°谈营销<br>王清华　古怀亮　著 | 营销是立体的，从不同角度观察不同企业的营销精髓 |
| 互联网精准营销<br>蒋军　著 | 互联网时代整体策划、包装品牌和产品 | 招招见销量的营销常识<br>刘文新　著 | 做好基本的营销动作都可以提高销量、降低成本 |
| 用数字解放营销人<br>黄润霖　著 | 用数字说话覆盖营销工作的方方面面 | 用营销计划锁定胜局<br>黄润霖　著 | 让营销计划落地，营销人员只需解决两个问题：基数与概率 |
| 新营销2.0：从深度分销到立体连接<br>刘春雄　公方刚<br>牛恩坤　等著 | 立体连接打通三度空间，在互联网时代诞生快消品领域的超级巨头 | 中国营销战实录<br>联纵智达研究院　著 | 51个案例，46家企业，46万字，18年积淀 |
| 弱势品牌如何做营销<br>李政权　著 | 产品与物流通道、服务通道、促销互动通路，提供方法 | 解决方案营销实战案例<br>刘祖轲　著 | 十大工业品作者实操案例解码解决方案营销 |
| 升级你的营销组织<br>程绍珊　吴越舟　著 | 根据企业的实际情况建立有机性营销组织 | 孙子兵法营销战<br>刘文新　著 | 理解《孙子兵法》原意的同时，还可体悟到营销之用 |
| 老板如何管营销<br>史贤龙　著 | 十六个招式，理论与案例相结合，高段位营销方法 | 渠道管理就这样做<br>陆和平　著 | 渠道规划和设计、渠道成员选择和寻找、渠道谈判和签约、管理渠道日常活动、设计渠道激励政策、解决渠道冲突、渠道的评估和调整 |
| 三、品牌 | | | |
| 中国品牌营销十三战法<br>朱玉童　著 | 深度演绎最符合企业品牌营销策划的十三套实战战法 | 中小企业如何打造区域强势品牌<br>吴之　著 | 从如何建立强势品牌的角度解析扩张难题 |
| 小众战略：小资源打造强势品牌<br>吴修利　著 | 从品牌观念、市场调研、竞争机会、内部调整等角度，对产品、渠道、传播等核心原则进行了系统梳理 | 把品牌建在顾客心里：4步实现品牌IP化<br>张学军　著 | 让品牌自带话题，自主传播 |
| 四、营销策划 | | | |
| 这样写文案，就没有卖不动的产品<br>秦剑　刘安丽　著 | 术、法、道三个层面由浅至深培养商业文案创作能力 | 高效公文写作：职场核心竞争力<br>周林　著 | 从作者多年文秘工作经历、实战操作技巧和写作理念感悟入手，围绕公文写作认知、打造公文写作核心竞争力、文稿写作实战技法、日常积累精进等文秘朋友最关心的话题，结合案例，探索研究高效写作的规律技巧 |
| 洞察人性的营销战术<br>沈坤　著 | 介绍了28个匪夷所思的营销怪招，大部分可以直接运用 | 双剑破局：沈坤营销策划案例集<br>沈坤　著 | 双剑公司8年来的实操案例，每个项目诞生过程、策划角度和方法 |
| 社区团购就这么干：供应商•平台•团长•用户<br>陈海超　杨顶刚　著 | 分享最新实践经验，一看就懂，照着就能做 | | |
| 企业案例 | | | |
| 鲁花：一粒花生撬动的粮油帝国<br>余盛　著 | 鲁花如何成长为优秀的带动农业产业发展的品牌，鲁花你一定学得会 | 金龙鱼背后的粮油帝国<br>余盛　著 | 以金龙鱼为脉的一部中国粮油行业的史诗 |

续表

| 书名 | 内容 | 书名 | 内容 |
|---|---|---|---|
| **你不知道的加多宝**<br>曲宗恺　牛玮娜　著 | 以时间为轴线，详细叙述了加多宝品牌的发展历程 | **静水流深**<br>黄治国　著 | 作者在美的十五年对何享健内部讲话资料的整理 |
| **娃哈哈区域标杆**<br>罗宏文　快车君<br>赵晓萌　寇尚伟　著 | 讲娃哈哈豫北市场如何成为娃哈哈全国第一大市场、全国增量第一的市场 | **借力咨询：德邦成长背后的秘密**<br>官同良　王祥伍　著 | 德邦将自己积累的与咨询公司发展共赢的合作逻辑和盘托出 |
| **六个核桃凭什么从0过100亿**<br>张学军　著 | 全视角深度解读养元企业的裂变成长，复盘十年蜕变轨迹 | **像六个核桃一样**<br>王超　著 | 六个核桃为什么卖得这么好，产品畅销的6大要义36条简明法则 |
| **中国首家未来超市**<br>IBMG集团　著 | 对乐城超市的掌门人及内部员工的采访详细阐释了乐城的经验 | **三四线城市超市如何快速成长：解密甘雨亭**<br>IBMG集团　著 | 甘雨亭的许多关键经营指标均高于行业标准，学习其成功的方法 |
| **集团化企业阿米巴实战案例**<br>初勇钢　著 | 作者在某酒厂推行阿米巴经营模式的心得 | | |
| **经销商** | | | |
| **新经销：新零售时代教你做大商**<br>黄润霖　著 | 探访近100位经销商在传统营销手法上的创新，传统营销微创新和新营销本地化 | **商用车经销商运营实战**<br>杜建君　王朝阳<br>章晓青　著 | 对商用车经销商的经营与管理、4S店运营做了全方面的总结 |
| **跟行业老手学经销商开发与管理**<br>黄润霖　著 | 从管理耐用消费品经销商角度提炼了48个代表性问题并给出解决办法 | **快消品经销商如何快速做大**<br>黄润霖　著 | 经销商如何通过经营实现规模，通过管理实现规模效益 |
| **建材家居经销商实战42章经**<br>王庆云　著 | 经营管理的心法和战法，帮助经销商成为“业务妙手”和“管理能手” | **成为最赚钱的家具建材经销商**<br>李治江　著 | 针对建材家居行业的经销商，从销售模式、产品、门店、市场等方面给出方法 |
| **白酒经销商的第一本书**<br>唐江华　著 | 对经销商如何选择厂家、合作、运营品牌等问题给出建议 | **快消品招商的第一本书**<br>刘雷　著 | 从招商理论到招商动作进行系列化分解，化繁为简 |
| **大商方法：榜样经销商与厂家的合作之道**<br>唐道明　著 | 洞察厂商合作的核心，为经销商提供可行的方法，手把手教你做大商 | **快消品经销商成功密码**<br>舟谱商学院　著 | 通过8个真实经销商案例，分享快消品经销商成功经验与方法 |
| **中小企业** | | | |
| **中小企业如何打造区域强势品牌**<br>吴之　著 | 从如何建立强势品牌的角度解析扩张难题 | **用流程解放管理者**<br>张国祥　著 | 8个板块构成，共66篇文章，14幅流程管理图 |
| **用流程解放管理者2**<br>张国祥　著 | 对中小企业规范化流程管理进行系统的阐述 | **弱势品牌如何做营销**<br>李政权　著 | 产品与物流通道、服务通道、促销互动通路提供方法 |
| **本土化人力资源管理8大思维**<br>周剑　著 | 用最贴近中国中小企业现实管理情境的案例讲述周围人的“家事” | **中小农业企业品牌战法**<br>韩旭　著 | 农业企业需要全产业链视野，更需要品牌实战方法 |
| **门店管理** | | | |
| **门店销售冠军复制系统**<br>王吉坤　著 | 门店型企业如何打造可复制的销售冠军系统 | **新零售动作分解与实操：建材·家居·家具**<br>盛斌子　著 | 对泛家居行业趋势、店面管理、团队管理、促销推广、五感营销等提供策略 |
| **家具建材促销与引流**<br>薛亮　李永锋　著 | 对泛家居营销执行模式和工具、关键环节等进行汇总 | **建材家居门店6力爆破**<br>贾同领　著 | 产品力、导购力、形象力、推广力、服务力、组织力 |
| **家具行业操盘手**<br>王献永　著 | 总结家具终端门店发展的现状及问题并给出策略 | **手把手教你做专业督导**<br>熊亚柱　著 | 系统梳理督导的核心技能，岗位职责、工作流程及技能 |
| **手把手帮建材家居导购业绩倍增**<br>熊亚柱　著 | 针对建材家居门店的业务人员，用案例故事还原场景教你成为好导购 | **10步成为最棒的建材家居门店店长**<br>徐伟泽　著 | 梳理店长管理的核心工作职责、店面管理规范，帮助销售人员成长 |

续表

| 书名 | 内容 | 书名 | 内容 |
| --- | --- | --- | --- |
| **建材家居门店销量提升**<br>贾同领　著 | 9个板块讲述建材门店一个单店如何做到经营的良性循环 | **总部有多强大，门店就能走多远**<br>IBMG集团　著 | 五大方向综合阐述连锁零售企业总部如何提升管理能力 |
| **赚不赚钱靠店长，从懂管理到会经营**<br>孙彩军　著 | 注重专卖店的经营思路拓展、门店管理细节方面能力的提升 | **新医改了，药店就要这样开**<br>尚锋　著 | 从药店定位的思考，内部和会员管理等方面探讨中小型药店发展方向 |
| **电商来了，实体药店如何突围**<br>尚锋　著 | 新时代药店经营的三驾马车：药学专业服务、会员贴心服务和精准定向促销 | **引爆药店成交率1：店员导购实战**<br>范月明　著 | 药店人的零售工作，怎样接待顾客，完善销售技巧 |
| **引爆药店成交率2：药店经营实战**<br>范月明　著 | 从药店经营角度建立改善门店现状的实用标准 | **引爆药店成交率：专业化销售解决方案**<br>范月明　著 | 从简单的拿药服务到提供多角度的专业解决方案 |
| **口腔门诊盈利倍增：精益口腔**<br>杨伟霞　王吉坤　著 | 为口腔门诊定制业绩提升管理系统并落地实施 | **门店店长业绩增长100%**<br>熊亚柱　著 | 将店长遇到的障碍一扫而空，通过一个个生动的案例故事解析，帮你成为管理型店长，不再东奔西跑地瞎忙，让业绩成倍增长 |
| **口腔门诊这样接诊更高效：顾问式接诊模式**<br>杨伟霞　邢雅丽<br>沈彤　著 | 给你一套医患沟通方法，做好口碑牙科医生，让患者主动追随，口腔机构以及医生个人都适用 | | |
| **互联网** | | | |
| **一、互联网转型** | | | |
| **画出公司的互联网进化路线图**<br>李蓓　著 | 18个"可以……吗"的问题作为产品、客户和价值方面的指引牌 | **7个转变，让公司3年胜出**<br>李蓓　著 | 企业估值、业务模式、营销、生产制造、客户服务、用户黏性、组织管理7个转变 |
| **重生战略移动互联网和大数据时代的转型法则**<br>沈拓　著 | 四个重生战略对应四个法则，告知传统企业的转型重生之路 | **创造增量市场：传统企业互联网转型之道**<br>刘红明　著 | 为读者提供了寻找这些互联网的切入点和接触点的具体方法，带来增量市场 |
| **互联网+变与不变**<br>本土管理实践与创新论坛　著 | 61篇精华文章，聚焦传统行业如何互联网+时代转型 | **今后这样做品牌**<br>蒋军　著 | 顶层设计、营销创新、产品战略、渠道变革、品牌策略 |
| **移动互联新玩法**<br>史贤龙　著 | 立足现实，剖析新时代背景下的移动互联趋势与热点 | **互联网时代的成本观**<br>程翔　著 | 多维组合成本的互联网精神和大数据特征及应用 |
| **正在发生的转型升级实践**<br>本土管理实践与创新论坛　著 | 100多位本土管理专家当年对最新一年的思考和实践 | **1000铁杆女粉丝**<br>张兵武　著 | 如何让普通女性成为忠实追随的铁杆粉丝，磁力点、情感结、甜蜜区、信任圈 |
| **混沌与秩序Ⅰ：变革时代企业领先之道**<br>彭剑锋　施炜　苗兆光<br>王祥伍　孙波　夏惊鸣 | 新环境下企业面临变革应如何应对，企业家如何坚守并与企业共同成长 | **混沌与秩序Ⅱ：变革时代管理新思维**<br>彭剑锋　施炜　苗兆光<br>王祥伍　孙波　夏惊鸣 | 对处于时代变革下的企业管理新机制、人力资源管理新思维，组织与人的新型关系，结合案例提出优化建议 |
| **消费升级：实践·研究**<br>本土管理实践与创新论坛　著 | 从经营、管理、行业三个方面记录消费升级下的实践 | **互联网精准营销**<br>蒋军　著 | 互联网时代整体策划、包装品牌和产品 |
| **智能推荐：让你的业务千人千面**<br>刘国昊　周波　著 | 从资讯、电商、文娱行业来详细讲解智能推荐的应用，用户时间的争夺战 | **制造业外贸营销网站建设**<br>宋金亮　著 | 介绍整个网站从无到有的实现过程，从分析思路、撰写内容到规划页面，列举了大量正反面实例，帮助读者理解和投入实践 |

续表

| 书名 | 内容 | 书名 | 内容 |
|---|---|---|---|
| **零售巨头数字化转型操盘笔记**<br>江楠　著 | 一线操盘运营经理分享传统零售巨头的新零售到家业务全盘操作细节 | | |
| **二、抖音、微信微商、电商** | | | |
| 书名 | 内容 | 书名 | 内容 |
| **抖音营销系统**<br>刘大贺　著 | 抖音系统的实战营销知识，上百个从0做大的案例 | **金牌微商团队长**<br>罗晓慧　著 | 微商团队长创业实操的指导工具书 |
| **微商生意经：真实再现33个成功案例操作全程**<br>伏泓霖　罗晓慧　著 | 精心挑选的33个微商成功案例，阐述具体操作过程 | **快速见效的企业微信营销方法**<br>孙巍　著 | 站在微信生态的立体高度系统讲述企业微信快营销方法论 |
| **阿里巴巴实战运营：14招玩转诚信通**<br>聂志新　著 | 产品定位、阿里巴巴排名因素、数据分析、标题优化等 | **阿里巴巴实战运营2：诚信通热卖技巧**<br>聂志新　著 | 打开诚信通运营的金钥匙，十大具体运营技巧 |
| **电商高管私房课**<br>子道　著 | 深刻剖析“结硬寨，打呆仗”的经营理念和操作方法，是电商零售管理者和执行团队的好参谋 | | |
| **三、行业新营销** | | | |
| **餐饮新营销**<br>杨勇　程绍珊　著 | 聚焦餐饮企业转型，系统的餐饮企业营销管理体系 | **新零售进化路径**<br>李政权　著 | 预先复盘新零售及商业的未来，找到方向 |
| **珠宝黄金新营销**<br>崔德乾　著 | 珠宝业新营销/新品牌/新产品/新零售/新连接/新场景/新服务/新传播/新管理 | **黄金珠宝就这样卖：导购员月销百万的秘籍**<br>崔德乾　著 | 让顾客留下试戴、买单的80个技巧，让高级客户感动、一般客户依赖的6大行动秘籍。上午学下午用，让你成为月销百万的销售明星 |
| **新零售动作分解与实操：建材·家居·家具**<br>盛斌子　著 | 对泛家居行业趋势、店面管理、团队管理、促销推广、五感营销等提供策略 | **新营销**<br>刘春雄　著 | 让品牌商和渠道商掌握获得独立流量的能力，能够与平台商博弈 |
| **快速见效的企业网络营销方法 B2B　大宗 B2C**<br>张进　著 | 数据和案例90%来自作者服务的中小企业，快速全面地学习企业网络营销方法 | **移动互联下的超市升级**<br>联商网专栏　著 | 超市未来的发展趋势，对社区超市、生鲜、全渠道建设、O2O等提出观点 |
| **百货零售全渠道营销策略**<br>陈继展　著 | 零售行业的竞争重点、行业本质、战略转型、未来趋势、经验和案例 | **互联网时代的银行转型**<br>韩友诚　著 | 银行业在互联网金融变革浪潮中所做的积极应对和转型布局 |
| **触发需求：互联网新营销样本·水产**<br>何足奇　著 | 通过鲜誉案例解读阐述水产行业如何进行互联网转型 | **新农资如何弯道超车**<br>刘祖轲　著 | 从农业产业化、互联网转型、行业营销与经营突破四个方面阐述农资企业转型 |
| **新零售　新终端**<br>迪智成　著 | 将新零售系统打法做梳理并落地在新终端建设上 | **新经销：新零售时代教你做大商**<br>黄润霖　著 | 探访近100位经销商在传统营销手法上的创新，传统营销微创新和新营销本地化 |
| | | **医药医疗** | |
| **一、药店** | | | |
| **新医改了，药店就要这样开**<br>尚锋　著 | 从药店定位的思考、内部和会员管理等方面探讨中小型药店发展方向 | **电商来了，实体药店如何突围**<br>尚锋　著 | 新时代药店经营的三驾马车：药学专业服务、会员贴心服务和精准定向促销 |
| **引爆药店成交率1：店员导购实战**<br>范月明　著 | 药店人的零售工作，怎样接待顾客，完善销售技巧 | **引爆药店成交率2：药店经营实战**<br>范月明　著 | 从药店经营角度建立改善门店现状的实用标准 |
| **引爆药店成交率：专业化销售解决方案**<br>范月明　著 | 从简单的拿药服务到提供多角度的专业解决方案 | **连锁药店新风口：资本　智能　大数据**<br>动脉网　著 | 对我国连锁药店的市场环境、行业现状等进行分析，给出对连锁药店未来发展趋势的预判 |

续表

| 书名 | 内容 | 书名 | 内容 |
| --- | --- | --- | --- |
| 药店导购关联销售技巧与成交话术<br>范月明　著 | 以药店情景案例导入，介绍常见疾病的导购销售话术与顾客心理分析，进而提供关联销售解决方案 | | |
| 二、药品销售 | | | |
| 医药第三终端：从控销到动销　诊所　基层医疗<br>王祥君　张芳文　著 | 用大量案例来梳理药企落地动销的策略、方法和技战术 | 医药营销：诊所开发维护与动销<br>张江民　著 | 从六个方面系统阐述基层诊所市场营销攻略 |
| 处方药合规推广实战宝典<br>赵佳震　著 | 对处方药推广体系搭建、推广人员岗位内容等六个方面进行阐述 | 医药代理商经营全指导<br>戴文杰　著 | 从产品选择、价格体系设计、路径管理等维度描述代理商产品操作的基本策略 |
| 处方药零售这样做<br>田军　著 | 处方药零售的重要性及做市场的具体措施和方法 | OTC医药代表药店开发与维护<br>鄢圣安　著 | 一位从初级OTC医药销售代表成长起来的销售经理的经验分享 |
| OTC医药代表药店销售36计<br>鄢圣安　著 | 以《三十六计》为线，阐述OTC医药代表向药店销售的技巧与策略 | 做医生信赖的医药代表<br>邹晓徽　宁剑锋<br>朱文虎　著 | 医药代表如何在合规要求下做好药品推广工作的操作工具书 |
| 三、药企转型 | | | |
| 药企战略·运营与医药产业重构<br>杜臣　著 | 医药产业的深度认知与发展趋势结合，战略思考与经营操作相统一 | 医药行业大洗牌与药企创新<br>林延君　沈斌　著 | 围绕创新介绍医药行业，介绍近百家医药企业创新实践案例 |
| 医药新营销<br>史立臣　著 | 从药企最关心的八个方面阐述制药企业、医药商业企业营销模式转型 | 医药企业转型升级战略<br>史立臣　著 | 从商业模式转型、管理转型、定位转型、运营模式转型和跨界转型五方面阐述转型 |
| 新医改下的医药营销与团队管理<br>史立臣　著 | 立足新医改相关政策的解读，为中小医药企业出谋划策 | 在中国，医药营销这样做<br>段继东　著 | 时代方略在医药营销领域思想、方法文章的精选合集 |
| 四、新医疗 | | | |
| 成为医疗器械领军者<br>王强　著 | 中小医疗器械生产企业和代理商怎样转型 | 新型诊所经营与创新<br>动脉网　著 | 对新型诊所从标准化管理、经营方式、团队建设、连锁模式四个方面进行解读 |
| 医美新风口：颜值经济下的亿万市场<br>动脉网　著 | 详细介绍中国医疗美容行业的发展趋势、现状及医美产业链等 | 互联网医院：正在发生的医疗新变革<br>动脉网　著 | 介绍互联网医院的建设与运营、管理，发展模式和市场布局，以及发展规律 |
| 快消品 | | | |
| 一、快消案例 | | | |
| 中国快消品营销这些年<br>史贤龙　著 | 一本书浓缩快消品营销15年的实战历程与前沿思考 | 这样打造大单品<br>迪智成　著 | 通过13个大案例帮助企业梳理打造大单品的路径 |
| 你不知道的加多宝<br>曲宗恺　牛玮娜　著 | 以时间为轴线，详细叙述了加多宝品牌的发展历程 | 娃哈哈区域标杆<br>罗宏文　快车君　赵晓萌<br>寇尚伟　著 | 娃哈哈豫北市场如何成为娃哈哈全国第一大市场、全国增量第一的市场 |
| 六个核桃凭什么从0过100亿<br>张学军　著 | 全视角深度解读养元企业的裂变成长，复盘十年蜕变轨迹 | 像六个核桃一样<br>王超　著 | 六个核桃为什么卖得这么好，产品畅销的6大要义36条简明法则 |

续表

| 书名 | 内容 | 书名 | 内容 |
|---|---|---|---|
| **5 小时读懂快消品营销**<br>陈海超　著 | 20 年快消品市场风云洞察解码，丰富的案例解析 | | |
| **二、快消品区域经理** | | | |
| **快消品营销团队管理**<br>刘雷　伯建新　著 | 快消品团队管理相关的 20 余个工具 +20 余个案例 | **这样打造快消品区域标杆**<br>罗宏文　牛玉龙　著 | 分两篇解决如何成功打造标杆市场和进行持续增量管理两大问题 |
| **成为优秀的快消品区域经理（升级版）**<br>伯建新　著 | 作为区域经理的“速成催化器”，升级版增加 11 篇内容 | **快消老手都在这样做：区域经理操盘锦囊**<br>方刚　著 | 一线成长起来的资深快消品营销人“压箱底”绝活 |
| **快消品营销人的第一本书**<br>刘雷　伯建新　著 | 针对一线厂家业务员工作中常遇到的问题给予建议 | **销售轨迹：一位快消品营销总监的拼搏之路**<br>秦国伟　著 | 一个普通营销人的故事，16 年背井离乡的职场拼搏之路 |
| **快消品营销：一位销售经理的工作心得 2**<br>蒋军　著 | 从市场操作、团队管理、传播推广、营销的具体策略和战略等方面提供方法 | **快消品区域/城市经理全渠道管理**<br>许翔　著 | 一位在日化巨头一线打拼多年的城市经理操作经验分享 |
| **三、快消品动销** | | | |
| **动销：产品是如何畅销起来的**<br>余晓雷　著 | 从怎么被消费者买走和竞争对手是谁这两个原点解决动销问题 | **动销操盘：节奏掌控与社群时代新战法**<br>朱志明　著 | 用七个章节阐述关于动销操盘的要诀，节点、节奏、主次、条件匹配性等问题 |
| **动销四维：全程辅导与新品上市**<br>高继中　著 | 从产品、渠道、促销和新品上市四个方面详细讲解提高动销的具体方法 | **快消品经销商这样做才赚钱**<br>张宇　著 | 从全新的角度，解读经销商的经营困境，并提供可实操的解决方法 |
| **快消新产品成功上市**<br>伯建新　著 | 新产品是什么？新产品该如何去做？新产品要如何销起来，长销而不是昙花一现？本书给你答案 | | |
| **四、快消品渠道** | | | |
| **深度分销**<br>施炜　著 | 渠道价值链、模式选择、渠道策略与管理、零售经销商管理、最佳实践、团队建设 | **通路精耕操作全解**<br>周俊　陈小龙　著 | 对康师傅的制胜法宝通路精耕进行系统的介绍与说明，图表和完善入微的操作方法 |
| **酒水饮料快消品餐饮渠道营销手册**<br>朱伟杰　著 | 对餐饮渠道深入挖掘，建立适合餐饮渠道发展的服务模式和组织保障措施 | **快消品经销商如何快速做大**<br>杨永华　著 | 经销商如何通过经营实现规模，通过管理实现规模效益 |
| **快消品营销与渠道管理**<br>谭长春　著 | 解决日常涉及的渠道管理、市场、产品等营销事务 | **快消品招商的第一本书**<br>刘雷　著 | 从招商理论到招商动作进行系列化分解，化繁为简 |
| **采纳方法：化解渠道冲突**<br>朱玉童　著 | 21 个最新的渠道冲突案例立体地介绍渠道冲突的现象和方法 | **快消品促销管理与方案：规划 技能 工具**<br>张荣举　著 | 涵盖促销规划、打法、具体落地执行的细节和终端人员技能及训练，结合线上线下运作，提供全套方法 |
| **五、快消品企业战略** | | | |
| **重构：升级你的竞争优势**<br>杨永华　著 | 用 7 大思维，帮你的企业提升档位 | **变局下的快消品实战策略**<br>杨永华　著 | 从 5 个角度针对快消品企业如何应对行业变局给出答案 |
| **新营销**<br>刘春雄　著 | 让品牌商和渠道商掌握获得独立流量的能力，能够与平台商博弈 | **采纳方法：破解本土营销 8 大难题**<br>朱玉童　著 | 破解困扰营销人的八大难题，给出解决方法 |
| **白酒营销培训宝典：复制高业绩**<br>刘孝鞅　著 | 总结白酒营销人员系统运作市场的要点，转化为易学可复制的动作和工具表单 | **酒水饮料快消品餐饮渠道营销手册**<br>朱伟杰　著 | 对餐饮渠道深入挖掘，建立适合餐饮渠道发展的服务模式和组织保障措施 |

续表

| 白酒 | | | |
|---|---|---|---|
| 书名 | 内容 | 书名 | 内容 |
| **白酒营销的第一本书**<br>唐江华　著 | 多角度阐释白酒一线市场操作的最新模式和方法 | **白酒经销商的第一本书**<br>唐江华　著 | 对经销商如何选择厂家、合作、运营品牌等问题给出建议 |
| **白酒到底如何卖**<br>赵海永　著 | 多角度阐释白酒一线市场操作的最新模式和方法 | **白酒到底如何卖2：从市场培育到动销**<br>赵海永　著 | 系统化、标准化、模式化的促成动销的实战操作方式和方法 |
| **变局下的白酒企业重构**<br>杨永华　著 | 白酒企业重构期的营销战略与实操策略6大方法 | **酒业转型大时代**<br>微酒　著 | 酒水营销、新闻资讯及行业分析、预测的知识宝典 |
| **区域型白酒企业营销必胜法则**<br>朱志明　著 | 以36条法则从战略、营销、推广、产品线、品牌、市场、战术等方面提供方法 | **10步成功运作白酒区域市场**<br>朱志明　著 | 从市场攻守、产品攻略、新品上市、占领渠道、促销等十个层面阐述 |
| **白酒营销1：中小酒企操盘与崛起**<br>徐伟　徐涛　著 | 深入分析品牌与行业、操作方法，提供营销实操宝典 | **白酒营销2：品类创新策略升级**<br>黑格咨询　著 | 立足行业现状，建立品类创新、营销模式创新路径，提供市场建设方法、营销策略与工具案例 |
| **茶·调味品·油·乳业** | | | |
| **营销中国茶：2小时读懂茶叶营销**<br>史贤龙　著 | 中国茶营销的“困局”“破局”和“创举” | **中国茶叶营销第一书**<br>柏龑　著 | 纵览中国茶叶市场的全局，并且有针对性地提出问题并阐述解决方法 |
| **调味品营销第一书**<br>陈小龙　著 | 15年监控中国市场50个中外著名调味品品牌市场运作、管理等的经验总结 | **调味品企业八大必胜法则**<br>张戟　著 | 提炼了调味品企业八大规律性的关键成功要素 |
| **食用油营销的第一本书**<br>余盛　著 | 从小包装油行业概述到产品的基本知识，从基本执行动作到品牌整体策划等 | **鲁花：一粒花生撬动的粮油帝国**<br>余盛　著 | 鲁花如何成长为优秀的带动农业产业发展的品牌 |
| **金龙鱼背后的粮油帝国**<br>余盛　著 | 以金龙鱼为脉的一部中国粮油行业的史诗 | **乳业营销的第一本书**<br>侯军伟　著 | 区域型乳品企业如何才能稳健发展 |
| **调味品经销商公司化运营**<br>张戟　著 | 调味品和快消品经销商如何从“个体户”到“公司化”，一步步推进的具体方法 | | |
| **工业品** | | | |
| **一、工业品销售** | | | |
| **大客户销售这样说这样做**<br>陆和平　著 | 大客户销售活动的十大模块，68个典型销售场景 | **销售是个专业活**<br>陆和平　著 | 据客户采购流程拆分销售过程十阶段、讲解方法技巧 |
| **成为资深的销售经理：B2B工业品**<br>陆和平　著 | 让销售经理成功把握销售管理6个关键点，并提供工具 | **一切为了订单：订单驱动下的工业品营销实践**<br>唐道明　著 | 以订单流程的三个环节为主线讲述工业品营销管理新思路 |
| **订单是这样拿到的**<br>郑文洲　著 | 作者近10年销售生涯的回顾，真实销售故事和成功经验分享 | | |
| **二、工业品营销** | | | |
| **工业品营销管理实务（第4版）**<br>李洪道　著 | 是信任导向工业品营销体系的深化版、工业品营销管理体系优化咨询的升级版 | **工业品企业如何做品牌**<br>张东利　著 | 为当下中国制造的品牌化转型提供经过实践证明的理念、方法和体系 |

续表

| 书名 | 内容 | 书名 | 内容 |
| --- | --- | --- | --- |
| **工业品市场部实战全指导**<br>杜忠　著 | 解决职能不清、市场部五大职能如何运作、职业发展路径等具体问题 | **解决方案营销实战案例**<br>刘祖轲　著 | 十大工业品作者实操案例解码解决方案营销 |
| **资深大客户经理：策略准　执行狠**<br>叶敦明　著 | 将大客户经理必须具备的规划、策略、执行三种能力运用自如 | **渠道管理就这样做**<br>陆和平　著 | 渠道规划和设计、渠道成员选择和寻找、渠道谈判和签约、管理渠道日常活动、设计渠道激励政策、解决渠道冲突、渠道的评估和调整 |
| 三、工业品企业 | | | |
| **变局下的工业品企业7大机遇**<br>叶敦明　著 | 探索工业品企业成长的新机会，7大战略与战术性机会 | **两化融合管理体系贯标流程与方法**<br>戴勇　著 | 融合五十多家企业在两化融合贯标过程的经验，总结重点与举措 |
| **丁兴良讲工业4.0**<br>丁兴良　著 | 多角度阐述中国在工业4.0的机遇和挑战 | | |
| 建材家居 | | | |
| 一、建材家居门店 | | | |
| **家居建材促销与引流**<br>薛亮　李永锋　著 | 对泛家居营销执行模式和工具、关键环节等进行汇总 | **新零售动作分解与实操：建材·家居·家具**<br>盛斌子　著 | 对泛家居行业趋势、店面管理、团队管理、促销推广、五感营销等提供策略 |
| **家具行业操盘手**<br>王献永　著 | 总结家具终端门店发展的现状及问题并给出策略 | **手把手教你做专业督导**<br>熊亚柱　著 | 系统梳理督导的核心技能、岗位职责、工作流程及技能 |
| **手把手帮建材家居导购业绩倍增**<br>熊亚柱　著 | 针对建材家居门店的业务人员、案例故事还原场景，教你成为好导购 | **10步成为最棒的建材家居门店店长**<br>徐伟泽　著 | 梳理店长管理的核心工作职责、店面管理规范和帮助销售人员成长 |
| **建材家居门店销量提升**<br>贾同领　著 | 9个板块讲述建材一个单店如何做到经营的良性循环 | **建材家居门店6力爆破**<br>贾同领　著 | 产品力、导购力、形象力、推广力、服务力、组织力 |
| 二、建材家居经销商 | | | |
| **新经销：新零售时代教你做大商**<br>黄润霖　著 | 探访近100位经销商在传统营销手法上的创新，传统营销微创新和新营销本地化 | **建材家居经销商42章经**<br>王庆云　著 | 经营管理的心法和战法，帮助经销商成为“业务妙手”和“管理能手” |
| **成为最赚钱的家具建材经销商**<br>李治江　著 | 针对建材家居行业的经销商，从销售模式、产品、门店、市场等方面给出方法 | | |
| 三、建材家居企业 | | | |
| **定制家居黄金十年**<br>韩锋　翁长华　著 | 对中国定制家居行业20年发展历程进行深度、系统、专业的解读 | **建材家居营销：除了促销还能做什么**<br>孙嘉晖　著 | 探索家居建材行业营销的革命，发现行业“营销天花板”的突破口 |
| **建材家居营销实务：新环境、新战法**<br>程绍珊　杨鸿贵　著 | 针对建材家居市场特点提出以客户价值为基础的整体营销价值链 | **全屋整装　高利润运营手册**<br>翁长华　陈平　著 | 十大维度解决实际问题，是0到1极具操作性的整装指南 |
| 零售·餐饮·服装·影院·美容院 | | | |
| **新零售进化路径**<br>李政权　著 | 预先复盘新零售及商业的未来，找到方向 | **新零售　新终端**<br>迪智成　著 | 梳理新零售系统打法并落地在新终端建设上 |

续表

| 书名 | 内容 | 书名 | 内容 |
| --- | --- | --- | --- |
| 移动互联下的超市升级<br>联商网　著 | 超市未来的发展趋势，对社区超市、生鲜、全渠道建设、O2O 等提出观点 | 百货零售全渠道营销策略<br>陈继展　著 | 零售行业的竞争重点、行业本质、战略转型、未来趋势、经验和案例 |
| 超市卖场定价策略与品类管理<br>IBMG 集团　著 | 零售企业的市场拓展与商品定位、商品结构与商品陈列、毛利分析与库存分析 | 连锁零售企业招聘与培训破解之道<br>IBMG 集团　著 | 围绕零售企业组织架构、培训体系建设等内容进行探讨 |
| 总部有多强大，门店就能走多元<br>IBMG 集团　著 | 五大方向综合阐述连锁零售企业总部如何提升管理能力 | 三四线城市超市如何快速成长：解密甘雨亭<br>IBMG 集团　著 | 甘雨亭的许多关键经营指标均高于行业标准，学习其成功的方法 |
| 中国首家未来超市：解密安徽乐城<br>IBMG 集团　著 | 对乐城超市的掌门人及内部员工的采访详细阐释了乐城的经验 | 零售：把客流变成购买力<br>丁昀　著 | 通过大量的实际案例对中国零售业态的升级转型之路提出思考 |
| 餐饮新营销<br>杨勇　程绍珊　著 | 聚焦餐饮企业转型，系统的餐饮企业营销管理体系 | 电影院的下一个黄金十年<br>李保煜　著 | 介绍了中国电影产业的运作模式及电影院的开发、设计思路 |
| 餐饮企业经营策略第一书<br>吴坚　著 | 阐述餐饮企业产品之道、市场之道、顾客之道及盈利之道 | 赚不赚钱靠店长，从懂管理到会经营<br>孙彩军　著 | 注重专卖店的经营思路拓展，门店管理细节方面能力提升 |
| 时装买手自学通<br>范敏娜　编著 | 从流行趋势调研、商品企划、采购渠道、数据管理到店铺销售等时装买手需要具备的能力与操盘技巧 | 美容院/养生馆高盈利经营模式<br>陈鹏飞　著 | 5 步实现店铺高盈利方法与策略 |
| 零售巨头数字化转型操盘笔记<br>江楠　著 | 一线操盘运营经理分享传统零售巨头的新零售到家业务全盘操作细节 | | |
| **农牧业** | | | |
| **一、农资** | | | |
| 饲料营销有方法<br>陈石平　著 | 饲料营销的 7 大核心命题 | 农资营销实战全指导<br>张博　著 | 在农资市场行之有效的营销策略和工具 |
| 新农资如何弯道超车<br>刘祖轲　著 | 农业产业化、互联网转型、行业营销与经营突破 | | |
| **二、农牧企业** | | | |
| 中国牧场管理实战<br>黄剑黎　著 | 对牧场管理标准、管理制度、操作规程做出剖析和指引 | 中小农业企业品牌战法<br>韩旭　著 | 农业企业需要全产业链视野，更需要品牌实战方法 |
| 变局下的农牧企业 9 大成长策略<br>彭志雄　著 | 为农牧企业量身打造了 9 个立足现在、展望未来的成长策略 | 农产品营销实战第一书<br>胡浪球　著 | 针对 33 个农产品营销的核心问题提供具体招数 |
| 农产品全网营销<br>吴之　著 | 帮助全国农业合作社、家庭农场打造农产品品牌 | | |
| **地产·汽车** | | | |
| **一、地产** | | | |
| 中国城市群房地产投资策略<br>吕俊博　刘宏　著 | 挖掘主要城市群的现状特征、发展因子、演化趋势、竞争关系等，给出分析建议 | 产业园区/产业地产：规划、招商、实战运营<br>阎立忠　著 | 从认知、规划、招商、运营四方面系统解读产业园区的建设精要和运营技巧 |
| 人文商业地产策划<br>戴欣明　著 | “全球化视野（创意）”+“人文+”思维 | 产业园区/产业地产 2：系统化经营与操盘攻略<br>阎立忠　著 | 全方位系统解析产业园区运营策略 |

续表

| 书名 | 内容 | 书名 | 内容 |
| --- | --- | --- | --- |
| **从零开始打造产业园区**<br>刘晓君　著 | 全流程，系统化，注重细节，多角度教你打造产业园区 | **产业园区开发全方案：从定位规划到招商运营**<br>黄婷　著 | 甲方操盘手全面解析产业园区开发的流程和要义 |
| **二、汽车** | | | |
| **商用车经销商运营实战**<br>杜建君　著 | 对商用车经销商的经营与管理、4S店运营做了全方面的系统总结 | **汽车配件这样卖**<br>俞士耀　著 | 适合轮胎、机油、维修、快保、美容、洗车等汽车服务业态销售实操办法 |
| **润滑油销售：这样说，这样做更有效**<br>张金荣　著 | 总结润滑油销售面对三大客户常遇到的200余个营销问题解决方法 | **润滑油品牌营销**<br>张金荣　著 | 没有说教，只有方法，适合小微企业、代工品牌、经销商、营销人阅读 |
| **投资理财·收购资本** | | | |
| **交易心理分析**<br>马克·道格拉斯【美】　著 | 一语道破赢家的思考方式，并提供了具体的训练方法 | **财报背后的投资机会**<br>蒋豹　著 | 零基础轻松掌握财务报表的相关知识，快速入门 |
| **写给企业家的公司与家庭财务规划**<br>周荣辉　著 | 以企业的发展周期为主线，介绍各阶段企业与企业主家庭的财务规划 | **分股合心**<br>段磊　周剑　著 | 围绕股权激励，详细介绍相关知识和实行方法 |
| **成功并购300问**<br>浩德并购军师联盟　著 | 系统学习资本运作和企业并购知识的金融工具书 | **并购名著阅读指南**<br>叶兴平　著 | 从全球5000多本并购图书中精选200本并进行评价 |
| **避开股权合伙这些坑**<br>苏雯静　著 | 根据创始合伙人、外部合伙人、内部合伙人等方面的实际案例做归纳和梳理 | **产业并购操盘手**<br>张军杰　著 | 15个案例，11个范本，38个图表，拿来即用 |
| **科创板IPO上市全流程指导**<br>丁先云　刘海旭　著 | 不仅有各项制度的深入剖析，更有各种问题和解决方案的详细论述，配合案例，轻松操作 | **市值战略：上市公司市值管理有方法**<br>和恒咨询　著 | 正确理解，系统规划、全面执行市值战略。从“势道法术力”五个维度思考和设计市值战略 |
| **阿米巴** | | | |
| **阿米巴经营的中国模式**<br>李志华　著 | 基于阿米巴经典理念提出了适合中国本土的员工自主经营的“1532”模型 | **集团化企业阿米巴实战案例**<br>初勇钢　著 | 作者在某酒厂推行阿米巴经营模式的心得 |
| **中国式阿米巴落地实践之激活组织**<br>胡八一　著 | 划分原则、裂变与整合、组织管控、重新定位、巴长竞聘和组阁 | **中国式阿米巴落地实践之从交付到交易**<br>胡八一　著 | 从6个方面阐述经营会计，从交付到交易是成功实施阿米巴的标志 |
| **中国式阿米巴落地实践之持续盈利**<br>胡八一　著 | 企业做成平台、平台做成阿米巴、阿米巴做成合伙制 | | |
| **人力资源管理** | | | |
| **一、绩效·薪酬** | | | |
| **回归本源看绩效**<br>孙波　著 | 从目的和概念帮助企业梳理绩效管理与经营的关系 | **走出薪酬管理误区**<br>全怀周　著 | 从7个常见的薪酬误区入手为企业提供一套系统解决方法 |
| **曹子祥教你做绩效管理**<br>曹子祥　著 | 作者核心授课课程的还原，掌握绩效管理的核心内容 | **曹子祥教你做激励性薪酬设计**<br>曹子祥　著 | 作者28年咨询经验总结，如何进行科学的薪酬体系设计 |
| **把招聘做到极致**<br>远鸣　著 | 资深招聘经理多年工作心得的提炼 | **把招聘做到极致2：灰度招聘全攻略**<br>黄渊明　李佳倩　著 | 从实战需求出发，兼容并包各种优秀的招聘理论、方法、经验与工具，并进行创新性的应用 |

续表

| 二、招聘·面试·培训 | | | |
|---|---|---|---|
| 书名 | 内容 | 书名 | 内容 |
| **把面试做到极致**<br>孟广桥　著 | 一套实用的确定岗位招聘标准，提升面试官技能方法 | **世界500强资深培训经理人教你做培训管理**<br>陈锐　著 | 构建培训体系、培训组织、培训文化、开发培训资源，教你做培训管理 |
| **把猎头做到极致**<br>李佳倩　黄渊明　著 | 帮助猎头顾问从平庸走向优秀 | **招聘面试：用提问得到真相**<br>陈硕　著 | 十二年资深HR招聘面试经验分享，教你学会如何提问 |
| **人才评价中心漫画版**<br>邢雷　著 | 用漫画形式写成的人才测评专业书籍 | **上市公司培训体系搭建**<br>初忠宝　著 | 上市公司培训经理分享体系搭建的框架和案例 |
| 三、HR高管·劳动法 | | | |
| **经营型HRD**<br>黄渊明　著 | 总结企业HRD如何支撑企业经营，抓好七件关键事情 | **人才供应链：实现高绩效均衡的人才管理模式**<br>许锋　著 | 打造人才供应链的四大支柱、十项修炼的完整体系 |
| **新任HR高管如何从0到1**<br>新海　著 | 到互联网创业型企业担任HRVP，从0到1建立较完善的HR体系 | **人力资源体系与e－HR信息化建设**<br>刘书生　陈莹　王美佳　著 | 6大框架、28个关注点、5大目标、6大优势、166个交付物咨询体系和盘托出 |
| **集团化人力资源管理实践**<br>李小勇　著 | 针对集团型企业人力资源管理的问题提出科学建议 | **我的人力资源管理笔记**<br>张伟　著 | 第三方咨询视角跳出“技术方法”看人力资源管理 |
| **人力资源的5分钟劳动法**<br>李皓楠　著 | 入职管理、在职管理、离职管理中遇到的劳动法问题及应对 | **海外人力资源管理：帮企业成功“走出去”**<br>黄渊明　著 | 弥补了中国企业海外人力资源管理实践体系建设的空白，具有开创性意义 |
| **从零开始学：胜任力模型建模与应用**<br>林丽萍　著 | 手把手教你做胜任力建模，并通过大量的企业案例拆解介绍模型在各个方面的落地应用 | **上市公司总经理助理工作笔记**<br>黄娜　著 | 40个案例，教你从小白助理到资深总助 |
| **用好任职资格体系**<br>杨序国　著 | 以某企业为案例，系统地介绍了企业HR如何通过任职资格体系帮助员工成长 | **胜任力模型咨询笔记**<br>韩文卿　著 | 吸取和总结了世界500强企业的胜任力模型搭建体系和方法 |
| **三支柱与业务型人力资源部建设**<br>段凤鸣　著 | 从专业型HR走向业务型HR，有效提高HR在企业绩效中的贡献值 | | |
| 四、HRBP | | | |
| **HRBP是这样炼成的之菜鸟起飞**<br>黄渊明　著 | 作者在初步转型HRBP两年时间里摸索实践的亲身经历与总结 | **HRBP是这样炼成的之中级修炼**<br>黄渊明　著 | 结合作者亲身从事HRBP的工作经历，总结HRBP的作战故事 |
| **HRBP高级修炼**<br>黄渊明　著 | 故事方式，HRD角度深度呈现运用HRBP的思维、方法 | | |
| 企业文化 | | | |
| **企业文化落地本土实践**<br>王祥伍　著 | 华夏基石“知信行”模型描绘企业文化落地路线图 | **企业文化的逻辑**<br>王祥伍　著 | 从文化起源深刻剖析文化、效率、企业、企业文化联系 |
| **企业文化定位·落地一本通**<br>王明胤　著 | 企业文化理念传播和落地聚焦的17种方法，解读了近100个实战案例 | **36个拿来就用的企业文化建设工具**<br>海融心胜　著 | 汇集整理了36个通用的企业文化实践工具 |
| **企业文化激活沟通**<br>宋杼宸　安琪　著 | 系统阐述沟通与企业文化的关系，给予企业提升沟通效能的企业文化解决方案 | **企业文化建设超级漫画版**<br>邢雷　著 | 用漫画形式写成的企业文化建设专业书籍，理论体系和29个具体的操作方法 |
| **在组织中绽放自我**<br>朱仁建　著 | 个人与组织之间的关系，文化对组织化形成的影响 | **用企业文化提升经营绩效**<br>彭剑锋　尚艳玲　主编 | 企业要想在竞争中利于不败之地，就不能没有能打胜仗的企业文化与领导力 |
| **企业文化建设与咨询工具　案例**<br>尹宏亮　著 | 着眼难题，为企业“把脉”做诊断 | **企业文化与组织活力**<br>杨四伟　著 | 涵盖企业文化与组织发展的主要课题，沿着“问题－解决方案－新的问题－新的解决方案”这一逻辑层层展开，使读者既理解“为什么（why）”，也知道“怎么做（how）” |

| 流程管理 | | | |
|---|---|---|---|
| 书名 | 内容 | 书名 | 内容 |
| **营销·研发·供应链业务架构与流程管理**<br>谭勋晖　著 | 营销、研发、供应链三大业务流程变革实践经验总结 | **打造集成供应链**<br>王春强　著 | 第一用力在“集成”上，梳理内外部相关模块及其依赖关系 |
| **人人都要懂流程**<br>金国华　余雅丽　著 | 50幅流程管理漫画，内部对流程价值理念的高度共识 | **用流程解放管理者**<br>张国祥　著 | 8个板块构成，共66篇文章，14幅流程管理图 |
| **用流程解放管理者2**<br>张国祥　著 | 对中小企业规范化流程管理进行系统的阐述 | **跟我们学建流程体系**<br>陈立云　罗均丽　著 | 在《跟我们做流程管理》的基础上丰富了标杆实践案例 |
| 质量管理 | | | |
| 书名 | 内容 | 书名 | 内容 |
| **16949质量管理体系落地与全套文件汇编**<br>谭洪华　著 | 对IATF16949每个条款讲解采用理解、作用、落地、模板、成功案例模块解析 | **ISO9001：2015制造业文件模板全集**<br>贺红喜　著 | 五篇内容组成的完整的质量管理体系工具文件 |
| **精益质量管理实战工具**<br>贺小林　著 | 四个方面对精益质量管理进行了全方位介绍和解读，并提供大量的方法工具 | **五大质量工具详解及运用案例**<br>谭洪华　著 | APQP、FMEA、MSA、SPC、PPAP五大质量工具的具体运用 |
| **IATF16949质量管理体系详解与案例文件汇编**<br>谭洪华　著 | 针对IATF16949的标准原文做详细解说，同时提供大量的表单案例 | **SA8000：2014社会责任体系认证实战**<br>吕林　著 | 将SA8000多版本及10多年的体系实战经验汇编成书 |
| **ISO9001：2015新版质量管理体系解读与案例文件汇编**<br>谭洪华　著 | 对ISO9001：2015新版标准理解和运用操作进行详细解读 | **ISO14001：2015新版环境管理体系解读与案例文件汇编**<br>谭洪华　著 | ISO14001：2015改版后的差别和操作运用进行详细讲解 |
| **我在世界500强做供应商质量管理**<br>宋华　著 | 分享汽车行业成熟的供应商质量管理体系和方法，都是作者的亲身经历 | **ISO45001职业健康安全管理体系落地+全套案例文件**<br>谭洪华　著 | 每个条款清晰讲解，内容完全落地，轻松运用 |
| **五大质量工具之FMEA（2019第五版）详解及运用落地**<br>谭洪华　著 | 对2019年6月修订的第五版FMEA标准进行详解，提供落地操作方法和全部案例文件，可直接套用 | | |
| 精益生产 | | | |
| 一、精益·JIT·IE | | | |
| **精益思维：超越对手的力量**<br>刘承元　著 | 以尊重人性的精益思想为切入点，分别从管理者的精益理念、精益思维、精益实践、精益中国制造等方面进行独到的分析 | **比日本工厂更高效**<br>刘承元　著 | 管理提升无极限+超强经营力+精益改善里的成功实践 |
| **计划与物流精益改善之道**<br>于晓光　著 | 围绕“计划与物流战略咨询的方法论”进行解析，提供方法论和案例 | **300张现场图看懂精益5S**<br>乐涛　著 | 通过日本丰田、上市企业案例，用300张现场图系统讲解5S管理 |
| **3A顾问精益实践1：IE与效率提升**<br>党新民　苏迎斌<br>蓝旭日　著 | 系统、全面地介绍IE工厂管理技术，提高效率创造价值 | **3A顾问精益实践2：JIT与精益改善**<br>肖智军　党新民　著 | 系统、全面地介绍JIT生产方式，并加入实践案例 |
| **高员工流失率下的精益生产**<br>余伟辉　著 | 从三方面论述推行精益管理时如何应对员工流失 | **让员工爱上6S管理**<br>肖智军　著 | 提供了众多企业的原版资料、案例，还汇集了一些企业骨干的推行感想、感悟及反思 |
| **200张图表学精益管理：IE工厂效率提升方法**<br>刘秀堂　著 | IE工程师视角，全是一线经验。精益落地的实操方法，大量图表工具让你上手就能做 | | |

续表

| 书名 | 内容 | 书名 | 内容 |
|---|---|---|---|
| **二、生产管理** | | | |
| **化工企业工艺安全管理实操**<br>黄娜　著 | 围绕化工工艺安全14要素来展开分析 | **手把手教你做专业生产经理**<br>黄娜　著 | 生产经理如何在信息流、物流、资金流三大流中开展工作 |
| **欧博心法：好工厂　靠管理**<br>曾伟　著 | 从管人篇和管事篇帮助读者解决人难管、事难控 | **欧博工厂案例1：生产计划管控对话录**<br>曾伟　曾子豪　著 | 工厂管理生产计划管控模块的8个全景细节大案例 |
| **欧博工厂案例2：品质技术改善对话录**<br>曾伟　曾子豪　著 | 工厂管理品质、技术、效率管理模块的10个全景细节大案例 | **欧博工厂案例3：员工执行力提升对话录**<br>曾伟　曾子豪　著 | 工厂管理人员管控模块的5个全景细节大案例 |
| **工厂管理实战工具**<br>曾伟　著 | 中国传统文化指导下的工厂管理工具 | **制造业成本倍减42法**<br>王天江　著 | 42种经过实际验证有效的成本降低方法，用61个真实案例说明 |
| **制造企业上10亿其实并不难**<br>杨小林　著 | 年产值1亿～10亿元中小制造企业在工厂经营和管理上的业务指导 | | |
| **三、班组长** | | | |
| **全能型班组：城市能源互联网与电力班组升级**<br>国网天津电力公司　著 | 从互联网时期的班组转型升级出发，对新型班组组织模式和运行机制进行设想 | **国网天津电力全能型班组建设实务**<br>国网天津电力公司　著 | 聚焦天津电力公司在探索全能型班组转型升级时的优秀实践 |
| **咨询·培训师** | | | |
| **培训师事业长青之道**<br>廖信琳　著 | 培训师自我管理的"洋葱模型"、十项内容与五个层级 | **管理咨询师的第一本书**<br>熊亚柱　著 | 深度剖析初级入行咨询师在工作中遇到的问题 |
| **资深管理咨询顾问工作心得**<br>张国祥　著 | 使用手册讲述咨询师如何操作项目、老板如何选择咨询师、企业如何自主落地 | **手把手教你做顶尖企业内训师**<br>熊亚柱　著 | 从开、控、收、编、制、用的角度去履行培训师的职责 |
| **TTT培训师精进三部曲上**<br>廖信林　著 | 手把手教你"深度改善现场培训效果"的一招一式 | **TTT培训师精进三部曲中**<br>廖信林　著 | 建构一整套培训课程设计与开发的认知架构和方法体系 |
| **TTT培训师精进三部曲下**<br>廖信林　著 | 通过"沉淀职业功力的六度模型"，帮助培训师在职业技能上持续精进 | **轻咨询：老板问诊管理咨询专家实录20例**<br>董坤　著 | 从1000+案例中精选的24个咨询案例笔记整理而成 |
| **产品·研发** | | | |
| **研发体系改进之道**<br>靖爽　陈年根<br>马鸣明　著 | 取材数十家企业研发改进的咨询实践，提炼一套实操的改进步骤与工具 | **新产品开发管理，就用IPD（升级版）**<br>郭富才　著 | 把产品经营的思想凝结在新产品开发管理机制中，升级版更丰富 |
| **产品开发管理：方法·流程·工具**<br>任彭枞　著 | 结合超过300家企业的实际研发管理方法，总结问题和方法，大量表格 | **资深项目经理这样做新产品开发管理**<br>秦海林　著 | 采用过程管理方法，对新产品开发的四大过程进行分析，主要针对小电器产品 |
| **产品炼金术Ⅰ：如何打造畅销产品**<br>史贤龙　著 | 打造畅销产品的四个方法 | **产品炼金术Ⅱ：如何用产品驱动企业成长**<br>史贤龙　著 | 从经营者视角重新认识产品，快速诊断产品现状 |
| **快消品产品开发方法：打造快消爆品**<br>张荣举　著 | 提供整套实战性的思维、方法、技能和工具，直接带有表格及公式，一看就能上手 | | |

# 定义及类型

生物医药产业的概念非常宽泛，不同口径的行业定义不一样，综合多方分析，目前在生物医药与健康领域，主要强调医药制造和医疗器械（这也是生物医药产业最主要的构成部分），本报告重点对这两大产业进行研究。

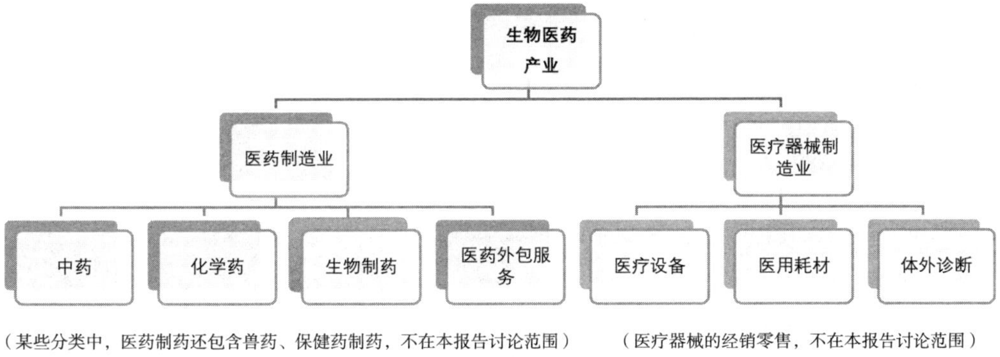

# 细分行业简述

## （一）医药制造业

1. 中药制造

中药是指在中医药理论指导下使用的药用物质及其制剂，包括中草药、中药饮片和中成药等。中药制造主要有**中药饮片加工及中成药制造。**

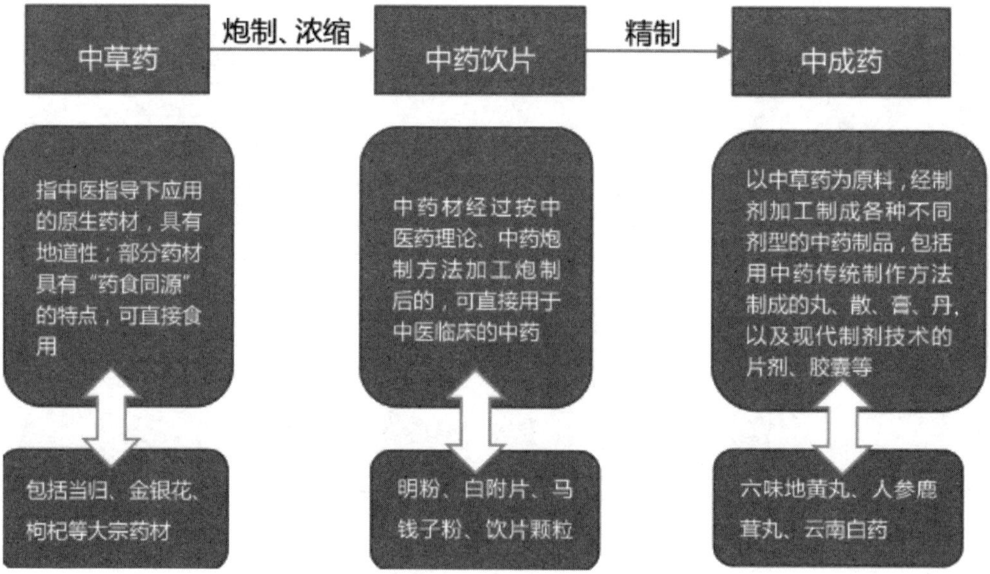


| 类型 | 内涵 |
| --- | --- |
| 中药饮片加工 | 指对采集的天然或人工种植、养殖的动植物中草药进行加工、处理的活动。包括传统中药饮片、中药配方颗粒饮片、超微中药饮片 |
| 中成药制造 | 指直接用于人体疾病防治的传统药物的加工生产，包括用中药传统制造方式制作的各种蜜丸、水丸、冲剂、糖浆、膏药；用现代药物制剂技术制作的中药片剂、针剂、胶囊、口服液等专科用药 |

2. 化学药制造

**化学制药行业是医药行业中占比最大的子行业**。化学制药是指利用化学 / 生物等技术，将矿物或动植物中提取的有效成分改造成的小分子（分子量 < 1000）有机化合物。

化学药制造由基础化工原料、医药中间体、化学原料药和化学药品及制剂，构成完整的产业链。

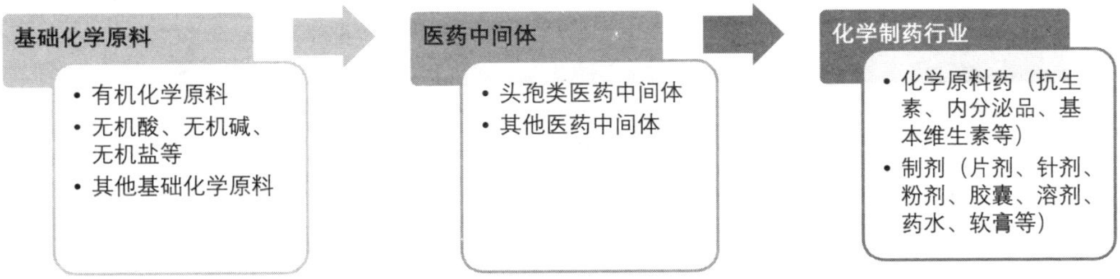


化学药按注册分类，一般分为仿药和创新药；按产品形式分类，一般分为**原料药**和**制剂**，其中原料药又可分为大宗原料药和特色原料药。

| 分类 | | 内涵 |
|---|---|---|
| **原料药** | 大宗原料药 | 大宗原料药指市场需求相对稳定、应用较为普遍、规模较大的传统药品原料药，包括抗感染类、抗生素类、维生素类、氨基酸类和激素类等，此外，还包括一些中间体 |
| | 特色原料药 | 过专利期药品的特色原料药，即仿制药原料药 |
| | | 专利期内药品的原料药。主要包括他汀类、普利类、沙坦类 |
| **制剂** | ➢ 化学制剂行业是指直接用于人体疾病防治、诊断的化学药品制剂的制造<br>➢ 按制剂分，化学制药可以分为抗感染用药、神经系统用药、抗肿瘤药、心血管系统用药、血液和造血用药、呼吸系统用药、消化系统用药、免疫调节剂、内分泌及代谢调节用药等 | |

3. 生物制药

生物药是利用基因变异或 DNA 重组等生物技术，借助微生物，动植物细胞等生产的大分子药（疫苗、血液制品、单抗和组织细胞等），主要通过刺激机体免疫系统产生免疫物质(如抗体)发挥功效，在人体内产生体液免疫、细胞免疫或细胞介导免疫。主要用于肿瘤、艾滋病、心脑血管病、肝炎、自身免疫性疾病和代谢相关疾病等。

生物制药按照药物来源，可分为人体组织来源、动物组织来源、植物组织来源、微生物来源和海洋生物来源。

生物药品从开始研制到最终转化为产品要经过很多环节，新药周期较长，一般需要 8~10 年，甚至 10~20 年，属于**高投入、高风险、长周期**的行业。

生物药品新药研发周期

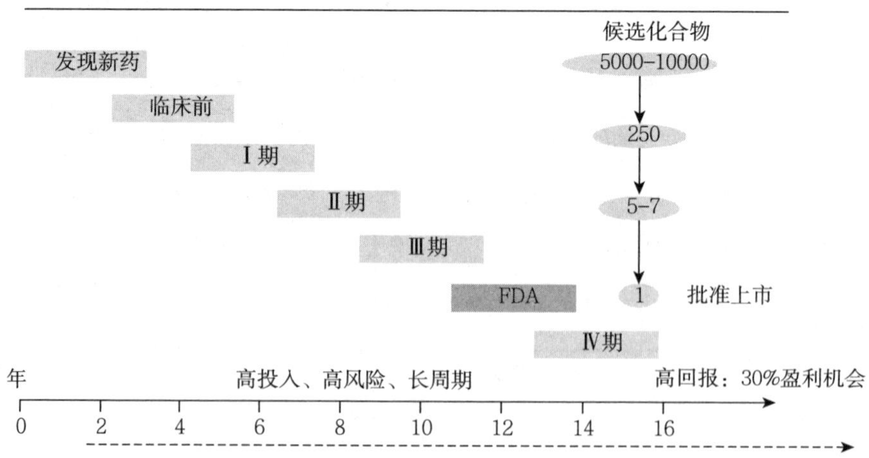

美国的药物研发和申请过程

| | 临床前实验 | 临床Ⅰ期 | 临床Ⅱ期 | 临床Ⅲ期 | FDA审查 |
|---|---|---|---|---|---|
| 内容 | 评价药物活性及安全性 | 确定安全剂量 | 评估药物有效性及副作用 | 验证药物有效性和长期反应 | 过程合规审核/结果审核 |
| 耗时 | 3~3.5 | 1 | 1.5~2 | 3~3.5 | 2~3 |
| 测试群体 | 动物 | 50~100例健康志愿者 | 100~300例患者 | >3000例患者 | —— |
| 测试药物数 | 5000 | 8~15 | 4~8 | 2~3 | 1 |
| 估计话费（百万美元） | 59.9 | 32.3 | 37.7 | 96.1 | —— |

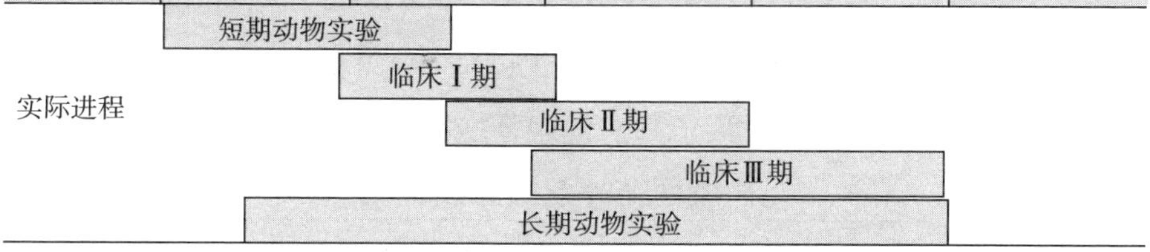


各细分种类产品药物针对不同的疾病类型具有独特的诊治作用，**主要有以下五种药品**。

| 类别 | 作用 |
|---|---|
| **疫苗** | 疫苗制品是为预防、控制传染病的发生和流行，用于人体预防接种的疫苗类预防性生物制品 |
| **抗体** | 单克隆抗体是由单一B细胞克隆产生的高度均一、仅针对某一特定抗原表位的抗体。利用免疫学原理，抗体体外扩增技术生产治疗用抗体，主要用于肿瘤 |
| **血制品** | 血制品（血液制品）是由健康人血浆或经特异免疫的人血浆，经分离、提纯或由重组DNA技术制备的人血浆蛋白组分，以及血液细胞有形成分的统称。主要包括白蛋白、免疫球蛋白、凝血因子、抗凝血蛋白和蛋白酶抑制剂等，在医疗抢救及某些特定疾病和治疗上，血液制品有着其他药品不可替代的重要作用 |
| **细胞治疗** | 主要分国干细胞疗法和免疫细胞疗法，其中，主要以免疫细胞CAR-T为主 |
| **重组蛋白** | 利用生物技术改造基因，用以体外生产药用蛋白、多肽、核酸等 |

4. 医药外包服务

新药的研发具有“双十定律”，即创新药物的研发通常需要5~10年时间，研发总成本达到5亿~10亿美元。为了缩短新药研发的周期，降低研发成本，国际制药企业通常将部分研发项目外包给有资质的第三方公司，以降低其因研发的不确定性带来的风险。这类公司被称为CRO（ Contract Research Organization, CRO ）。

传统的医药服务外包行业分为两类：一类主要做实验室研发工作；另一类做原料药和制剂的委托加工和生产。

**医药外包服务行业分类及特点**

| 工作内容 | 业务性质 | 能力要求 | 驱动特征 |
| --- | --- | --- | --- |
| 药物发现、药理毒理、临床试验 | 研究 | 创新能力 | 人才、技术 |
| 药学研究、药品生产工作 | 研究＋生产 | 产业化能力 | 人才、技术、资金 |

随着医学和生命科学的发展，传统的 CRO 企业开始向精准医疗、基因治疗技术等领域不断拓展，为生命科学和大健康领域提供技术服务。

**生物医药外包服务模式**

| 模式 | 内容 |
| --- | --- |
| Fee For Service 模式 | 制药企业将部分新药研发工作委托处理，例如先导化合物的合成、优化、筛选、生物活性测试、毒理药理测试等，通过明确工作任务的方式来收费，这种模式通常对于一些短、平、快的药物研发或者测试过程较为常见 |
| FTE 模式 | 全职雇佣的模式，由 CRO 企业提供人力资源和仪器设备等公共设施，按照全职雇佣的方式，对 CRO 企业员工某段时间进行买断付费，该员工在这段时间内只能完成项目公司的研发项目，不能参与其他项目，直到项目完成或者合同结束。这种方式比较适合新药研发，因为新药研究周期长、风险高，通过 FTE 模式，不用雇佣人力和购买设备，节省了时间和研发成本 |
| 风险共担、收益共享模式 | 制药企业和外包公司共同研发某种新药，由外包公司进行前期的药物研发，进行到某一阶段，制药公司进行里程碑付费，同时决定该项目是否继续进行，若继续进行，则由外包公司继续推进至临床阶段，直至药物最终上市，上市之后的销售收入由外包公司按照一定比例提成 |

## （二）医疗器械制造业

医疗器械，是指直接或者间接用于人体的仪器、设备、器具、体外诊断试剂及校准物、材料，以及其他类似或者相关的物品，包括所需要的计算机软件；可以分为**医疗设备、医用耗材（高值医用耗材、低值医用耗材）及体外诊断**等领域。

从医疗器械产业链来看，医疗器械产业链主要包括上游器械零组件制造，中游医疗器械研发、制造、销售和服务，以及下游医疗卫生行业和家庭用户三个环节。

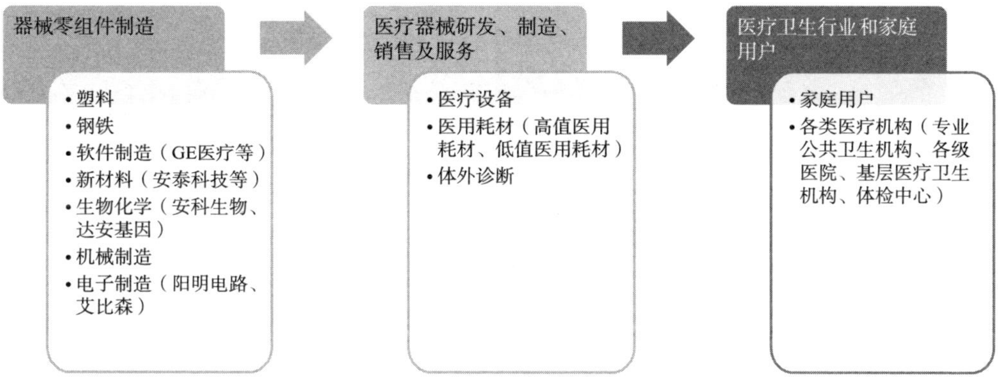


1. 医疗设备

医疗设备是医疗、科研、教学、机构、临床学科工作最基本的要素，是中国医疗器械最大的细分市场，市场份额占比超过一半，指单独或者组合使用于人体的仪器、设备、器具或者其他物品，也包括所需要的软件。根据使用场景不同，医疗设备可以分为医用医疗设备和家用医疗设备。而根据使用功能不同，医用医疗设备又可以分为诊断设备类、治疗设备类和辅助设备类；家用医疗设备则可以分为检测设备类、治疗设备类、康复设备类。

| 分类 | 内涵 |
|---|---|
| 医用医疗设备 | 诊断设备类 |
| | 治疗设备类 |
| | 辅助设备类 |
| 家用医疗设备 | 检测设备类 |
| | 治疗设备类 |
| | 康复设备类 |

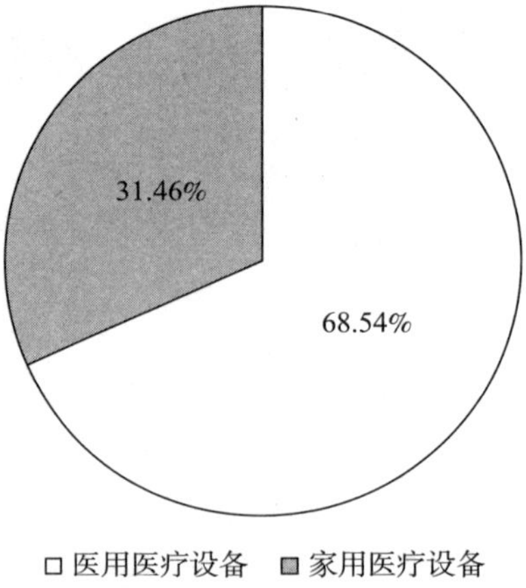


**中国医疗设备市场份额情况**

（1）医用医疗设备

虽然我国国产医疗设备发展飞速，但目前而言，无论是全球还是中国市场，大型高端市场依然是国外大品牌的天下，其中 GE、西门子、飞利浦占据绝大多数的市场份额。

**医用医疗设备品牌情况**

| 分类 | 详细 | 进口品牌 | 国产品牌 |
|---|---|---|---|
| 诊断设备类 | 影像诊断设备 | GE、西门子、飞利浦 | 迈瑞、联影、东软 |
| | 功能检查设备 | GE、光电、飞利浦 | 迈瑞、理邦、埃顿、康泰 |
| | 内窥镜检查设备 | 奥林巴斯、史塞克、STORZ | 上海澳华、沈大光学、迈瑞 |
| | 中医诊断设备 | | 道生、通化海恩达 |
| | 监护设备 | GE、西门子、飞利浦 | 迈瑞、宝莱特、理邦 |
| 治疗设备类 | 病房护理设备 | FAVERO、美国屹龙 | 永辉、康乐园 |
| | 手术设备 | 德尔格、TRUMPF | 迈瑞、华瑞、科凌 |
| | 放射治疗设备 | 医科达、瓦里安、西门子 | 新华、万东、玛西普 |
| | 理化设备 | 伊藓、赛诺龙、Enraf-Nonius B.V. | 威尔德、众恒 |
| | 医用激光治疗设备 | 科医人、飞顿、赛诺秀 | 科英、华工、高科恒大 |

续表

| 分类 | 详细 | 进口品牌 | 国产品牌 |
|---|---|---|---|
| 治疗设备类 | 透析治疗设备 | 贝朗、费森尤斯、百特金宝 | 威高、山外山、迈凌 |
| | 麻醉设备 | 德尔格、欧美达、海伦 | 迈瑞、航天长峰、谊安 |
| | 中医治疗设备 | | 通化海恩达、大力神、今健 |
| | 康复设备 | 飞利浦、欧姆龙 | 江苏钱璟、鱼跃、诚益通 |
| 辅助设备类 | 消毒灭菌设备、制冷设备、中心吸引及供氧系统、空调设备、制药机械设备、血库设备、医用数据处理设备、医用录像摄影设备等 | 樱花、贝力曼、洁净 | 新华、白象、江汉、鱼跃 |

（2）家用医疗设备

家用医疗设备，其主要特征是操作简单、体积小巧、携带方便。随着我国消费水平升级，以及老龄化程度加深，家庭健康管理成为市场越来越关注的领域。近年来，家用血压计、血糖仪、小型按摩器销售非常火爆，家用医疗设备发展潜力巨大。以前，受限于技术水平，家用医疗设备市场一直由欧美日进口企业主导，大家熟知的国外品牌有欧姆龙、罗氏、强生、飞利浦、博雅、西铁城等。随着家用医疗设备市场规模不断扩大，国内对于这块大蛋糕虎视眈眈的企业越来越多。多家龙头企业纷纷发力这一领域，产品得到迅速扩张，知名品牌有鱼跃、三诺、九安、乐心等。

| 分类 | 详细 | 进口品牌 | 国产品牌 |
|---|---|---|---|
| 检测设备类 | 电子血压计、血糖仪、电子体温计、指尖血氧仪、电子秤、脂肪测量仪等 | 欧姆龙、罗氏、强生、博雅、西铁城 | 鱼跃、三诺、九安、乐心 |
| 治疗设备类 | 远红外线治疗仪、磁疗仪、理疗仪、中频治疗仪等 | 欧姆龙、飞利浦、松下 | 鱼跃、九安、紫薇星 |

续表

| 分类 | 详细 | 进口品牌 | 国产品牌 |
| --- | --- | --- | --- |
| 康复设备类 | 家用制氧机、家用呼吸机、雾化器、按摩仪、颈椎腰椎牵引器、视力治疗仪、助听器、睡眠治疗仪等 | 欧姆龙、飞利浦、西门子 | 鱼跃、海尔 |

2. 医用耗材

（1）高值医用耗材

**高值医用耗材**：无明确的界定，一般是指对安全非常重要、生产使用必须严格控制、限于某些专科使用且价格相对较高的消耗性医疗器械。高值医用耗材主要是相对低值耗材而言的，包括心脏介入、外周血管介入、人工关节、其他脏器介入替代等医用材料。

| 高值耗材市场 | 代表产品 | 国内代表性企业 |
| --- | --- | --- |
| 骨科植入类 | 人工关节，固定板（钉、针、架、棒、钩），人工骨、修补材料等 | 威高、微创、凯利泰、春立、爱康、大博 |
| 血管介入类 | 导管、导丝、球囊、支架及辅助材料 | 微创、康德莱、乐普、心脉医疗 |
| 神经外科 | 颅内植入物、填充物等 | 微创、赛诺医疗、万特福 |
| 口腔科材料 | 种植、颌面修复、充填、根管治疗、义齿、正畸、矫治等材料 | 正海、威高、通策义齿 |
| 电生理、起搏器类 | 消融导管、起搏导管、心脏除颤器、起搏导线等 | 微创、乐普、华医圣杰 |
| 体外循环血液净化 | 透析管路、干粉、分离器等 | 健帆生物、驼人血滤 |
| 眼科材料 | 人工晶状体、角膜、塑形镜、眼内填充物等 | 冠昊生物、欧普康视 |
| 非血管介入类 | 导管、导丝、球囊、支架、内窥镜涉及的材料 | 微创、乐普、康德莱 |
| 其他 | 人工瓣膜、人工补片、人工血管、高分子材料等 | 启明、冠昊、微创 |

（2）低值医用耗材

**低值医用耗材**：是指医院在开展医疗服务过程中经常使用的一次性卫生材料，包括一次性注射器、输液器、输血器、采血管、医用敷料、引流袋、引流管、留置针、医用手套、手术缝线等。

| 低值耗材细分市场 | 代表产品 | 国内代表性企业 |
|---|---|---|
| 医用卫材及敷料类 | 纱布、绷带、敷贴、海绵、防护服、手术衣等 | 振德医疗、奥美医疗、稳健医疗 |
| 注射穿刺类 | 输液针、滞留针、一次性注射器、注射针、输液器、采血针等 | 普华和顺、江西 3L、康德莱、三鑫医疗 |
| 医用高分子材料类 | 血液分离耗材、滤网、连接管路、空气过滤膜、血液过滤器、引流管、尿管、肠道插管、手套、集尿袋等 | 蓝帆医疗、江西 3L、威高股份 |
| 医用消毒类 | 医用酒精、医用消毒液、消毒剂、消毒包装袋、指示卡、指示胶带等 | 欧洁、利尔康 |
| 麻醉耗材类 | 麻醉包、输液泵喉罩、麻醉面罩、通气管、动脉插管、气管插管、导管、麻醉穿刺针、检测电极片等 | 维力医疗、新乡驼人、浙江苏嘉 |
| 手术室耗材类 | 一次性手术器、灌注器、缝合线、电凝镊、手术刀、医用备皮刀、医用胶、点击、穿刺器、吸引头等 | 新华医疗、威高股份 |
| 医技耗材类 | B 超打印纸、耦合剂、脑电图纸、心电图纸、监护仪纸、医用 X 光胶片、医用 CT (MR) 胶片、激光胶片等 | 爱克发、富明威 |

3. 体外诊断

体外诊断（IVD，In Vitro Diagnosis），从广义上讲，是指在人体之外，通过对人体样本（各种体液、细胞、组织样本等）进行检测而获取临床诊断信息，进而判断疾病或机体功能的产品和服务。从狭义上讲，体外诊断产业主要指体外诊断相关产品，体外诊断产品主要由诊断设备（仪器）和诊断试剂构成。

体外诊断按检验原理和方法的不同，**可以分为生化诊断、免疫诊断、分子诊断、微生物诊断、血液诊断、POCT（即时诊断）等多个细分领域**，其中生化诊断、免疫诊断、分子诊断是目前体外诊断主要的三大领域，在全球市场占据体外诊断市场份额的 50% 以上，而在我国，则占据了 70% 以上的市场份额。

**体外诊断细分产品品牌情况**

| 市场 | 进口品牌 | 国产品牌 |
| --- | --- | --- |
| 生化诊断 | 罗氏、雅培、丹纳赫、西门子 | 迈瑞、科华、迪瑞、九强 |
| 免疫诊断 | 罗氏、雅培、丹纳赫、西门子 | 新产业、安图、迈克、科美 |
| 分子诊断 | 罗氏、雅培、BD、诺华、Illumina | 达安、凯普、复星、华大基因 |
| POCT | Alere、罗氏、雅培、拜耳 | 三诺、万孚、乐普、基蛋 |

（1）体外诊断设备

体外诊断设备分为血液学分析设备、生化分析设备、电解质及血气分析设备、免疫分析设备、分子生物学分析设备、微生物分析设备、扫描图像分析系统、放射性核素标本测定装置、尿液及其他体液分析设备、形态学分析前样本处理设备、样本分离设备、培养与孵育设备、临床医学检验辅助设备、医用生物防护设备、其他医用分析设备等。

| 分类 | 产品 |
| --- | --- |
| 血液学分析设备 | 血型分析仪器、血细胞分析仪器、血细胞形态分析仪器、凝血分析仪器、血小板分析仪器、血流变分析仪器、红细胞沉降仪器、流式细胞分析仪器等 |
| 生化分析设备 | 生化分析仪器、血糖及血糖相关参数分析仪器等 |
| 电解质及血气分析设备 | 电解质分析仪器、血气分析仪器、电解质血气分析仪器、电解质血气检测电极等 |
| 免疫分析设备 | 酶联免疫分析仪器、化学发光免疫分析仪器、荧光免疫分析仪器、免疫层析分析仪器、免疫印迹仪器、免疫散射浊度分析仪器、免疫分析一体机、间接免疫荧光分析仪器、生化免疫分析仪器等 |
| 分子生物学分析设备 | 基因测序仪器、sanger 测序仪器、核酸扩增分析仪器、核酸扩增仪器、核酸分子杂交仪器等 |
| 微生物分析设备 | 微生物比浊仪器、微生物培养监测仪器、微生物药敏培养监测仪器、微生物鉴定仪器（非质谱）、微生物质谱鉴定仪器、微生物鉴定药敏分析仪器、细菌内毒素 / 真菌葡聚糖检测仪器、幽门螺旋杆菌分析仪器等 |
| 扫描图像分析系统 | 医用显微镜、图像扫描仪器、图像分析仪器等 |

续表

| 分类 | 产品 |
|---|---|
| 放射性核素标本测定装置 | 放射免疫 Y 计数器、液体闪烁计数器、放射性层析扫描装置等 |
| 尿液及其他体液分析设备 | 干化学尿液分析仪器、尿液有形成分分析仪器、尿液分析系统、粪便分析仪器、精子分析仪器、生殖道分泌物分析仪器、其他体液分析仪器、其他体液形态学分析仪器等 |
| 形态学分析前样本处理设备 | 血细胞分析前样本处理仪器、病理分析前样本处理仪器、流式细胞术样本裂解仪等 |
| 样本分离设备 | 医用离心机、核酸提取纯化仪等 |
| 培养与孵育设备 | 医用培养 / 恒温箱、厌氧培养系统、孵育器、血小板振荡器等 |
| 临床医学检验辅助设备 | 自动加样系统、样本处理系统等 |
| 医用生物防护设备 | 生物安全柜、洁净工作台等 |
| 其他医用分析设备 | 流式点阵仪器、微量元素分析仪器、质谱检测系统、液相色谱分析仪器、色谱柱、渗透压测定仪器、循环肿瘤细胞分析仪器、生物芯片分析仪器、电泳仪器等 |

（2）体外诊断试剂

在我国，大多数体外诊断试剂是按照医疗器械管理的，根据产品风险程度由低到高，**体外诊断试剂分为第一类、第二类、第三类产品**。也有部分体外诊断试剂是按照药品管理的，按照药品管理的主要是用于血源筛查的体外诊断试剂和采用放射性核素标记的体外诊断试剂。

按照搭配试剂的方式，体外诊断设备可以分为开放式系统和封闭式系统。开放式系统即诊断仪器可以搭配多家厂商的试剂使用，封闭式系统则是同一厂家的仪器和试剂必须配套使用。目前，我国市场上，除化学发光、基因芯片、基因测序等领域体外诊断设备是封闭式的外，其他领域体外诊断设备一般都是开放式的。

| 分类 | 产品 |
|---|---|
| 第一类 | 1. 微生物培养基（不用于微生物鉴别和药敏试验）<br>2. 样本处理用产品，如溶血剂、稀释液、染色液等 |

续表

| 分类 | 产品 |
| --- | --- |
| 第二类 | 1. 用于蛋白质检测的试剂<br>2. 用于糖类检测的试剂<br>3. 用于激素检测的试剂<br>4. 用于酶类检测的试剂<br>5. 用于酯类检测的试剂<br>6. 用于维生素检测的试剂<br>7. 用于无机离子检测的试剂<br>8. 用于药物及药物代谢物检测的试剂<br>9. 用于自身抗体检测的试剂<br>10. 用于微生物鉴别或者药敏试验的试剂<br>11. 用于其他生理、生化或者免疫功能指标检测的试剂 |
| 第三类 | 1. 与致病性病原体抗原、抗体及核酸等检测相关的试剂<br>2. 与血型、组织配型相关的试剂<br>3. 与人类基因检测相关的试剂<br>4. 与遗传性疾病相关的试剂<br>5. 与麻醉药品、精神药品、医疗用毒性药品检测相关的试剂<br>6. 与治疗药物作用靶点检测相关的试剂<br>7. 与肿瘤标志物检测相关的试剂<br>8. 与变态反应（过敏原）相关的试剂 |
| 药品管理 | 1. 用于血源筛查的体外诊断试剂<br>2. 采用放射性核素标记的体外诊断试剂 |

# 现状及趋势

## （一）总体发展情况

1. 国际产业情况

生物医药产业——主要集中分布在美国、欧盟、日本等发达国家，其中美国药品在全球市场占主导地位，占有世界近 6 成生物药专利，全球市场 90% 的生物药品来自美国公司。巴西、中国和印度等新兴国家经济体发展迅速。

医疗器械产业——高端市场仍被跨国公司占据，其中美国占据全球医疗器械行业最大市场份额，其次为欧洲，中国的市场规模还远不及发达国家，有较大发展空间。

2. 国内产业情况

我国生物医药产业主要集聚在经济发达区域，**北京、上海和深圳**三个城市集聚头部企业数量最多。

➢ 以北京为核心的京津冀产业带拥有人才和科技支撑优势，丰富的临床资源和良好的制药产业基础。

➢ 以上海、杭州、苏州为核心的长三角产业带拥有最多的跨国药企，在研发与外包服务、融资与国际化方面优势突出。

➢ 泰州、南京、连云港等城市产业活跃度高，产业生态环境较为完善。

➢ 以广州、深圳、东莞为核心的珠三角产业带在生物服务、生物技术及医疗器械等产业优势突出，创新力强。

➢ 西部成渝经济圈在生物医学工程领域创新活跃，成都高新区内从靶点筛选、药物发现到安全性评价、有效性评价，再到临床试验、中试放大等研发环节都建有或规划建设服务平台，同时成立了聚集四川省 40 余家三甲医院临床资源的 GCP 联盟，为药物研发提供更高的临床试验支撑。

| 发展趋势 | |
|---|---|
| 药物方面 | 尽管化学药目前占据主流地位，但是生物技术药物快速发展。抗体药物、重组蛋白药物、溶瘤病毒治疗、基因治疗、免疫治疗等新兴生物技术药物和疗法提高了疾病治疗的精准性，在肿瘤、自身免疫性疾病、感染性疾病等疾病的治疗中发挥了重要作用。基于精准药物靶点研制的靶向药结合伴随诊断试剂，提高了临床用药的精准性。干细胞、类器官、抗衰老等再生医学研究，标志着人类医学从疾病治疗到健康保障的根本转变 |
| 医疗器械方面 | 生物医药技术与人工智能、大数据、云计算等 IT 技术相融合，产生了智能化的医疗技术。AI 辅助阅片、精准放疗、分子影像、全实验室自动化系统、高通量组学分析、可穿戴设备、智能化体内植入机器人、3D 打印个性化器械、大数据辅助诊断等成为医疗器械新产品新技术的发展方向。体外诊断方面，免疫诊断规模最大，其中化学发光是主要增长点，目前正在快速进行国产替代进口；生化诊断试剂国产占有率最高；分子诊断市场仍以进口产品为主，国产主要集中在 PCR 产品。此外，POCT 也是未来发展重点 |
| 总体集聚发展 | 目前，全球生物医药产业呈现集聚发展态势，主要集中分布在美国、欧洲、日本、印度、新加坡、中国等国家和地区，其中美国、欧洲、日本等发达国家和地区占据主导地位。我国生物医药产业集聚化发展趋势日益明显，已形成以长三角、环渤海为核心，珠三角、东南沿海地区快速发展的产业空间格局；国内生物医药产业自主研发和进口替代成为重要的发展路径，集采等新医改政策倒逼药企不断提高创新能力，以规范化、集约化为前提的产业整合趋势正在加快，国家中西医并重方针的全面落实为中医药带来黄金发展期 |

## （二）医药制造业

2013-2020 年，我国医药制造业工业增加值呈现逐年增长的态势，且增长率水平均高于同期全国工业增加值增长率水平。2020 年，我国医药制造业工业增加值增速实现 5.9%，受新冠疫情影响，增速较 2019 年略有下滑，但仍较同期全国工业增加值增长率水平（2.8%）高出 3.1 个百分点。**可见我国医药制造业良好的发展态势。**

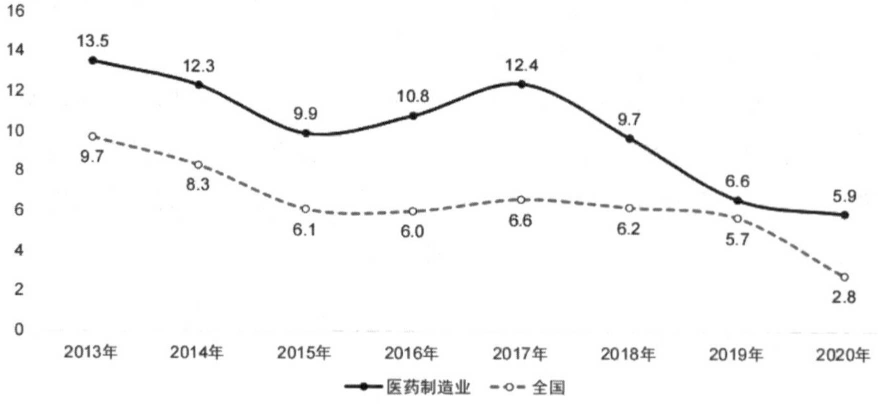


2013-2020 年中国医药制造业工业增加值增长率变化情况（单位 %）

据国家统计局披露，2013-2020 年中国医药制造业规模以上企业数量呈现波动变化的趋势。2020 年，中国医药制造业规模以上企业数量达到 7665 家，较 2019 年增长约 3.83%。

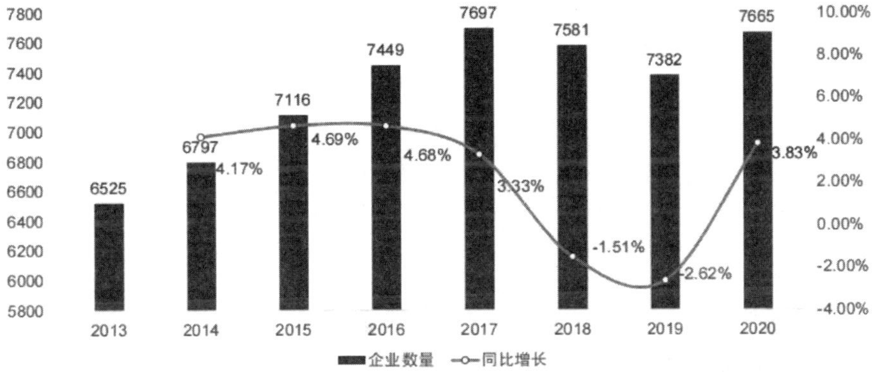


据统计，2021-2026 年有接近 2520 亿美元销售额的原研药品专利到期，中国制药企业将迎来巨大的发展机遇。与此同时，发改委拟放开基本药价，药价管理模式也将迎来变革。初步估计，2021-2026 年，医药制造业营业收入将不断增长，到 2026 年中国规模以上医药制造企业营业收入或将达到 3.17 万亿元左右。

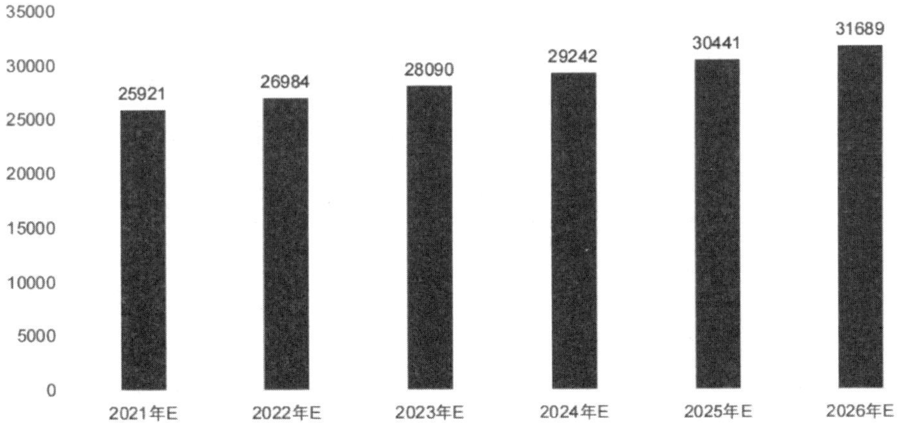


2021-2026 年我国规模以上医药制造企业营业收入预测（单位：亿元）

**技术突破将推动新一轮产业变革**

- 中国生物医药行业自主创新能力不足，制约技术产业化进程，提高中国生物医药行业的国际竞争力，加强技术研发，提升行业自主创新能力是行业未来发展的关键
- 近年来，许多药企在创新药上加大投入，研发占比不断提高，在国际领先的单抗、双抗和PD-1等领域均有所突破

**国内药企竞争加剧，头部药企竞争逐步向全球渗透**

- 随着医药生物头部阵营企业数量越来越多，头部企业在技术、市场及人才方面的竞争也将更加激烈。头部药企等厂商在发展过程中，其研发实力、产品性能也不断提升，逐步建立了参与全球竞争的实力。近10年，国内仿制药、改良新药、创新药三类药品生产商纷纷向海外市场拓展
- 未来，在欧美等海外医药医疗市场发展前景的吸引下，以头部药企为引领的国内生物医药企业将加速向海外市场拓展，并通过多元竞争模式加入全球药企竞争的阵营

**融资渠道拓宽，资本助力行业持续发展**

- 从2007到2019年，国内生物医药投资事件次数和投资金额持续增长，其中2007年到2013年小幅增长，2013年以后加速增长。截至2019年，国内生物医药行业累计投资事件723笔，涉及总投资金额1416.31亿元，平均单笔交易规模约为1.96亿元
- 2015年开始，国家级部门发布一系列的医药研发相关政策，政策红利背景下，国内生物医药行业不论是投资笔数还是投资金额都开始大幅增加，2015-2019年，生物医药行业的投资笔数年均复合增长率达20.36%、投资金额年均复合增长率达到58.29%

## （三）医疗器械制造业

随着国家对医疗行业发展的愈发重视，鼓励创新和加速审批等利好政策不断出台，人们医疗卫生支出增加和健康意识增强，将驱动医疗器械市场的进一步发展。

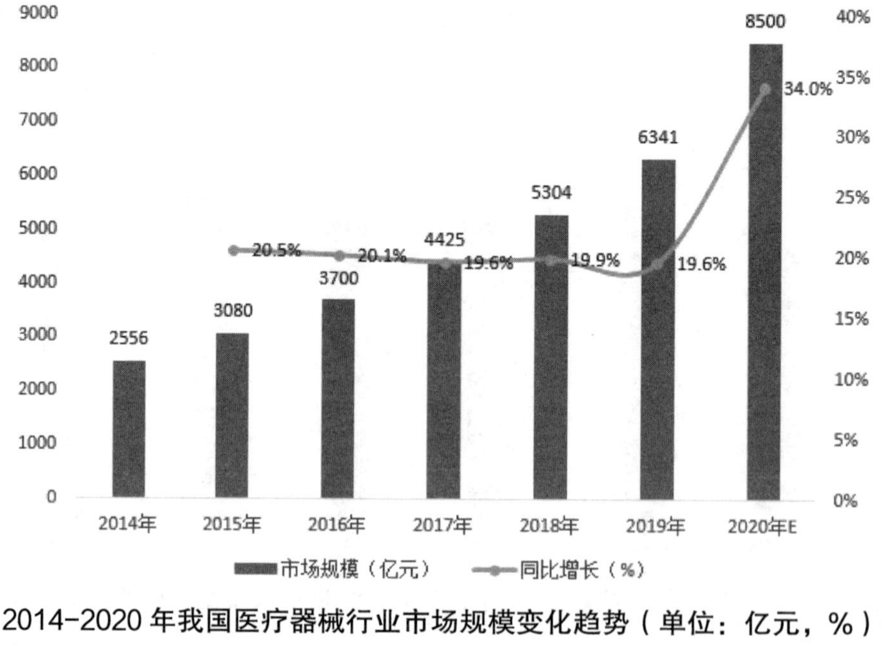


2014-2020 年我国医疗器械行业市场规模变化趋势（单位：亿元，%）

近年来，我国医疗器械行业生产企业数量不断增长，截至 2020 年年底，我国医疗器械生产企业数量达 25440 家，同比增长近 40%。其中，可生产Ⅰ类产品企业 15924 家，可生产Ⅱ类产品企业 13813 家，可生产Ⅲ类产品企业 2202 家。

| | 区别 | 种类 | 生产企业数量 |
|---|---|---|---|
| I 类医疗器械 | ➢ 风险较低、便于控制<br>➢ 常规管理为主 | 纱布、针头等 | 15924 家 |
| II 类医疗器械 | ➢ 技术成熟<br>➢ 安全性、有效性必须加以控制 | X 线拍片机、B 超、显微镜、生化仪等 | 13813 家 |
| III 类医疗器械 | ➢ 植入人体器械，或用于生命支持、安全要求高<br>➢ 需严格控制 | 心脏起搏器、麻醉机、呼吸机 | 2202 家 |

从区域分布来看，截至 2020 年年底，广东省共有医疗器械生产企业 4553 家，占据了全国各省市自治区最高的市场份额 (17.9%)，江苏省 (11.9%)、山东省 (9.9%)、浙江省 (8.2%) 紧随其后，在这几个医疗器械生产大省，已经逐渐形成了产业集聚优势。

从细分市场来看，**医疗设备仍占据我国医疗器械市场的大量市场份额** (57%)，其次则是以血管介入市场 (8%) 和骨科植入市场 (5%) 为代表的**高值医用耗材市场** (20%)，低值医用耗材市场规模和体外诊断市场规模分别占我国医疗设备市场规模的 12% 和 11%。

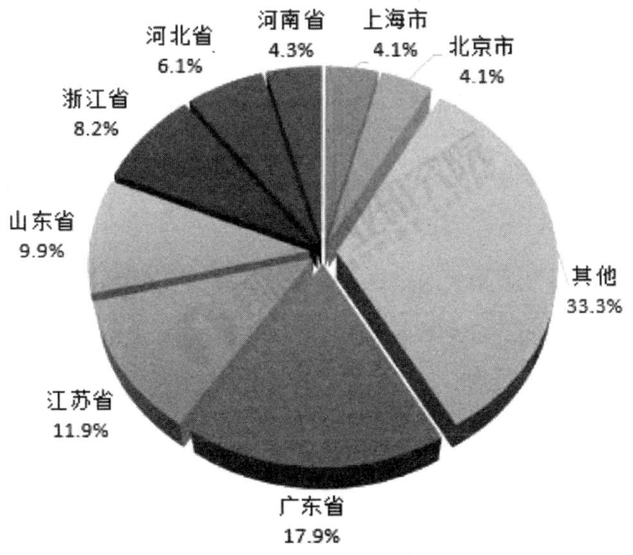


我国医疗器械生产企业区域分布格局（截至 2020 年年底）

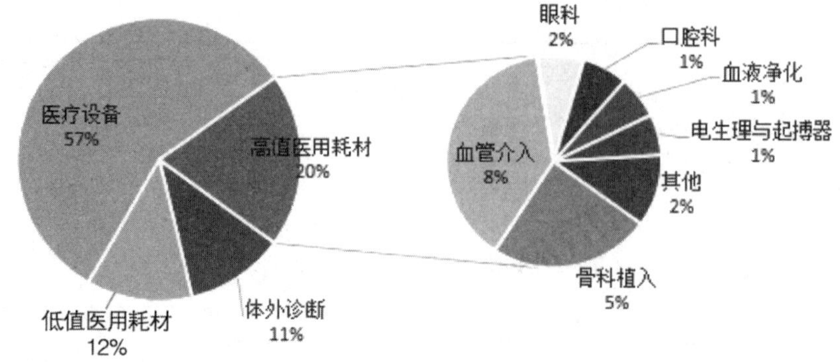


**我国医疗器械市场各类产品市场份额（截至 2019 年年底）**

我国的医疗器械行业目前尚未改变中小企业林立的局面，一直以来，中国医疗器械高端市场几乎被进口品牌垄断，而出口产品比例较高的国产品牌多处于中低端市场。但在医疗器械市场规模迅速增长、高端医疗设备国产化替代形势严峻的情况下，行业中涌现出一批优秀的企业，以迈瑞生物、宏达高科、万东医疗等领先企业为代表，它们在高端医疗器械的研发方面投入了大量的人力物力，在向创造高附加值发展的同时逐渐奠定了自身在中国医疗器械行业的地位，**我国医疗器械产业发展将由过去重数量和产量逐步向重质量和品牌转变。**

**细分产业发展趋势**

| | | | |
|---|---|---|---|
| 医疗设备 | 新技术助推医疗设备加速发展 | 医疗设备＋人工智能 | 目前，人工智能在医疗健康领域中的应用已经非常广泛，从应用场景来看，主要分为语音识别、医学影像、药物挖掘、营养学、生物技术、急救室管理、医院管理、健康管理、精神健康、可穿戴设备、风险管理和病理学共 12 个领域。而每个领域的核心则是医疗设备＋人工智能，其中又以可穿戴设备和医学影像设备最受市场青睐，随着技术的不断发展和人才压力的缓解，人工智能在这些医疗设备领域必定会取得巨大的突破性进展 |

续表

<table>
<tr><td rowspan="2">医疗设备</td><td>新技术助推医疗设备加速发展</td><td>医疗设备＋机器人</td><td>近年来，随着我国医疗领域机器人应用的逐渐认可和各诊疗阶段应用的普及，医用机器人尤其是手术机器人，已经成为机器人领域的“高需求产品”。在政策利好、老龄化加剧、消费群体增加和产业化发展提速等综合因素的影响下，中国医疗机器人市场正处于高速成长阶段</td></tr>
<tr><td>家用医疗设备市场将迎来爆发式增长</td><td colspan="2">随着改革开放的深入和经济的不断发展，生活水平和生活质量的提高使人们的健康意识越来越强。而随着城市人口的增长和生活节奏的加快，处于亚健康状态的人群在不断增加。与此同时，人口老龄化进程加快，老年人常见病、慢性病的日常护理和治疗主要以社区和家庭为主，并且越来越多的病人群体也需要在出院后使用各种家用医疗设备进行持续性治疗，这一切都给家用医疗设备领域带来了巨大的商机</td></tr>
<tr><td rowspan="2">医用耗材</td><td>高值耗材</td><td colspan="2">高值耗材进口替代加速，我国医用高值耗材行业国产化的进程已经开启，小部分细分领域如骨科创伤、心脏支架和心脏瓣膜等领域已经大部分实现了进口替代。高值耗材行业整合加速。未来小规模和研发能力较差的企业将逐步被重组，从而提高我国高值耗材流通行业的集中度、生态型企业更能获得长期竞争优势、跨界新技术重塑商业模式大数据、VR 仿真模拟、3D 打印、互联网＋、人工智能和精准医疗等技术发展方兴未艾，这些跨界技术将对高值耗材行业的产品创新和销售模式形成冲击</td></tr>
<tr><td>低值耗材</td><td colspan="2">国内市场重视程度不断提高、行业集中度加快、多元化发展成为主流——低值医用耗材行业门槛较低，市场竞争激烈，要想在众多企业中脱颖而出，行业大佬们的思路如出一辙，除了加强新材料、产品和生产工艺的创新研究，还加强了产业链布局，越来越多的企业选择多元化经营方式</td></tr>
<tr><td rowspan="2">体外诊断</td><td>体外诊断市场保持快速增长</td><td colspan="2">在中国，随着改革开放的深入，生活水平不断提高，人们对健康的需求也与日俱增，体外诊断作为疾病诊断的重要手段也获得飞速发展，近几年国家大力推进医疗制度改革，取消药品和耗材加成，医保控费，控制耗占比、药占比等一系列医院改革政策不断出台，而医院作为一个经济体，为弥补其药品、耗材收入下降的损失，已经将更多注意力投向医疗服务或诊断科室方面，医疗服务及体外诊断将在此消彼长中得到快速发展。化学发光、基因测序、POCT 是未来行业三大重点方向</td></tr>
<tr><td>国产企业得“产业链”者得天下</td><td colspan="2">一直以来，上游原材料、中游高端诊断市场和下游大型医院市场都是国外巨头主导，国产化程度低，尤其是在上游原材料上受制于人，导致国产企业突破困难重重，只能在中低端市场中参与激烈竞争，即使在某个环节取得进展，也不能很好的转化成整体优势，国产替代进展缓慢。近几年来，这一局面逐渐开始好转，随着国家鼓励创新和进口替代政策不断出台，国产领先企业纷纷加强产业链布局和研发投入，在上中下游都取得了不错的进展，并在多个领域达到了全球领先水平，与国外巨头分庭抗礼。因此，专业化与规模化就成了国产企业突围的最佳选择，借鉴国外市场的发展经验，未来也必将是拥有“产业链”的企业赢得市场</td></tr>
</table>

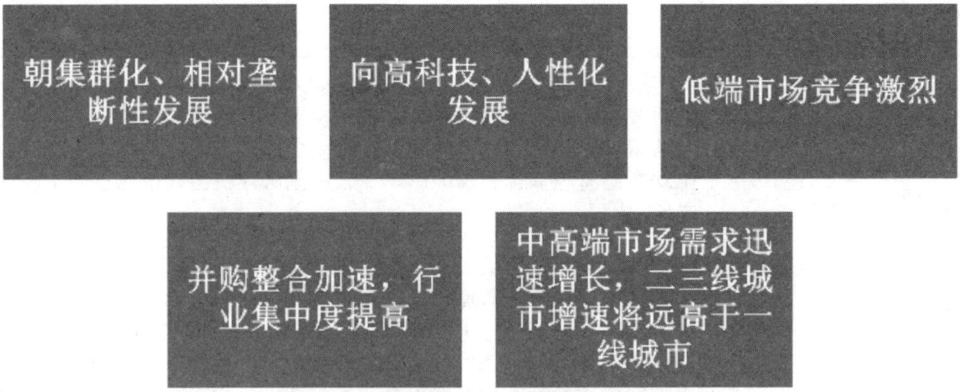


**我国医疗器械产业总体发展趋势**

结合行业的政策环境、发展现状、需求情况和竞争格局等因素来看，我国医疗行业仍处在高速增长期，由于基层医疗机构医疗器械较低的配备水平，以及较低的人均医疗器械费用，**使得我国医疗器械行业有着巨大的增长潜力**。我国医疗器械行业的发展前景较好，未来将继续向**集群化、高科技及人性化的**方向发展。

# 生物医药行业发展小结

生物医药产业主要包含医药制造和医疗器械制造两大产业，虽然以往被美国等跨国企业占据了大部分市场份额，但国内企业也正在崛起，目前正朝着**精准化、智能化**等方向发展，跨学科、跨领域的技术交叉孕育着前沿性、颠覆性的新技术。

## （一）定义及类型

新能源汽车，是指：

➢ **采用非常规的车用燃料（指除了汽油、柴油、天然气、液化石油气、乙醇汽油、甲醇、二甲醇之外的燃料）。**

➢ **或者采用常规的车用燃料但是使用新型车载动力装置，具有新技术、新结构的汽车。**

➢ 市场上主流类型分为纯电动汽车（BEV）、插电混动力汽车（PHEV）、燃料电池汽车（FCEV）三种，增程式电动汽车（REEV）也有车企正在进行尝试，其中，纯电动汽车是目前研发和推广的主流，占据绝对主导地位。

➢ 按照车型，新能源汽车可分为乘用车、商用车和专用车，其中新能源乘用车是新能源汽车市场的主流车型。

➢ 油电混动力车（HEV）虽然也有一定的销量，但是 2018 年后已经取消了对其的补贴，现在官方统计新能源汽车销量未将其纳入，故此报告中对油电混动力汽车仅做介绍，不做详细讨论。

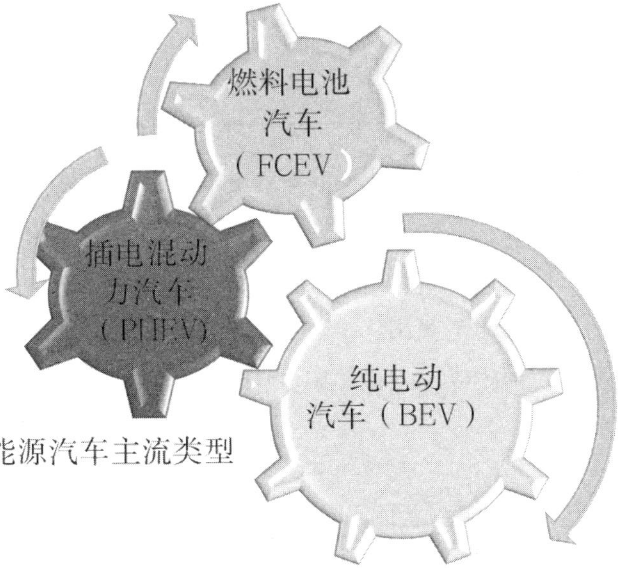

新能源汽车主流类型

| 类型 | 特点 | 优势 | 劣势 | 代表车型 |
|---|---|---|---|---|
| 纯电动车 BEV（Battery Electric Vehicle） | 只依靠动力电池和驱动电机来给车辆提供动力以供行驶，主要由底盘、车身、动力电池、驱动电机、电气设备等辅助系统组成 | 零排放，基本无污染、无噪声，节能，价格相对较低 | 续航能力差，相比同档次的燃油车价格贵，充电时间长 | 特斯拉 |
| 插电混合动力车 PHEV（Plug in Hybrid Electric Vehicle） | 以内燃机为主，电动机辅助驱动模式来运转，而且插电混合动力汽车的电池容量相比油混的大，可以外部充电，所以它能在纯电模式下行驶 | 节能环保污染小，可以进行外部充电，与油混相比电池容量较大，可以单独作为一台纯电动汽车来用。与纯电动汽车相比，因为多了一套动力系统，续航能力更强 | 成本相对较高、与纯电动汽车一样需要安装充电桩 | 宝马五系插混 |
| 燃料电池车 FCEV （Fuel Cell Electric Vehicle） | 以氢气、甲醇为燃料，通过化学反应产生电流，依靠电机驱动的汽车，其电池的能量是通过氢气和氧气的化学作用，直接变成电能的 | 零排放，提高了发动机的燃烧效率，运行平稳，无噪声 | 生产成本比BEV高很多；加氢站比充电桩的建设成本高，推广较难；氢气的储存和运输也存在较大困难 | 丰田 Mirai |
| 增程式电动车 REEV （Range Extend Electric Vehicle） | 所谓增程，就是通过在纯电动企车的基础上增加一台发电机（增程器）为电机供电，增加纯电动车的续航里程 | 相比纯电动汽车，可以增加续航里程，降低纯内燃机行驶的油耗 | 成本较高 | 宝马 i3 增强版 |

油电混合车（HEV，Hybrid Electric Vehicle），即在原传统汽车发动机驱动系统不变的条件下加装一套电动驱动系统，进行混合驱动。与传统汽车相比，由于内燃机总是在最佳工况的时候工作，所以油耗非常低。而且不需要充电，只要加满油，就能一边当电动车使用，一边当传统车使用，电池组小使成本低于纯电动汽车，两套系统相辅相成、配合使用。代表车型，丰田普锐斯。

## （二）产业链概述

传统的汽车行业，上游行业主要是钢材、金属等原材料，中游是汽车零部件、内饰件等，下游行业主要是整车制造、装配行业、汽车销售和维修等服务。

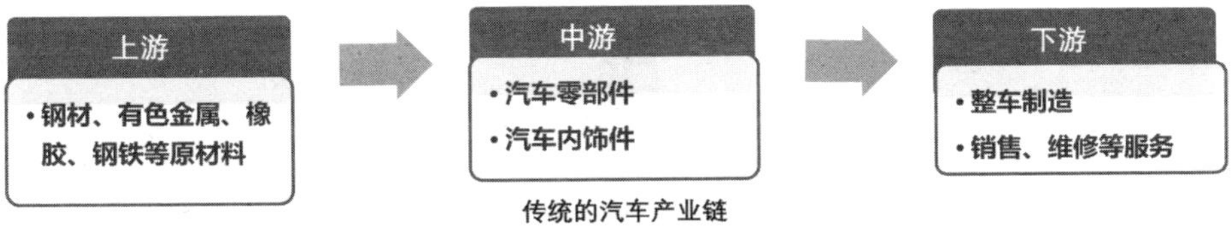


传统的汽车产业链

新能源汽车产业，是制造业为主、服务业为辅，二者相互配合、彼此促进的新兴产业。

与传统汽车产业链相比，新能源汽车产业主要是上游**增加了**电池所需的**矿产资源**，中游增加了电池、**电机和电控系统**，下游主要增加了**充电设施和电池回收**等产业。

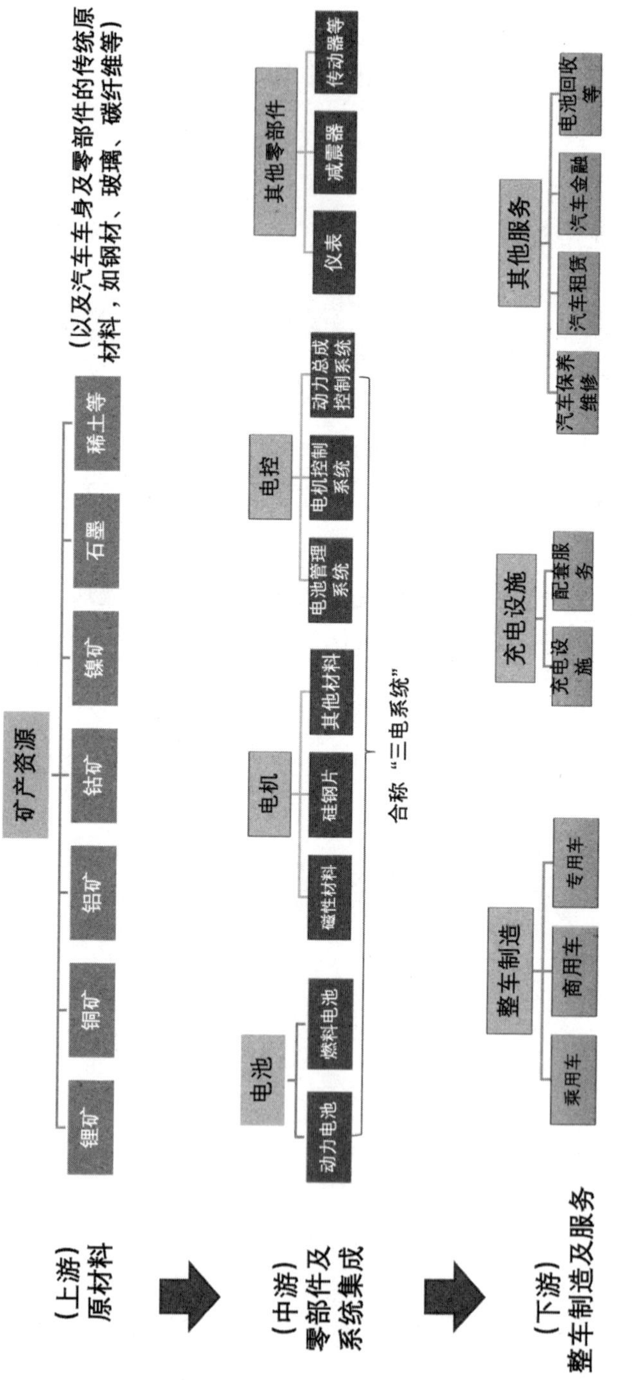
（上游）原材料
矿产资源
锂矿
铜矿
铝矿
钴矿
镍矿
石墨
稀土等
（以及汽车车身及零部件的传统原材料，如钢材、玻璃、碳纤维等）
（中游）零部件及系统集成
电池
动力电池
燃料电池
电机
磁性材料
硅钢片
其他材料
电控
电池管理系统
电机控制系统
动力总成控制系统
合称“三电系统”
其他零部件
仪表
减震器
传动器等
（下游）整车制造及服务
整车制造
乘用车
商用车
专用车
充电设施
充电设施
配套服务
其他服务
汽车保养维修
汽车租赁
汽车金融
电池回收等

新能源汽车产业链图

1. 上游

➢ 上游原材料资源属性较重，产品价格伴随供需结构变化具有较强的周期性，很多重要的原材料依赖进口。［全球钴矿资源接近 50% 来源于刚果（金），我国消费全球超 40% 的锂矿，70% 需进口；锂作为动力电池中最主要的成分，对电池的成本起决定性作用，我国供应主要依赖进口国外资源，供求关系出现结构性紧张。］

➢ 典型企业有中信国安、西藏矿业、贵研铂业、包钢稀土、厦门钨业等。

在钨系列产品市场占有率位居世界第一的基础上，厦门钨业积极发展包括贮氢、锂电正极材料等在内的能源新材料产业。从 2002 年起，公司陆续投入重金建立了贮氢合金粉、钴酸锂、锰酸锂、三元材料及磷酸铁锂等生产线，公司于 2016 年 12 月 20 日将新能源材料业务从厦门钨业母公司分立，设立全资子公司——厦门厦钨新能源材料有限公司。

**（汽车车身及零部件的原材料如钢材、玻璃、碳纤维等，在本报告中不做过多展开）**

2. 中游

➢ **新能源汽车的核心部件，是电池、电机、电控，合称“三电系统”，**占到成本的 50%。

➢ 其中**电池、电机和电控**的成本占比分别达到 38%、6.5% 和 5.5%。

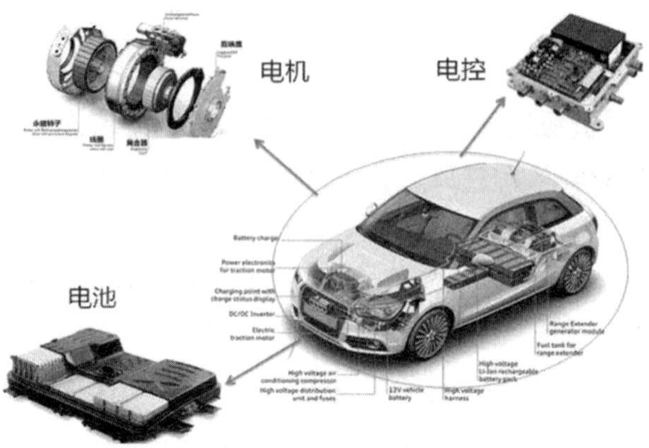


➢ **在三电系统以外，底盘占比 14%，车身占比 5%，内饰占比 15%，电子电器占比 9%，其他零部件占比 7% 左右。**

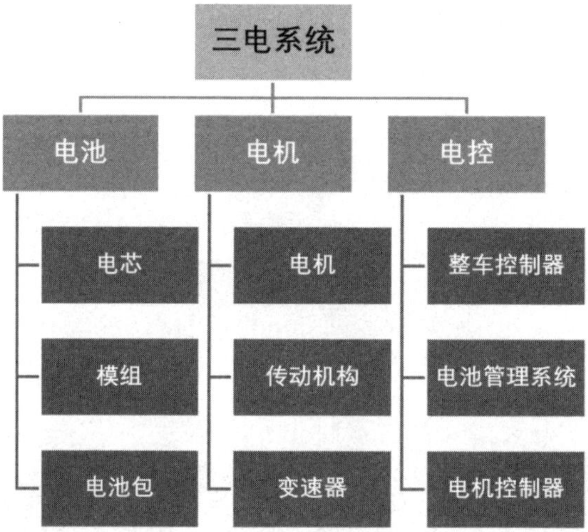


**（1）锂电池**

电池作为新能源汽车最核心部件（占成本约 40%），其技术发展水平一直备受行业关注。目前，锂电池技术已经深受行业认可。从锂离子动力电池的发展历史来看，**能量密度更高、更安全、成本更低始终是发展锂电池的核心目标**，这也对锂电池四大原材料正极、负极、隔膜、电解液的工艺和材料技术提出了更高的要求。

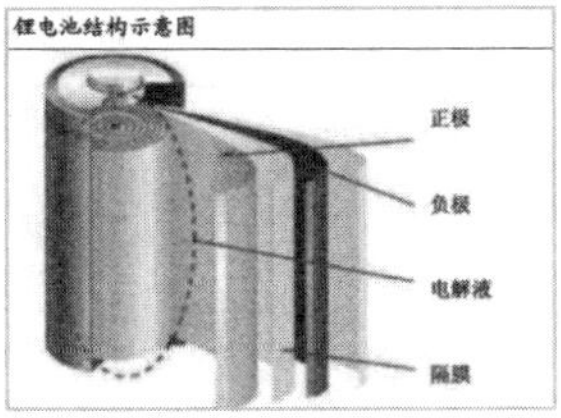


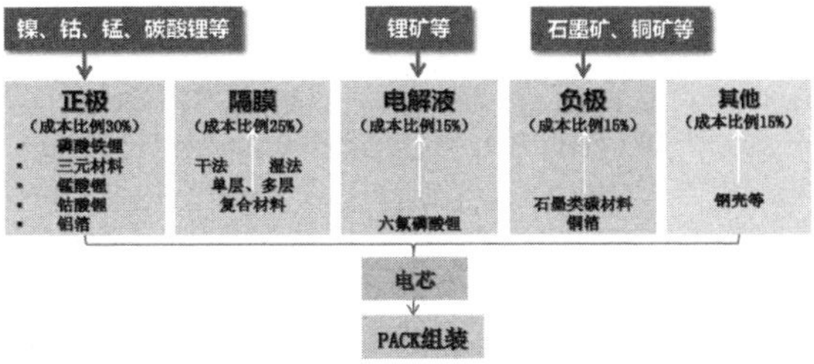


电芯由**正极、负极、隔膜、电解液**四大材料及其他材料组成。电芯经过PACK组装后，具有了充放控制等功能，可以直接使用后，才叫电池。

**目前，电芯的四大材料已经基本完成国产化替代。**

随着国产化率提升，国内材料企业在技术和质量把控环节已经达到甚至超过国际主流水平，产品性能不断提升，同时依托国内庞大的新能源车消费市场，规模效应使得国产材料成本优势明显。

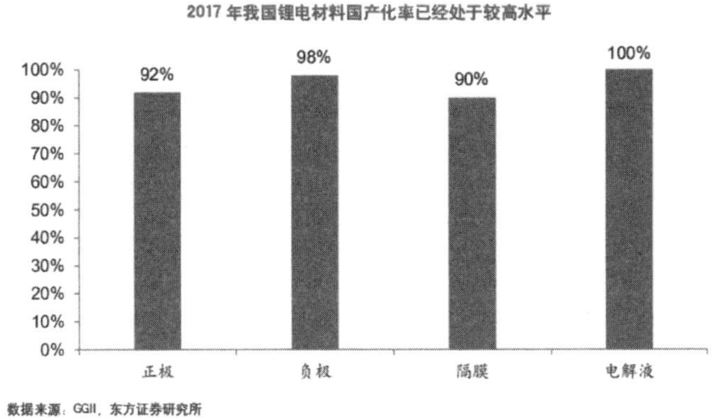


根据正极材料的不同，分为三元材料电池、磷酸铁锂电池、锰酸锂电池、钴酸锂电池等，其中，三元材料和磷酸铁锂材料的市场份额较大，而**三元材料电池成为新能源乘用车领域动力电池的主要类型，磷酸铁锂电池随着补贴退坡，又有部分企业重新开始使用。**

| 材料 | 优势 | 劣势 | 应用情况 | |
|---|---|---|---|---|
| 三元材料 | 综合了镍带来的高容量、钴和锰带来的高材料稳定性，综合性能有所提升，能量密度较高，续航里程更长 | 热稳定性和安全性相对较低 | 对于乘用车更适合用三元电池 | 高性能三元锂离子动力电池已呈现出“供不应求”情况，占有接近市场份额的60% |

续表

| 材料 | 优势 | 劣势 | 应用情况 | |
|---|---|---|---|---|
| 磷酸铁锂 | 自身安全性，以及高温安全性较高 | 能量密度较低 | 对于商用或不太追求高续航的电动车（或混动车型）依旧采用磷酸铁锂 | 传统的磷酸铁锂电池，目前已经呈现出“供大于求”的趋势，而且磷酸铁锂产能还将长期处于过剩状态 |

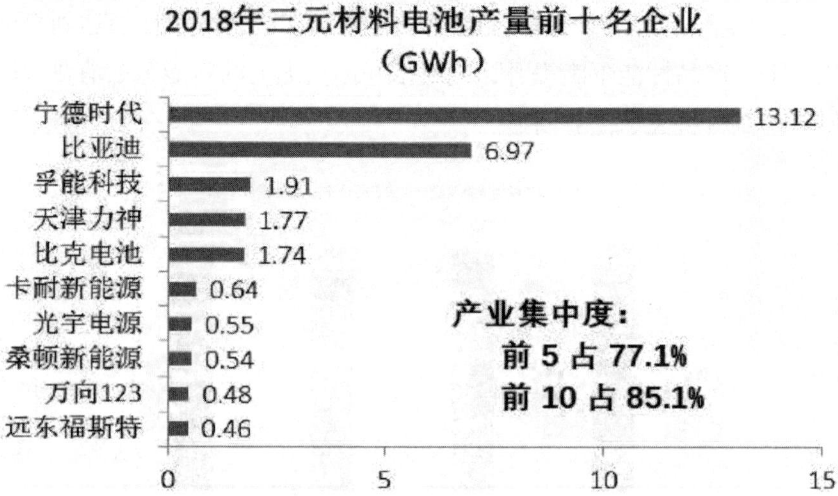


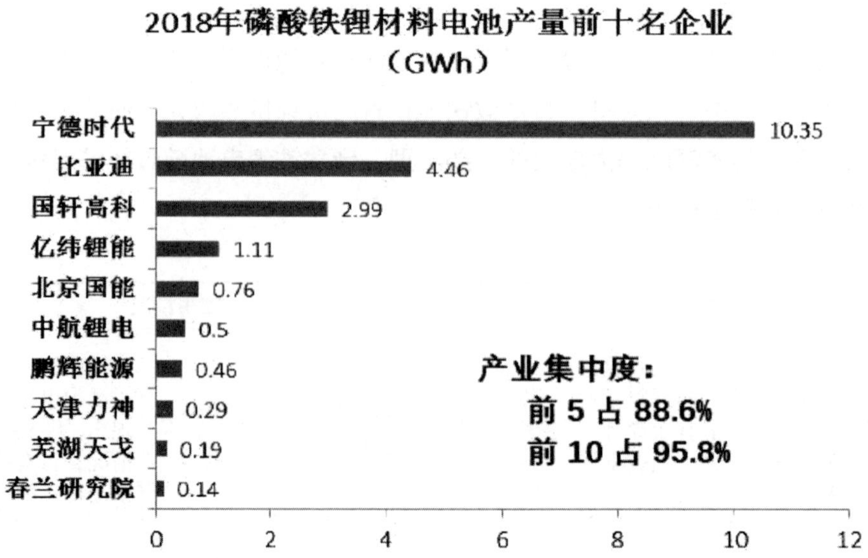

根据封装方式和形状不同，分为方形电池、软包电池和圆柱电池。每种电池各有优势和不足，都有自己的主导领域；**从市场份额看，方形电池目前仍为主流(8成市场份额)，**宁德时代、比亚迪等龙头企业大部分采用方形电池。

| 项目 | 软包电池 | 方形电池 | 圆柱电池 |
|---|---|---|---|
| 制造工艺 | 方形碟片 | 方形卷绕 | 圆柱卷绕 |
| 能力密度 | 高 | 中 | 中 |
| 安全性 | 好 | 差 | 中 |
| 生产效率 | 低 | 中 | 高 |
| 代表车型 | 日产 Leaf | 宝马 i3 | 特斯拉 Model3 |
| 优势 | 能量密度高、安全性能好、重量轻、外形设计灵活 | 对电芯保护作用强、成组效率高 | 生产工艺成熟、电池包成本低、一致性高 |
| 劣势 | 成本高、一致性差、制造工艺要求高 | 整体重量重、一致性差、型号多 | 整体重量重、成组效率低、能量密度相对较低 |

从国际企业的市场占有量来看，排名前十的企业占据全球 80% 的出货量，主要集中在中日韩三国；从全球动力电池技术发展水平来看，日韩企业处于优势，其制造成本相比较低，我国部分企业拥有核心技术，可以控制成本与国外先进水平接近。

但我国动力电池市场存在高端产能供给不足，低端产能需求不足的问题。原材料价格的上涨造成的成本上升与补贴退坡压力的向上转移致使动力电池厂商的制造成本不断上升。我国动力电池市场体量虽然不断扩大，但竞争更加激烈。

宁德时代、比亚迪是国内电池行业的两大巨头，属于行业第一梯队。

国轩高科、力神、孚能、比克、亿纬锂能和北京国能等属于行业第二梯队。

宁德时代、比亚迪两大企业动力电池的市场份额从 2016 年的 50.4% 提升至 2018 年的 61.2%，五强集中度从 2016 年的 68.8% 提升至 2018 年的 73.5%，十强集中度从 2016 年的 79.0% 提升至 2018 年的 82.6%。

CATL 宁德时代　BYD

（2）燃料电池

除了锂动力电池外，还有燃料电池（目前主要是氢能燃料电池），该领域的典型企业有国鸿氢能、亿华通等企业。

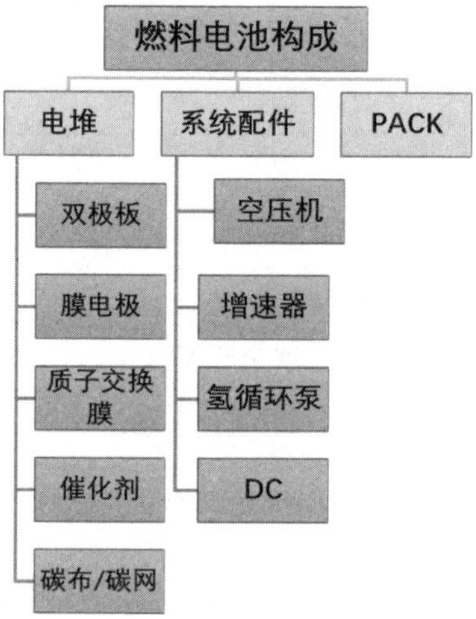


**前景广阔**——纯电动汽车的短板是续航里程和充电时间，因此在现阶段不能满足量大面广的远程公交、长途运输等市场需求，未来新能源汽车产业化重点方向将会向燃料电池汽车拓展。截至 2018 年 12 月，我国燃料电池汽车销量超过 1500 辆，达到 1527 辆，产品主要集中在商用车领域。其中，燃料电池公交车、客车、卡车已有部分车型量产，率先进入运营阶段。

**尚需培育**——虽然中国在制氢环节拥有独特的资源优势，但由于氢燃料电池技术商业化起步较晚，依然面临制氢、储氢、运氢和加氢技术不完善、标准不统一的问题，导致加氢难。

（3）电机电控

新能源汽车作为传统燃油汽车的替代品，其主要电气系统即为在传统汽车“三小电”（空调、转向、制动）基础上延伸产生的电动动力总成系统“三大电”——电池、电机、电控。**其中，电机、电控系统作为传统发动机（变速箱）功能的替代，其性能直接决定了电动汽车的爬坡、加速、最高速度等主要性能指标。**

电机电控系统作为新能源汽车产业链的重要一环，其技术、制造水平直接影响整车的性能和成本。目前，国内在电机电控领域的自主化程度仍远落后于电池，部分电机电控核心组件如 IGBT 芯片等仍不具备完全自主生产能力，具备系统完整知识产权的整车企业和零部件企业仍是少数。

随着国内电机电控系统产业链的逐步完善，电机电控系统的国产化率逐步提高，电机电控市场具有的增速有望超过新能源汽车整车市场的增速。

作为新能源汽车“三大电”之二，相比动力电池行业的快速发展及高关注度，国内电机电控行业则相对“低调”。

➢ 新能源汽车电机电控产业基本与国内电动汽车市场同步启动，整车企业对于电动汽车的研发、采购、生产和销售等流程都处于探索和完善阶段，电机电控配套行业的标准和体系也尚未成型。

➢ 锂电池在 3C 等领域应用有近 20 年历史，行业形成了相对完整的技术标准和产品体系，转用为动力电池有一定的参考和借鉴，而新能源汽车电机与工业电机技术路线和要求差别较大，专业企业中很大一部分仍为 10 年以内的创业型企业，**行业尚未形成清晰稳定的市场格局。**

➢ 随着电动车的普及，对于电机和电控系统的集成程度要求越来越高。可以预见的是，未来电机与电控企业的业务交叉程度将逐步提高，**可提供电机电控一体化动力总成产品的企业将有助于整车企业进一步降低车重和成本，将具有更大的竞争力。**

电机（全称“驱动电机”），是将车载的动力锂电池中的电能转换为机械能，从而驱动车辆行驶的部件，电机实现了电能与机械能之间的转换，需要适应频繁起停、加减速，同时具备高速宽调速和低速大扭矩，以提供不同场景下的功率性能。分为永磁同步、交流异步、开关磁阻三类，永磁同步电机是当前电机市场的主流。

| 电机 | 优点 | 缺点 |
| --- | --- | --- |
| 永磁同步电机 | 转矩大，驱动效率高 | 控制复杂，退磁，造价高 |
| 交流异步电机 | 结构简单，可靠性强 | 能耗高，造价高，调速性差 |
| 开关磁阻电机 | 结构及控制简单，成本低 | 噪声高，转矩脉动严重 |

**来源：根据公开资料查询**

在全球永磁电机行业不断发展中，日本、德国、美国、英国、瑞士、瑞典等国家知名品牌公司凭借其数十年的永磁电机生产制造经验和关键工艺技术，掌控着大部分高档、精密、新型永磁电机的技术和产品。

目前，以美国、欧洲和日本为主的提供新能源汽车驱动系统的企业发展迅猛，不过中国自主开发的电机已经实现了与国内整车企业的大批量配套，**但是仍存在高端供应商不足的问题**。随着下游整车行业清理整顿的推进，市场集中度有望进一步提高。此外，目前全球电机行业正在向成本洼地转移，**为中国电机厂商的发展提供充分的发展机遇。**

从市场占有情况的角度来看，当下国内新能源汽车电机行业由三大势力占据，它们分别是布局上游产业链的整车厂、从事新能源汽车电机电控供应的专业企业，以及涉及其他领域电机生产的传统企业。

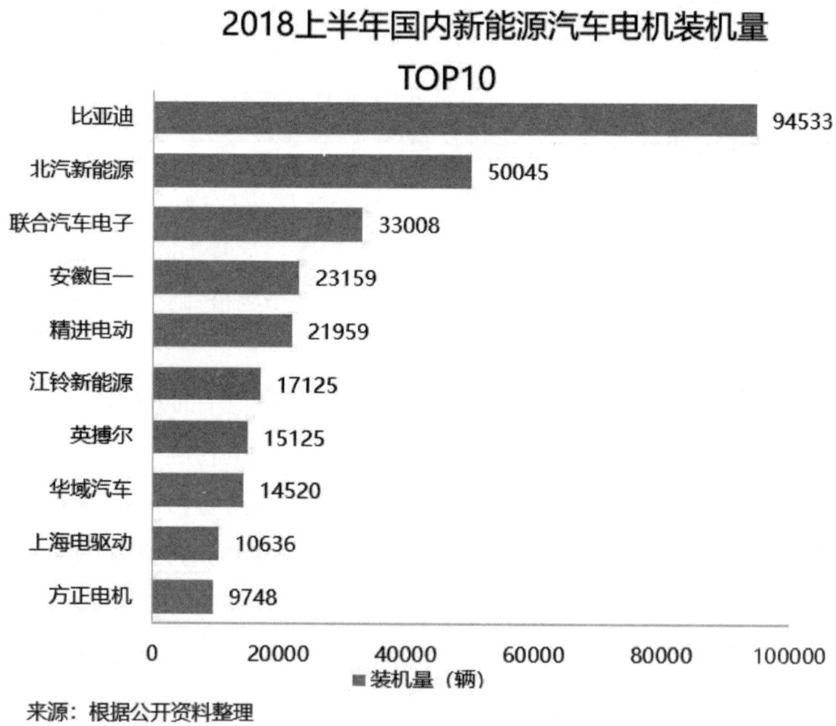


来源：根据公开资料整理

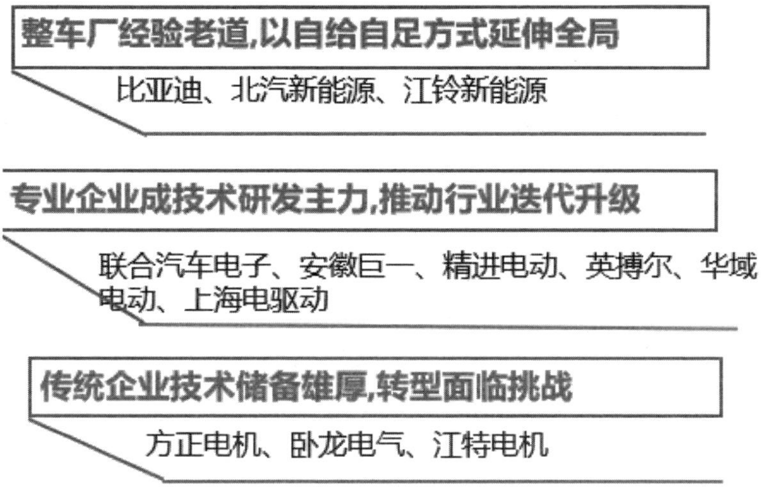


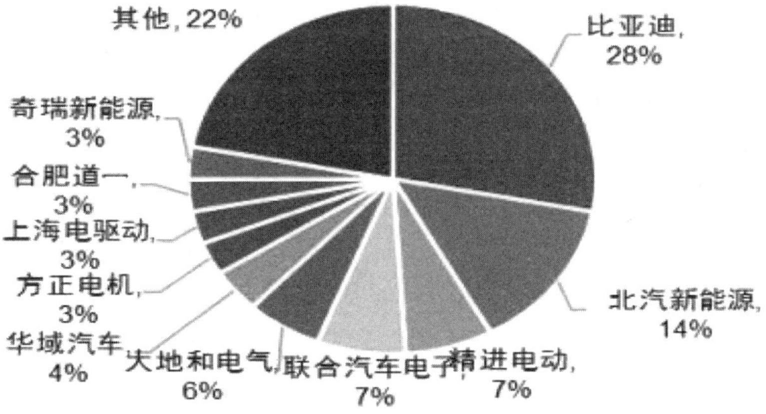


2018年国内新能源汽车电机份额

**电控系统**主要涵盖电机控制系统（MCU）、电池管理系统（BMS），**是汽车的大脑。**

电控技术不是因新能源汽车而出现的，在传统燃油车上，电控系统也同样重要，它直接负责车辆的信号接收、分析，以及作出指令判断。而这项技术在应用到新能源汽车上后，整车电控系统需要承担的责任也更加复杂。

作为整台车的总控制台，高效、稳定及提高车辆综合性能，是电控系统在新能源汽车中承担的重要责任。

相比传统燃油车，汽车在转向电气化后增加了电池组、驱动电机、变速箱（减速器）、动能回收系统等，如果再加上自动驾驶和增程式系统，电控系统要承担的责任就更多了。

电控系统中的IGBT应用于逆变器中，**占整个控制器成本的40%~50%，是电控的核心模块。目前核心技术由国外企业掌握。**国内厂商的IGBT仍处于“卡脖子”状态，绝大多数依赖进口，国内仅有比亚迪、中车时代电气等少数厂商的产品能够装车。

国外电控系统供应商（部分）

国内电控系统供应商（部分）

2019H1 新能源汽车电控用 IGBT 模块供应商竞争格局

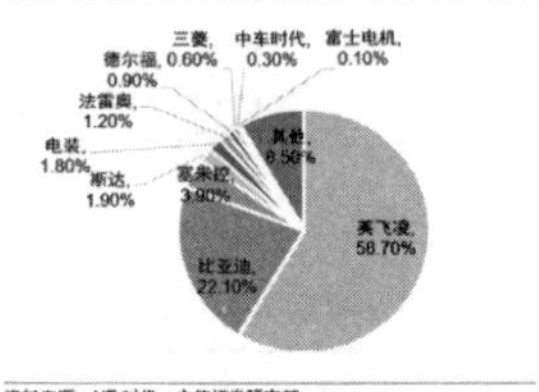


资料来源：NE时代，中信证券研究部

“三电系统”小结：

① 电池作为新能源汽车核心部件，分为动力电池（锂电池）和燃料电池（氢燃料）。目前，锂电池技术发展较为成熟，未来需求会不断增加。氢燃料电池虽然发展前景广阔，但尚处于培育期。

**动力电池**

➢ 目前，锂电池的国产化已经很成熟，但存在高端产能供给不足，低端产能需求不足的问题，行业集中度越来越高，竞争日趋激烈，形成寡头垄断，其中，宁德时代的锂电池已经做到世界第一。

➢ 其中，三元材料电池和磷酸铁锂材料电池的市场份额较大，三元材料电池主要应用于新能源乘用车，商用或不太追求高续航的电动车（或混动车型）大部分依旧采用磷酸铁锂电池。

**燃料电池**

锂电池的短板在于续航能力和充电时间，未来新能源汽车产业化重点方向将会向燃料电池汽车拓展，但由于氢燃料电池技术商业化起步较晚，还处于市场培育阶段，发展该行业所需的投入较大。

② 电机和电控系统的技术和制造，直接影响整车的性能和成本，目前国产化已有一定基础，但是核心技术尚需突破，尚未形成具备国际领先地位的优势龙头企业，但是未来有望承接国外转移的产业资源。

### （4）其他零部件

| 地区 | 特征 |
|---|---|
| 东北 | 东北地区实力汽车零部件企业颇多。吉林有一汽富奥、一汽东机工、一汽光洋；沈阳有三菱发动机厂等三大发动机企业。锦州汽车零部件产业园发展态势迅猛。铁西以沈阳机床集团作为依托，形成了产值超千亿元的汽车整车和零部件产业集群。吉林新能源汽车产业联盟，是吉林省研发生产新能源汽车最高水平的代表 |
| 京津 | 北京顺义杨镇汽车产业基地零部件园区为北京现代、北汽有限、北汽福田、北京奔驰四个北汽控股集团整车企业进行配套生产。北京怀柔区汽车产业园不仅满足自身发展需求，也为华北地区的汽车厂商提供零部件服务。密云建立汽车零部件产业基地，给福田整车项目配套生产零部件。北京房山窦店工业基地建设汽车零部件生产研发基地和天津滨海汽车零部件产业园都是这个产业集群的重要组成部分 |
| 湖北 | 由于三大汽车集团之一的东风汽车公司落户在湖北，带动了该地区的零部件产业集群的发展。华中地区拥有神龙汽车襄樊零部件工厂、荆州恒隆、法雷奥汽车空调、湖北法雷奥车灯等多个实力强和发展前景好的汽车零部件企业，十堰和孝感汽车零部件产业园区在发展壮大 |
| 重庆 | 重庆作为长安汽车公司所在地，在长安汽车企业的推动下，正规划建设以福特轿车为主体的“十里汽车城”，该汽车城既具有生产和研发，也具有贸易和博览及旅游和教育等多种综合功能。在其推动下，重庆的北部新区有一大批汽车零部件生产企业集聚。同时内江全力打造中国西部汽车零部件基地 |
| 江浙 | 上汽大众、上海通用、江苏悦达企业、南京汽车、上汽股份等乘用车的带动使得江浙沪一带的零部件企业也非常集中 |
| 广东 | 目前，广东是全国最重要的汽车生产基地，有整车生产企业约 60 家。2018 年，广东实现汽车产量 321.58 万辆，占全国的比重为 11.5%，位居全国第一。比亚迪、广汽丰田、一汽－大众华南基地、广汽本田等知名整车厂带动了诸多零部件厂商的发展 |

3. 下游

### （1）整车制造

**整车制造因为对技术要求较高，一直是国内汽车行业发展的薄弱环节，国内车企以比亚迪和上汽集团的投入最大，两者的市场占比也最大，**但比亚迪同时涉及电池和整车生产，还与 ABB 合作，研发直流快速充电桩，产业链更齐全。

➢ 2018 年新能源乘用车车企销量排行中，比亚迪、上汽、北汽新能源名列三甲。

➢ 新能源客车车企销量排行中，宇通客车、比亚迪、南京金龙销量最佳。

➢ 在货车领域，奇瑞、比亚迪、陕西汽车排名靠前。

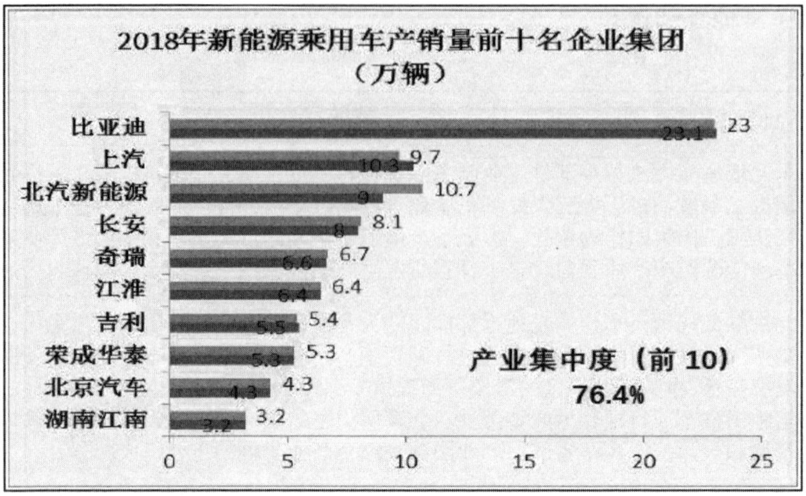
2018年新能源乘用车产销量前十名企业集团
（万辆）
比亚迪 23 23.1
上汽 9.7 10.3
北汽新能源 10.7 9
长安 8.1 8
奇瑞 6.7 6.6
江淮 6.4 6.4
吉利 5.4 5.5
荣成华泰 5.3 5.3
北京汽车 4.3 4.3
湖南江南 3.2 3.2
产业集中度（前10）
76.4%
0 5 10 15 20 25

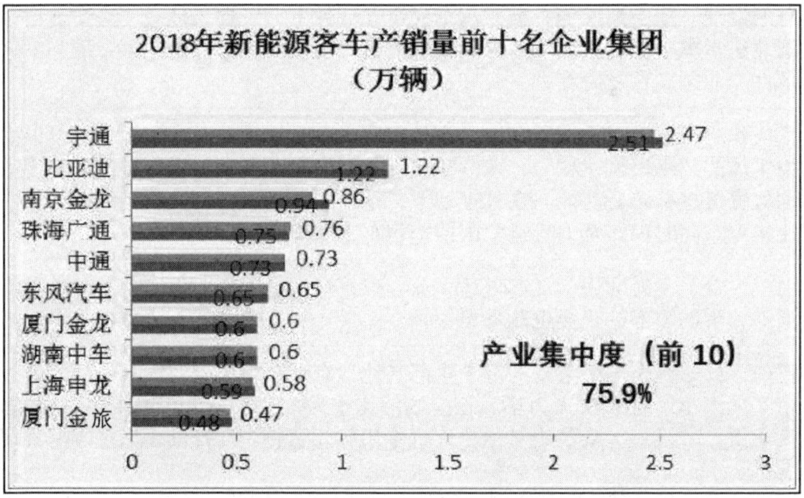
2018年新能源客车产销量前十名企业集团
（万辆）
宇通 2.47 2.51
比亚迪 1.22 1.22
南京金龙 0.86 0.94
珠海广通 0.76 0.75
中通 0.73 0.73
东风汽车 0.65 0.65
厦门金龙 0.6 0.6
湖南中车 0.6 0.6
上海申龙 0.58 0.59
厦门金旅 0.47 0.48
产业集中度（前10）
75.9%
0 0.5 1 1.5 2 2.5 3

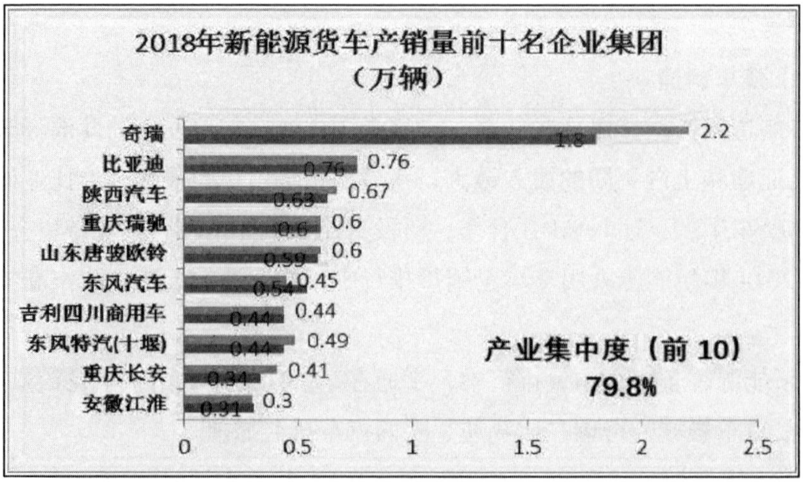
2018年新能源货车产销量前十名企业集团
（万辆）
奇瑞 2.2 1.8
比亚迪 0.76 0.76
陕西汽车 0.67 0.63
重庆瑞驰 0.6 0.6
山东唐骏欧铃 0.6 0.59
东风汽车 0.45 0.54
吉利四川商用车 0.44 0.44
东风特汽(十堰) 0.49 0.44
重庆长安 0.41 0.34
安徽江淮 0.3 0.31
产业集中度（前10）
79.8%
0 0.5 1 1.5 2 2.5

在整车制造标准和市场准入的难度中，乘用车 > 商用车 > 专用车，目前，我国的整车制造厂产业集群情况如下：

| | | |
|---|---|---|
| 京津产业集群 | 北京北汽、天津比亚迪（客车为主） | 产业链较为完整，存在一家独大的市场特征 |
| 长三角产业集群 | 上海上汽集团、江苏北汽（镇江）、浙江吉利、知豆、康迪 | 企业配套齐全，产业完善度较高，产业链较完整 |
| 泛珠三角产业集群 | 广州广汽、北汽（广州）、深圳比亚迪、福建东南汽车、福建宁德时代 | 整车市场与电池市场均出现一家独大的基断态势；标志性企业有完整的产业链体系 |
| 西南产业集群 | 重庆及周边、长安、力帆 | 产业链完善程度一般 |
| 中部产业集群 | 安徽奇瑞、江淮、湖北东风汽车 | 产业链较为完整，整车市场分布较为集中 |
| 微型低速电动车产业集群 | 河南、河北、山东地区产业集群御捷等 | 新能源乘用车产业发展不均衡；低速车规模较大，体系完善 |

（2）充电设施

充电设施是新能源汽车相对传统燃油车，在产业下游增加的重要环节。按充电功率分为直流充电桩和交流充电桩；按服务对象，分为私人、专用和公共充电桩。

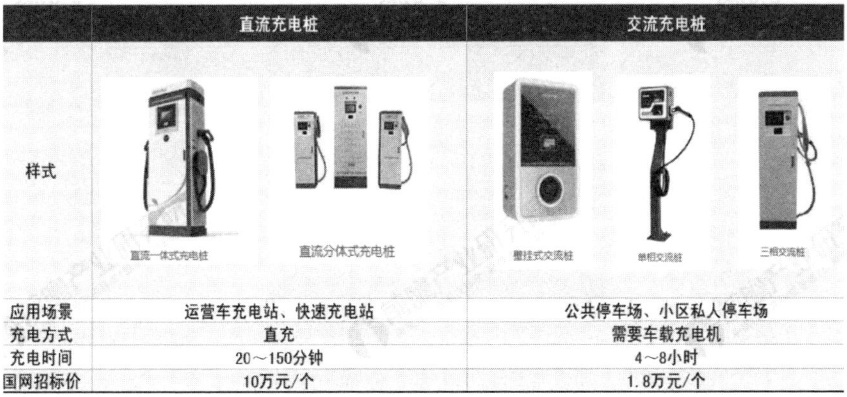

| | 直流充电桩 | 交流充电桩 |
|---|---|---|
| 样式 | 直流一体式充电桩<br>直流分体式充电桩 | 壁挂式交流桩<br>单相交流桩<br>三相交流桩 |
| 应用场景 | 运营车充电站、快速充电站 | 公共停车场、小区私人停车场 |
| 充电方式 | 直充 | 需要车载充电机 |
| 充电时间 | 20～150分钟 | 4～8小时 |
| 国网招标价 | 10万元/个 | 1.8万元/个 |

产业链主要有上游设备生产商、中游充电桩运营商、下游平台解决方案商。

**（3）充电设施设备生产**

充电桩上游设备生产环节，分为充电模块、充电枪、滤波装置、断路器、交流 / 直流接触器、直流熔断器等，其中，充电模块占据的成本最高。

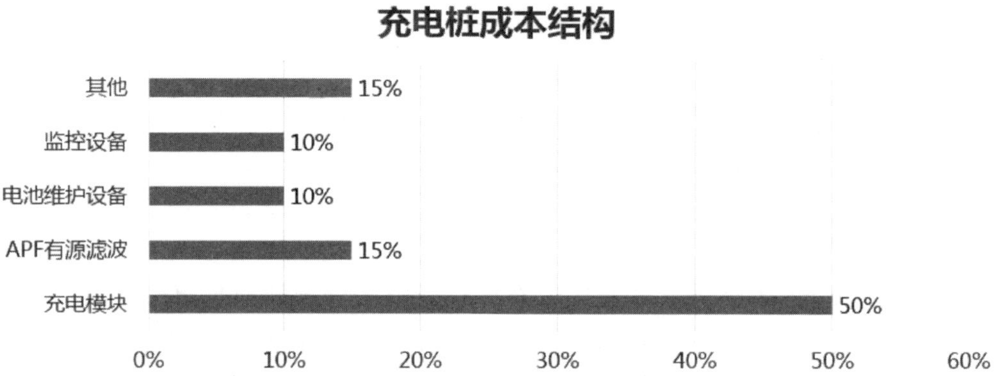


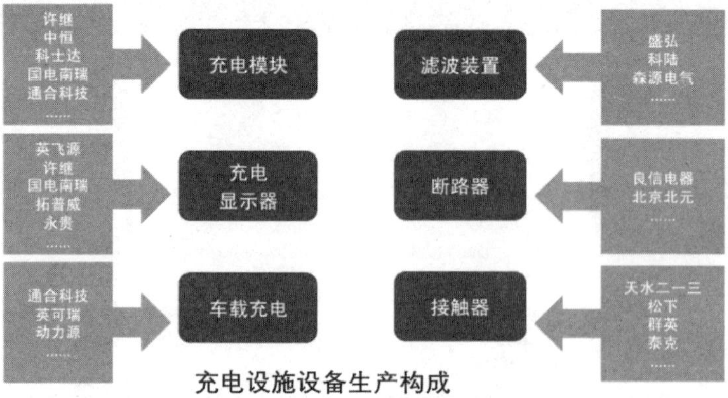

充电设施设备生产构成

相关报告显示，自 2014 年国家电网向民间资本开放电动车充电桩市场，大批充电桩公司应运而生。目前国内充电桩领域相关公司数量超过 300 家，供应商数量多。**由于设备技术门槛不高，产品差异化程度不明显。**

### （4）充电桩运营

目前我国充电设施运营已由早期的运营商主导模式拓展为运营商主导模式、车企主导模式、车桩合作模式、众筹模式、电动汽车分时租赁模式、公交车公司充电桩 EPC（工程总承包）模式、地产公司充电桩 EPC 模式等运营模式。

| 运营模式 | 代表企业 | 分析 |
| --- | --- | --- |
| 运营商主导模式 | 国家电网公司 STATE GRID　Potevio 中国普天 | 最早期且最主流的运营模式，该运营模式对于运营商资金规模、企业背景等都有较高的要求 |
| 车企主导模式 | TESLA　BYD | 大型整车厂为推广自身产品，解决消费者的里程焦虑问题，主动布局建设充电基础设施，对整车厂的资金量要求较高 |
| 车桩合作模式 | 特来电 + 北汽新能源 BAIC BJEV | 车桩合作模式有效的促进了电动汽车消费，如吉利与富电科技合作使帝豪EV快速打开市场，取得良好表现 |
| 众筹模式 | Star Charge 星星充电 | 众筹建桩是万帮公司早期提出的商业模式，通过“投资方+充电服务运营商+场地资源方”有效整合社会资源、分摊成本、合力共赢 |
| 电动汽车分时租赁模式 | 北汽新能源 BAIC BJEV　特来电 + GREENGO | 电动汽车分时租赁模式在2016年得到快速发展，其特点是：分时共享、按需付费、全程自助、随时租赁、随处归还 |
| 公交车公司充电桩EPC模式 | 科陆电子 + [illegible] | 公交车或长途高速充电站市场空间大，利用率有保障，盈利能力较强 |
| 地产公司充电桩EPC模式 | Star Charge 星星充电 + vanke 万科 | 地产商与运营商合作，在商业用地和住宅用地上安装充电桩，方便购买了新能源汽车的居民进行夜间充电 |

### （5）充电设施发展趋势

**目前，下游充电桩数量的不足成为制约新能源汽车发展的主要瓶颈**——截至 2019 年 12 月，我国充电桩保有量达到 121.9 万台，其中公共充电桩 51.6 万台，私人充电桩 70.3 万台，车桩比约为 3.4:1，远低于《电动汽车充电基础设施发展指南（2015-2020）》规划的 1:1 的指标。

**发展前景向好**——按照《节能与新能源汽车产业发展规划 2012-2020》，到 2020 年我国充电桩年需求量将达到 270 万个左右，充电桩市场将会超过 1840 亿元；作为新基建的重点项目之一，新能源汽车充电桩行业再次成为焦点，为新能源汽车行业的发展带来无限的想象空间，有统计显示，到 2030 年我国新能源汽车保有量预计将超过 6000 万辆。如果按照车桩 1:1 的建设目标，未来充电桩的建设规模也在 6000 万个以上，这样就会催生一个万亿级的充电桩基础设施的市场。

### （6）电池回收

**电池回收，是将电池拆解破碎材料筛分后，对有价材料进行再生冶炼的过程。**

电池是有使用寿命的，庞大的数量让退役动力电池的回收成为不可忽视的问题，如不能妥善处理，不仅会带来巨大的环境污染、安全隐患，还会导致镍、钴、锂等贵金属资源的大量浪费。对此，政府非常重视，仅 2018 年工信部就发布了 4 项动力电池回收相关政策，例如发布首批“动力电池回收白名单”。但是我国锂离子动力电池回收占比仍然较低。据 GGII 统计，2018 年我国实现废旧动力电池回收 1.35 万吨，**实际回收比只有 22.9%**。

➢ 2020 年 1 月 2 日，工信部发布了《新能源汽车废旧动力蓄电池综合利用行业规范条件（2019 年本）》和《新能源汽车废旧动力蓄电池综合利用行业规范公告管理暂行办法（2019 年本）》，对动力电池回收做了进一步的规划和引导。

➢ 据研究，2019 年全球动力电池回收市场规模约为 15 亿美元。预计 2025 年左右，这一市场的规模将达到 122 亿美元。而到 2030 年，随着电动汽车市场的进一步发展，这一数字将达到 181 亿美元。

**国内动力电池回收率低，主要原因有四个：**

① 政策约束力度不够，无激励、处罚措施。电池回收问题在铅酸电池时就存在，由于政策处罚力度不够，实际回收率也不高。

② 回收体系混乱，责任和能力脱节。国家规定新能源车企承担动力电池回收主体责任，但是车企并没有回收技术能力，2018 年发布的首批 5 家动力电池回收白名单，没有一家车企。

③ 回收技术不达标，技术和渠道脱节。当前大量的废旧电池进入小作坊，小作坊由于没有环保监管，半手工拆卸，固定开支低，利润更高，所以其废旧电池报价更高，拿货更多；而拥有动力电池梯次利用、再生利用技术的大企业，渠道拿货并没有优势。

④ 回收利润低，回收意愿不强烈。退役动力电池型号多，无法流水线作业；量很不稳定，无法保证设备开工率；且早期多为 LFP 电池，回收价值低；再加上环保、锂等贵金属降价压力，回收企业利润率很低。回收龙头格林美 2018 年报披露，公司 2018 年电池材料毛利率只有 22.01%。

**（新能源汽车的产业下游的汽车保养、租赁、金融等与传统燃油车类似，本**

报告中不再另行分析）

## 小结

传统的汽车产业链包括上游（原材料）——中游（零部件及系统集成）——下游（整车制造及服务），与传统汽车产业链相比，新能源汽车产业主要是**上游增加了电池所需的矿产资源，中游增加了核心的零部件——电池、电机和电控系统，下游主要增加了充电设施和电池回收**等产业。

上游：原材料资源属性较重，产品价格伴随供需结构变化具有较强的周期性，很多重要的原材料较为依赖进口。

中游：零部件中，三电系统占据成本比例超过50%，其中，电池占到近40%，电池分为动力电池（锂电池）和燃料电池（氢能源）。锂电池国产化程度较高，技术较为成熟，宁德时代排名全球第一；燃料电池是未来发展的趋势，但尚处于培育期；电机电控领域的很多技术和原材料较为依赖进口。

下游：整车制造因为对技术要求较高，一直是国内汽车行业发展的薄弱环节，国内车企以比亚迪和上汽集团的投入最大，两者的市场占比也最大；下游充电桩数量的不足成为制约新能源汽车发展的主要瓶颈，国家正在加大扶持力度并列入了“新基建”，电池回收也具有一定的市场发展空间，但是目前各方面原因导致回收率低。

## （三）现状及趋势

1. 新能源汽车顺应了节能环保趋势，是全球汽车产业未来发展的重点方向

随着传统能源的逐步消耗，能源紧缺状况不断加剧。无论是发达国家还是发展中国家，都把节能环保提到了关系国家安全的战略高度。许多国家把研发和推广新能源汽车提上了重要议事日程，并且制定了相关的鼓励和扶持政策。

**各国排放法规严格，禁售传统燃油车时间表陆续出台，车企新能源汽车战略推进越来越密集。**在各国政策驱动下，新能源汽车成为各制造商争相投入的热点。在各大汽车制造商和政府政策的大力推动下，新能源汽车产业将加速发展。

**国内主要车企新能源汽车规划**

| 品牌 | 目标 |
|---|---|
| 上汽 | 新四化战略，未来推出 30 款新能源产品，其中 EV13 款，PHEV17 款，2020 年月标 60 万辆，其中自主品牌 20 万辆 |
| 东风 | 2020 年市占率（国内）达到 15%~18%，销量 30 万辆 |
| 广汽 | 153 战略，产能突破 20 万辆 |
| 长安 | 香格里拉计划，2020 年完成三大新能源专用平台打造，2025 年全面停止传统燃油车销售，计划 21 款 EV，PHEV12 款 |
| 吉利 | 2020 年全面实现第四阶段企业平均 5.0L/ 百公里燃油消耗限值，新能源汽车销量占比 90% 以上 |
| 北汽新能源 | 年产销 50 万辆，年营收 600 亿元 |
| 比亚迪 | 7+4 全市场战略，七大常规领域（城市公交、出租车、道路客运、城市商品物流、城市建筑物流、环卫车、私家车）、四大特殊领域（仓储、矿山、机场、港口）全国大力推广新能源汽车 |

**国外主要车企新能源汽车规划**

| 品牌 | 目标 |
|---|---|
| 奔驰 | 2025 年 10 款 EV，占总销量的比例 15%~25% |
| 宝马 | 2020 年所有车系都具备电动选项，2025 年新能源占比 15%~25% |
| 沃尔沃 | 2025 年销售 100 万辆新能源汽车 |

续表

| 品牌 | 目标 |
| --- | --- |
| 大众 | 2025 年推出 80 余款全新电动车，2030 年全球覆盖 300 余款电动版本。2020 年中国市场 40 万辆，2025 年 150 万辆 |
| 福特 | 2020 年新能源汽车销量占 10%~25%。2025 年以前为中国消费者提供全新的电气化解决方案 |
| 通用 | 2020 年 10 款新能源车型，2025 年别克、雪佛兰和凯迪拉克旗下将令全部产品在华实现不同程度的电气化 |
| 丰田 | 2020 年 3 万辆氢燃料电池车，2050 年 HEV、HPEV 占七成，燃料电池、EV 占三成 |
| 日产 | 2020 年 20% 零排放汽车 |

2. 我国新能源汽车目前因补贴退坡，短期内处于行业调整期

我国新能源汽车的发展仍然处于起步阶段，续航里程较短、充电时间较长、充电配套设施不完善等仍是制约消费者购买新能源汽车的重要因素。

| 时间 | 阶段 | 特点 | |
| --- | --- | --- | --- |
| 2001–2008 | 萌芽期 | 本阶段主要为行业的战略规划期，行业准入政策的制度建设和汽车厂商新能源汽车生产资质的批准，生产出来的新能源汽车主要集中在公共领域的一些示范推广项目，大多以政府、企事业单位为主导，示范意义多过实际应用 | 新能源汽车以示范推广项目为主。从 2001 年开始，“863 项目”共投入 20 亿元研发经费，形成了以纯电动、油电混合力、燃料电池三条技术路线为“三纵”，以电池、电机、电控三种技术为“三横”的电动汽车研发格局 |
| 2009–2016 | 快速成长期 | 受政策的促进，新能源汽车销量快速增长 | 新能源汽车补贴政策进入快速推广应用阶段，新能源汽车被国务院确定为七大战略性新兴产业之一，主要发展方向确定为纯电动汽车和插电式混动汽车<br>中央联合地方的财政补贴加码，直接导致我国新能源汽车的爆发式发展，2010 年我国新能源汽车销量仅为 4884 辆，2016 年销量一举突破 50 万辆，6 年完成了百倍的增长 |

续表

| 时间 | 阶段 | 特点 | |
|---|---|---|---|
| 2017–2020 | 调整期 | 从以“政策驱动为主，市场驱动为辅”的市场逐渐转向政策市场双驱动、市场驱动为主。结构性产能过剩，高端产能不足，低端产能过剩 | 部分企业钻政策漏洞，虚构业务骗补，为防止骗补，补贴资金由预先拨付改为事后拨付<br>2017 年开始，补贴政策开始退坡，2019 年 3 月，补贴政策再次退坡，幅度达 50%，这也导致了下半年新能源汽车产量大幅度减少。2020 年年底，中国新能源汽车财政补贴将完全退出，加速了尾部企业的出清，行业整合度进一步提高 |

2019 年国内新能源汽车因受补贴退坡影响，下半年呈现大幅下降态势，2019 年全年实现产 124.2 万辆和销 120.6 万辆，同比分别下降 2.3% 和 4.0%。中汽协维持 2020 年中国车市负增长 2% 的预期不变。

**2019 年 12 月新能车产量数据（单位：万辆）**

| | 12 月 | 1 月 –12 月累计 | 环比增长 | 同比增长 | 同比累计增长 |
|---|---|---|---|---|---|
| 新能源汽车 | 14.9 | 124.2 | 36.0% | –30.3% | –2.3% |
| 新能源乘用车 | 11.2 | 109.1 | 27.1% | –32.6% | 2.0% |
| 纯电动 | 9.5 | 87.7 | 26.3% | –27.8% | 10.8% |
| 插电式混动 | 1.8 | 21.4 | 31.3% | –50.4% | –22.9% |
| 新能源商用车 | 3.7 | 15.0 | 72.6% | –22.1% | –25.1% |
| 纯电动 | 3.4 | 14.2 | 65.2% | –25.2% | –26.7% |
| 插电式混合动力 | 0.1 | 0.5 | 99.0% | 166.1% | –3.2% |

**2019 年 12 月新能车销量数据（单位：万辆）**

| | 12 月 | 1 月 –12 月累计 | 环比增长 | 同比增长 | 同比累计增长 |
|---|---|---|---|---|---|
| 新能源汽车 | 16.3 | 120.6 | 71.4% | –27.4% | –4.0% |
| 新能源乘用车 | 12.5 | 106 | 64.0% | –24.5% | 0.7% |
| 纯电动 | 10.5 | 83.4 | 66.8% | –22.1% | 5.9% |

续表

| | 12 月 | 1 月 -12 月累计 | 环比增长 | 同比增长 | 同比累计增长 |
|---|---|---|---|---|---|
| 插电式混动 | 2.0 | 22.6 | 50.9% | -35.0% | -14.7% |
| 新能源商用车 | 3.8 | 14.6 | 101.2% | -35.3% | -28.3% |
| 纯电动 | 3.5 | 13.7 | 93.9% | -38.1% | -29.9% |
| 插电式混合动力 | 0.1 | 0.5 | 94.3% | 124.8% | -4.7% |

在此次疫情爆发之前，新能源车企便做出了减产的决定。因为 2019 年新能源汽车补贴大幅度退坡，车企难以保持毛利增长便采取减产来减轻亏损。在新的补贴政策还没有明朗的前提下，此次延期复工，或许将再次导致车企主动减产来适应市场走势。

3. 长远来看，我国新能源汽车产业将从快速增长转向平稳增长

虽然由于新能源汽车补贴大幅退坡，未来几年国内新能源汽车市场增速将出现回落，但双积分、限行限购政策，以及新能源汽车产业链技术进步、成本下降、使用环境的持续完善等将对市场形成支撑，行业增速将从当前的快速增长转向平稳增长。

中国新能源汽车产量统计与预测（2014-2025年）

单位（万辆）

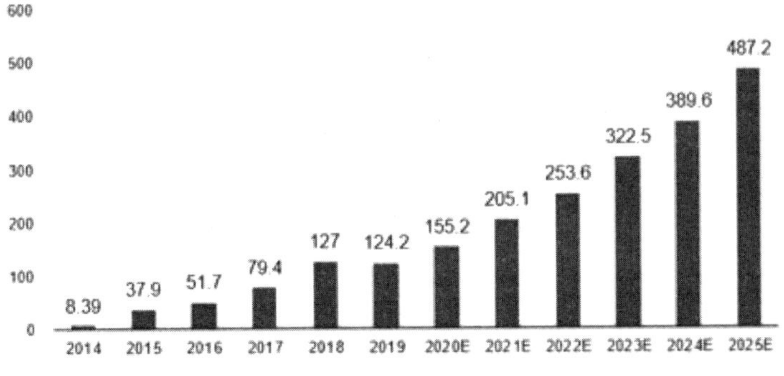


双积分政策解释——即**“平均燃油消耗量积分”“新能源汽车积分”**。过去，汽车制造商的平均燃油消耗量达标了，其旗下的车型就能顺利生产。如果没达标，那么平均油耗就是“负积分”。“负积分”没抵偿，会受到暂停高油耗产品申报或生产等处罚。而这次国家在此基础上又加上了“新能源汽车积分”。新能源汽

车没生产或产量不够，会停产高油耗车型作为处罚。如果不想停产，就需要花钱去向其他制造商买新能源积分，来补偿自己的负分。另外，新能源汽车也能结转，如果头一年生产的新能源汽车数量超标准，赚了“正积分”，就可以用来补第二年新能源汽车的“负积分”，通过双积分政策的作用机制，告诉市场，生产或进口更多的新能源乘用车，积分会越高，否则会出现负积分的情况，并需要承受代价。核心均指向——扩大生产新能源汽车的比例，从而达到缓解能源和环境压力的目的。

为推动新能源汽车产业高质量发展，加快建设汽车强国，工信部提出《新能源汽车产业发展规划》（2021-2035 年）。

- 到 2025 年，新能源汽车市场竞争力明显提高，销量占当年汽车总销量的 20%
- 有条件自动驾驶智能网联汽车销量占比 30%，高度自动驾驶智能网联汽车实现限定区域内的商业化应用

- 到 2030 年，新能源汽车形成市场竞争优势，销量占当年汽车总销量的 40%，有条件自动驾驶智能网联汽车销量占比 70%
- 高度自动驾驶智能网联汽车在高速公路广泛应用，在部分城市道路规模化应用，汽车新车能耗达到世界先进水平

- 加大新能源汽车在分时租赁、城市公交、道路客运、出租汽车、场地用车等领域的推广应用力度，引导汽车生产企业和出行服务企业共建“一站式”服务平台，精准匹配个体出行需求，构建“出行即服务”新型交通出行服务模式

- 推进以数据为纽带的“人-车-路-云”高效协同。基于汽车感知、交通管控、城市管理等信息，构建“人- 车-路-云”多层数据融合与计算处理平台，开展特定场景、区域及道路的示范应用，促进汽车与信息通信融合应用服务创新

- 构建智能绿色物流运输体系。推进新能源汽车在城市物流、农村物流、港口短驳等领域应用

4. 多方势力角逐，我国新能源汽车行业将迎来白热化竞争阶段

**（1）传统汽车厂商积极向新能源汽车转型**

在新能源汽车补贴政策和双积分政策推动下，国内自主品牌厂商积极布局新能源汽车，比亚迪、北汽、上汽、江淮、奇瑞、吉利等传统汽车企业纷纷加大新能源汽车投资力度，加大新能源新车型投放，制定了较为清晰的发展目标。

**（2）新兴造车企业纷纷入场**

·特斯拉是全球造车新势力的代表，虽成立时间较晚，但发展速度迅猛，并已成为全球新能源汽车产业技术发展的风向标。

·国内造车新势力也纷纷进军新能源汽车市场，截至 2019 年 5 月，涌现出至少 50 家造车新势力，其中蔚来、前途、威马、零跑等企业已实现交付。

**（3）外资、合资企业在后补贴时代逐步发力**

·近年来，在政策支持保护下，国内自主品牌新能源汽车获得一定发展窗口期，避免与外资、合资品牌的正面竞争。

·随着政策逐步放开，外资企业可独资在我国建设新能源汽车企业，以特斯拉为代表的外资企业正加快本土市场步伐。同时，市场上的主力合资汽车品牌逐渐发力。2019 年，主要日系、德系企业加快新能源汽车产品上市力度，随着新能源汽车补贴的逐步退坡，自主品牌价格优势褪去，自主品牌将与合资、外资企业直接展开激烈竞争。

2020 年的新能源市场，将打破自主品牌一家独大的局面，特别是在乘用车领域，外资品牌新能源车型将纷纷面世，国外车企陆续进入中国市场，对国内传统车企和新造车企业造成冲击。

5. 积极布局运营服务，有望助力车企在竞争中赢得筹码

运营车辆正逐步推进新能源汽车化。2018 年，新能源乘用车销售中，用于营运的车辆占比为 19.6%，非营运车辆占比为 80.4%。从市场需求看，新能源汽车与传统燃油汽车相比具有一定经济性，适用于平均使用里程较高的网约车辆和租赁车辆。

随着新能源汽车补贴大幅退坡，短期内，运营车辆将成为新能源汽车市场的重要支撑。从政策支持看，截至 2018 年年底，已有深圳、大连、惠州、昆明、佛山等地要求新增 / 更新网约车必须为纯电动乘用车。

6. 锂电池、充电桩、硬件供应链发展机会广阔，科技、便利、安全仍然是新能源汽车发展方向

➢ 全球电动化大浪潮的背景下，以锂电池为核心部件的产业链迎来了持续的增量需求，目前新能源汽车投资机会仍将围绕锂电池产业链展开。

➢ 在传感器、动力电池，以及其他零部件等硬件供应链方面具备独特壁垒的整车企业将在竞争中收益。

➢ 目前充电桩设备制造商较多，充电桩品种众多，市场处于开发阶段，没有被充分开发，开发潜力巨大。

**新能源汽车的发展方向**

7. 燃料电池长远来看是未来的发展方向，将有更多企业布局该领域

从技术发展趋势看，燃料电池技术更加先进，在续航里程上表现更好，且在加注燃料和使用方面与传统燃料车很接近，非常符合传统驾驶习惯，极可能在未来取代纯电动汽车和插电式混合动力汽车，随着氢燃料电池汽车的推广，将带动产业链发展，更多汽车制造企业将布局这一领域。

➢ 国外的燃料电池汽车发展较快，如日本从 2013 年起，将氢能和燃料电池上升到国家战略高度，专利数超过 1500 个；丰田已研发出燃料电池汽车，售价 30 万元人民币，加 5 公斤氢的行驶里程达 600 公里。

➢ 在 2018 年 5 月，李克强总理访日，参观了丰田燃料电池汽车后，国家政策政策相继落地，如《国家创新驱动发展战略纲要》等重要文件中，明确提及要大力发展氢燃料汽车。到 2030 年，我国要实现氢燃料电池汽车保有量 200 万辆的目标。在国家政策的推动下燃料电池汽车犹如站在风口。

➢ 数据显示，2015-2019 年，我国燃料电池汽车的销量分别为 10 辆、629 辆、1275 辆、1527 辆、2737 辆，还处于发展中。

## （四）典型省份产业发展情况

1. 江西发展现状

➢ 目前，江西省新能源汽车产业布局思路已初步形成——**整车以南昌、赣江新区为核心**，以上饶、赣州、九江和赣西（宜春、萍乡）四个片区为重点，着力建设新能源汽车整车制造集群。在南昌，形成了以协鑫能源汽车产业园、以色列和奇瑞合资的观致汽车新能源板块，以及江铃新能源等三大新能源汽车板块，赣江新区形成了以卡耐新能源、恒动新能源为代表的新能源汽车动力电池配套，以麦格纳格特拉克、江苏保捷、美国辉门代表的新能源汽车产业链。

➢ 江西省锂电新能源企业主要分布在宜春、赣州、新余、九江、吉安、抚州等地区，形成了以**赣西**（宜春、新余）、**赣南**（赣州、吉安）为主的**两大锂电产业聚集区**，建成了从锂矿原料→碳酸锂→锂电池材料→锂电池→应用环节完整的锂电新能源产业链。2018 年，全省拥有规模以上锂电新能源企业 74 家，具备了年产锂盐 9 万吨，锂电池 32.92 亿安时的生产能力，赣锋锂业、远东福斯特、孚能科技、九江天赐等一批企业在全国乃至全球具有很强的竞争力。

**（1）江西的优势及机遇**

之所以能发展到如今的格局，和江西自身的资源优势、传统的产业集群优势、技术人才优势是分不开的。同时，江西也抓住了政策东风和造车新势力的选址潮。

| 江西省发展新能源汽车产业的优势和机遇 | |
|---|---|
| 矿产资源优势 | 江西省锂矿资源丰富，宜春钽铌矿不仅是中国储量最大的钽铌矿，也是世界储量最大的锂矿山，氧化锂的储量达到百万吨以上，居矿石锂矿的世界第一；赣南地区是我国乃至世界重要的中、重稀土和有色金属生产基地。丰富的锂资源可为生产新能源汽车的“心脏”——锂离子动力电池提供坚实的原料支撑 |

续表

| | |
|---|---|
| 产业集群优势 | 近年来，江西新能源汽车产业发展势头迅猛，仅 2017 年，全省新能源汽车生产和销量就分别突破 5 万辆和 4 万辆，连续 4 年保持倍增发展态势。江铃新能源公司取得了国内第三张纯电动乘用车生产资质，销售纯电动轿车 3.2 万辆，居全国第 5 位；孚能科技进入全国电动汽车核心零部件百强榜，排电芯组第二位。此外，江西省新能源汽车产业已经初步形成了产业集群效应，就小蓝经济技术开发区而言，已有多达 146 家汽车零部件相关企业落户，其中包括 6 家整车汽车企业可提供传动系统、排气系统等部件产品 |
| 技术人才优势 | 江西是全国最早生产汽车的省份之一，在过去 60 多年里，培养了很多关于汽车的管理人员、工程师和熟练技术工等，与此同时，江西省政府陆续出台了多项吸引外商投资的政策，引进了大量汽车行业高端人才 |
| 中央政策支持 | 2016 年 3 月 9 日，国务院印发了《长江经济带创新驱动产业转型升级方案》，其中提出要完善沿江重点城市制造产业链，发展新能源汽车产业，打造汽车产业集群。江西积极响应国家政策，将新能源汽车作为战略产业之一 |
| 大批造车新势力涌入 | 2015 年 8 月，北京东誉达集团新能源汽车产业基地落户章贡区，总投资 50 亿元，涉足新能源汽车、乘用车整车生产等领域；同年 12 月月初，合肥中航新能源汽车产业基地正式签约落户赣州经开区，总投资达 60 亿元，建成后将形成年产 20 万辆纯电动汽车的能力，预计年产值不低于 240 亿元。2018 年绿驰汽车与江西九江市政府签署新能源乘用车项目战略合作协议，55 亿元年产值制造基地正式“落户”江西九江 |

**（2）江西的问题及不足**

但是江西在发展新能源汽车产业的过程中，也面临着缺乏技术创新、整车制造经验少、地区发展水平较低的不足。

**缺乏创新：**国内新能源汽车的制造技术的创新不够，江西省作为内陆省份，在企业运营、政府管理机制方面尚需提升。

**整车制造经验少：**江西省整车除江铃、凯马外，其他新能源造车新晋企业没有造车经验，容易导致造车低技术重复建设。

**地区发展水平较低：**导致本地新能源汽车市场有限，依赖国内的整体市场。

**（3）江西的发展举措**

为充分发挥优势，利用机遇，规避劣势，江西省制定了应对战略——省内各市布局清晰明确，对外招商目标集中在新能源技术发达的浙江、江苏、广东等地区，因地制宜重点发展锂电池相关产业，政府采购支持。

**① 多次出台政策因地制宜发展锂电新能源**，提出了“打造锂电新能源千亿产业”的奋斗目标，重点引进和发展先进电池材料、锂离子动力电池、储能电池、

电解质等技术和项目。锂电池方面，境外招商主攻美国、德国、日本等国家和地区，国内主攻江苏、浙江、上海、广东、中国台湾等地区。

**② 政府采购本地新能源汽车力度大**。2018–2020 年，江西省每年新增及更换的公交车中，新能源公交客车的比例要分别达到 55%、65%、75%；每年新增或更新的公务、环卫、物流等公共服务领域车辆中，新能源汽车比例分别不低于 30%、40%、50%。同时将新能源汽车列入政府协议采购目录，鼓励党政机关、企事业单位带头使用新能源汽车，到 2020 年，全省累计推广应用 10 万辆新能源汽车；建成充电站 260 座、充电桩 10 万根。

2. 安徽发展现状

目前，安徽已经具备核心企业（奇瑞、江淮、安凯）、完整产业链、产业集群和产业基地的发展面貌，已形成以江淮、奇瑞、安凯等实力强劲的整车制造商；同时还有国轩高科、安徽力高、阳光电源、芜湖天戈、安徽中能等配套公司。在产业结构上已经具备新能源汽车产业创新发展的多种优势，已形成完整的新能源汽车产业链条等。

**（1）安徽的优势及机遇**

安徽原有的汽车产业基础较为雄厚，而且也充分抓住政策机遇大力发展新能源汽车，积极引入造车新势力，同时大量的科研院校为其提供了高端人才保障。

| 安徽省发展新能源汽车产业的优势和机遇 | |
|---|---|
| **产业基础雄厚、体系完整** | 新能源汽车产业已经成为安徽的支柱性产业，年均出口量跃居全国前列。相关产业和准入企业，以及相关零部件企业众多。其中，零部件企业有 2500 多家 |
| **强力的政策扶持** | 安徽先后出台众多利于新能源汽车产业发展的政策、措施。如在《安徽汽车产业调整和振兴规划》中，重点强调，节能环保、新能源汽车为安徽汽车调整方向和未来趋势。省政府牵头，促成安徽新能源汽车集团的成立，这对于整合安徽汽车资源，刺激新能源汽车产业发展十分有利。同时在相关减免、补助等政策上，一方面国家的宏观政策尽量全部落实；另一方面对企业制造商给予直接的资金帮扶，促进汽车厂商加大研发，提升积极性。**将“大力发展新能源汽车”列为 1 号议案，由市人大常委会督办** |
| **高校、科研院所力量足** | 安徽高校数量居全国第七位，以合肥为例，合肥坐落中国科学技术大学、合肥工业大学、安徽大学、安徽建筑大学、合肥学院、中科院合肥物质科学研究院等众多全国乃至世界出名的高校 |

续表

| | |
|---|---|
| **引入造车新势力，消耗过剩产能** | 蔚来汽车中国总部落户合肥，蔚来中国落户合肥5年内将打造一个千亿产值的龙头企业，加速合肥新能源汽车集群发展，引领带动安徽新能源汽车产业进入全国第一方阵 |
| **出台政策把握智能网联汽车发展机遇** | 安徽省智能网联电动车起步早，把握了新能源汽车产业未来的发展方向，也已经出台了相关支持性政策，希望抓住智能网联电动汽车发展机遇，增强核心竞争力，取得创新技术优势，进而推动智能网联电动汽车产业发展 |

**（2）安徽的问题及不足**

但也面临着整车制造企业少、基础设施配套不全、周边竞争激烈、财力有限等问题。

| 安徽省发展新能源汽车产业的不足 | |
|---|---|
| 汽车整车制造企业少，配套企业规模小 | 江淮、奇瑞和安凯等生产规模依然不是十分庞大，有待进一步扩展。同时，安徽具备整车生产的企业也主要集中在这三家企业上。综合来看，资金不足、规模有限、整车企业少，配套设施不健全、零部件相关企业少、国轩高科的动力电池还没有形成规模化生产，产品市场供应很有限 |
| 基础配套设施不健全 | 由于安徽经济发展水平、产业布局、社会绿色消费意识薄弱、技术难题等综合原因，目前安徽新能源汽车产业发展中的相关技术配套设施不健全。例如，就电动汽车而言，充电桩的布局不够科学，市区公共区域停车场、小区停车场的公共资源不足 |
| 周边省份竞争威胁和虹吸效应 | 江苏省《新能源汽车产业发展专项规划纲要》预计计划产业销售收入达到200亿元，整车产量达6万辆，新能源汽车生产量占汽车产业总产量的比重为5%；同时，上海推出了新能源汽车产业“三年行动计划”，新能源汽车产业规模达到900亿元。这些发达城市拥有较明显的区位条件优势；拥有较强的工业、服务业优势；拥有较大的本地市场，以及充足的资金、人才投入等有利条件，这些势必抢占安徽新能源汽车产业的发展资源 |
| 资金来源渠道较为单一 | 安徽省财政计划每年投入20亿~30亿元，用于支持战略性新兴产业发展。新能源汽车产业仅是七大战略性新兴产业之一，而投入新能源汽车产业的财政资金还需要在合肥和芜湖等地的整车和零部件企业之间进行分配。政府和企业的财力有限，安徽省新能源汽车产业的发展面临投入不足的风险 |

**（3）安徽的发展举措**

**➢ 政策支持力度巨大**

新能源汽车作为安徽省制造业的主导产业，受到安徽省委、省政府的高度重视。近年来，安徽相继制定出台了一系列政策并给予了真金白银的支持。

在支持研发创新方面，2019 年，安徽实施新能源汽车暨智能网联汽车产业技术创新工程。对经审核认定的共性关键技术研发及产业化项目，给予承担单位投入最高 50% 的补助，单个项目补助金额最高 3000 万元。

在支持企业成长方面，每新主导制定新能源汽车领域国际标准、国家标准、行业标准，分别给予一次性奖励 200 万元、100 万元、50 万元。

在支持市场开拓方面，对新能源汽车销量占全国新能源汽车销量比重比上一年度增长 0.5 个百分点及以上的省内企业，给予一次性奖励 500 万元，连续 3 年销量环比增长 0.5 个百分点及以上的企业，再奖励 1000 万元。

➢ **加快新能源汽车产业聚集基地建设**

以整车为龙头，培育并带动动力电池、电机、电控系统、高效变速器、汽车电子、车身轻量化等产业链加快发展。

3. 广东发展现状

目前，广东是全国最重要的汽车生产基地，有整车生产企业约 60 家。2018 年，广东实现汽车产量 321.58 万辆，占全国的比重为 11.5%，位居全国第一。在新能源整车制造领域，广汽新能源、比亚迪、广汽比亚迪、珠海银隆、北汽福田等车企已经形成规模化生产；东风日产、广汽丰田等部分传统车企已经进入了新能源汽车量产阶段；而一汽 – 大众华南基地、广汽本田已经进入新能源汽车生产准备阶段。据不完全统计，广东已经拥有超过 250 万辆的新能源汽车产能规划。

➢ 在核心零部件方面，广东形成了“三电”系统完整自主开发能力。

➢ 在电池领域，广东是全球最大的动力电池生产基地，拥有了比亚迪、比克、珠海银隆等企业。

➢ 在电池正负极材料、电解液、电池隔膜等领域也具有相对优势。

➢ 在电机电控方面，广东具备了量产功率 7.5~130 千瓦永磁同步电机驱动系统能力。其中，大洋电机动力系统市场占有率约 30%，珠海英博尔电器控制器在国内市场占有率 30% 左右。

➢ 截至 2017 年年底，全国公共充电桩保有量 21.4 万个，广东省建成充电站约 690 座、高速公路城际充电站 38 座、公共充电桩超过 6 万个，桩车比高达 1 ：2.4，远超全国平均水平。

### （3）广东的优势及机遇

广东拥有得天独厚的地理、产业、政策、需求优势等。

| 广东省发展新能源汽车产业的优势及机遇 | |
|---|---|
| 地理优势 | 广东省是改革开放的前沿，毗邻中国香港、中国澳门、新加坡等地，面向东南亚，是中国与东盟之间贸易往来最重要的物流通道，海陆运输快捷方便，市场辐射力强，有利于新能源汽车及其零部件的运输和进出口贸易 |
| 市场优势 | 广东省是国内经济发展水平最高的省区之一，作为国内汽车生产和消费大省，旺盛的汽车消费为新能源汽车的推广应用奠定了良好的基础，同时密集的公共交通能消化很大数量的新能源汽车；截至 2019 年 7 月底，广东省新能源营运车辆达 11.9 万辆，其中公交车 5.4 万辆，出租车 2.6 万辆，物流车 3.6 万辆，道路客运 0.2 万辆。珠三角地区公交车电动化率达 78.2%。深圳、广州、珠海、汕尾、梅州等地基本完成了公交电动化 |
| 政策优势 | 为了提升新能源汽车基础设施发展的速度，广东除充分用好电动汽车充电设施中央奖补资金外，还安排省级财政资金对充电设施的建设给予必要补贴，鼓励各地市和相关部门制定相应的财政激励政策，以便更好地引导鼓励社会各界投资建设充电基础设施 |
| 国家战略支持 | 《粤港澳大湾区发展规划纲要》出台之后，为企业提供了一个巨大平台，有利于形成更为完善的产业集群，吸引自动驾驶、网联技术、5G 技术等领域的高科技人才，将有助于新能源汽车行业在广东省的发展 |
| 出台政策把握智能网联汽车发展机遇 | 把握了新能源汽车产业未来的发展方向，也已经出台了相关支持性政策希望抓住智能网联电动汽车发展机遇，增强核心竞争力，取得创新技术优势，进而推动智能网联电动汽车产业发展 |
| 市场需求随着经济发展在提升 | 随着广东省经济的高速发展，不饱和的新能源汽车市场的带动，市场对新能源产品的需求也呈现多元化的趋势。与新能源汽车相关的原材料产品、中间产品、终端产品的需求量均大大增加。消费市场的需求拉动产业的发展，为新能源汽车产业提供了不少机遇 |

### （2）广东的问题及不足

同时也存在产业链整合力度不够、国际技术冲击等问题。

| 广东省发展新能源汽车产业的不足 | |
|---|---|
| 推广地域不均衡 | 广东省新能源汽车推广地域非常不均匀，主要集中在广州和深圳这两个一线城市，仅深圳在 2016 年就推广了 29415 辆，占总推广数量的 59%。珠江三角洲附近二三线城市亦略有推广，但数量不多，北部地区与西部地区推广力度更是薄弱 |

续表

| | |
|---|---|
| 产业链整合力度不够 | 广东省新能源汽车关键零部件、动力系统、车架、整车的生产商、供应商、物流商和采购商等运营需更加协调；面向消费市场的新能源汽车产品成本过高，其售后服务质量也有待质的提升 |
| 充电基础设施仍待完善 | 充电基础设施建设的不足是制约广东省新能源汽车推广的主要障碍之一，而导致这一问题的原因包括充电基础设施缺乏政府的统一规划，以及统筹和可用于建设的土地严重不足。部分地区的城市规划没有为此预留充足的土地建设充电设施。还有一个原因，当前新能源汽车的保有量较汽车保有量仍然较少，充电基础设施的盈利能力较弱，导致社会资本参与这些项目的热情严重不足，仍处于观望状态 |
| 国际技术冲击 | 广东省的新能源汽车相比日本、美国、欧盟等发达国家，在电池、电机、电控系统等核心部件，以及整车设计上还有一定的差距，容易受到国际市场对手的技术冲击 |
| 竞争加剧造成产能过剩 | 双积分政策下，造成新能源汽车投资过热，产量过剩，行业竞争加剧 |

**（3）广东的发展举措**

➢ 依靠得天独厚的产业优势，充足的政府和社会资金，吸引新势力落户，提高地区产业活力。

➢ 改造传统汽车制造厂，释放新能源汽车产能。

➢ 强化核心技术突破，对整车，动力电池、电机、电控和智能终端等关键零部件和关键材料的重大研发项目予以支持。

## 小结

从广东、安徽、江西发展新能源汽车产业的情况看，这几个省份之所以能在新能源汽车产业发展过程中拥有一席之地，均因其在以下几大要素中占据了一个或多个。

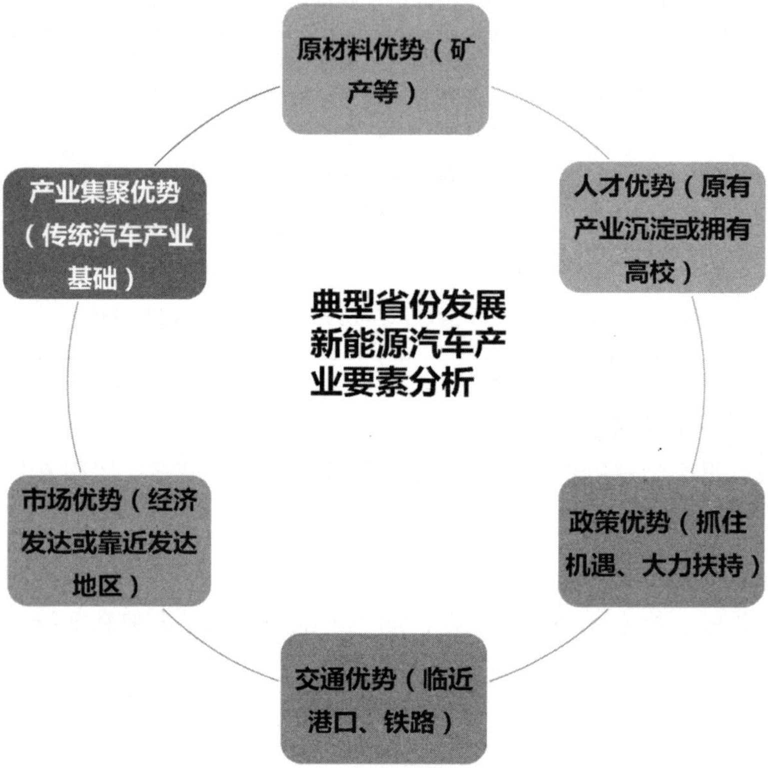

## （五）典型企业选址考虑因素

根据高工电动车研究所（GGII）2017 年对全国 347 个新能源汽车生产基地分布的不完全统计，按照传统七大区域划分，生产基地分布最多的地区也是社会经济最发达的华东地区，数量达到 171 个，占全国总量的 49.28%。

但这一排名并不是完全与各地区经济发展程度相吻合，说明经济发展程度并不是影响新能源汽车企业选择生产布局的唯一因素。

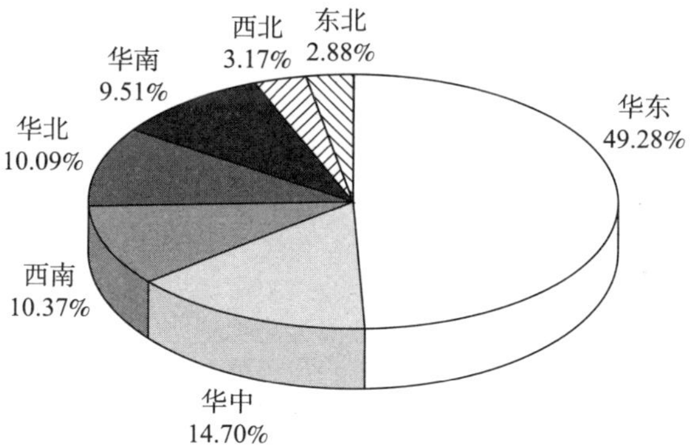


根据汽车工业生产布局需要考虑的区位、交通、人才、产业链、政策、服务配套等因素，结合新能源汽车产业相关特点，新能源汽车生产基地选址因素可归结为以下六个方面。

| （一） | |
|---|---|
| 土地资源 | 土地资源是车企进行生产基地选址需考虑的最重要的资源要素之一。主要考虑两个方面，一是**汽车整车制造需要大量平坦开阔的土地来布局研发中心、生产流水线和性能测试场地等功能模块**；二是整车制造对产业链上下游协同合作和产业链完备程度要求较高，企业需要吸引上游的零部件供应商选择在整车厂附近设址建厂，因而需要**周边有大片的闲置土地或低成本土地供它的零配件供应商使用** |

续表

| | |
|---|---|
| 人力资源 | 汽车制造业是人才密集型产业，国内包括长安、广汽、上汽、长城、吉利在内的每一家自主品牌车企，研发人员均超过 5000 人，尤其新能源汽车在传统汽车制造基础上衍生出对电动化、智能化技术研发的迫切要求，对高技术工人的可获得性又成为汽车行业的选址和运营效率不可忽视的重要资源因素。同时，从成本角度考虑，生产基地选址区域还需有大量劳动力供给，且劳动力成本较低。**因此，人力资源方面可以归结为两个需求，即高级研发人员的引入吸引力和本地区大量的低成本技术工人** |
| 交通优势 | 交通运输条件也是新能源汽车生产布局一大关键因素，汽车制造企业所处的城市或工业园区内外的交通设施状况应具备便捷性。因为汽车企业无论是国内销售或是货物进出口，物流成本都占据大部分经营成本，便捷的交通区位可以大大降低企业的经营成本。**从北汽、上汽国内老牌汽车生产基地到近几年新能源汽车企业生产基地，无不分布在公路和铁路交通较为发达的地区。此外，港口也是重要考虑因素**，有利于出口 |

| （二） | |
|---|---|
| **地区经济** | 经济较为发达的地区公路交通等基础配套设施完善，产业发展环境更成熟。同时，考虑到新能源汽车市场对充电设施的依赖很高，**新能源汽车生产布局也更倾向靠近推行新能源汽车推广政策较早、充电设施密度较大的城市**。同时汽车产业作为一个物流成本较高的产业，把市场规模的大小视为十分重要的因素。将生产基地布局在经济发达地区附近能够更加接近消费者，同时能够及时地了解市场信息和需求变化，又能够获得经济上的集聚效应。一般来说，**地区人均 GDP 和人均可支配收入与新能源汽车的销量是成正比的** |
| **产业集聚** | **汽车产业上游供应链较为复杂，且供应商很多，对产业聚集程度和配套服务的完备程度要求较高**。尤其新能源汽车电池、电机、电控“三电”配合对整车性有重要作用，车企和上游零配件企业之间必须保持紧密联系，这也要求产业链有较高的聚集程度。比如福建区域新能源汽车产业链较为完善，省内和周边布局有宁德时代、厦门钨业、正新轮胎、福耀玻璃等行业一流供应商 |
| **政府和政策** | 在我国新能源汽车市场爆发以来，各地为吸引新能源汽车生产项目落户本地，纷纷给出了包括土地、资金、税收等方面支持在内的大量优惠条件。新能源汽车企业在具体选择落户地点时，除了上述几大要素的考量，当地政府给出的**政策优惠条件**也是重要因素。此外，法制化、契约化、透明度、兑现诺言、社会的公平正义也是投资设厂的考虑要素 |

## 小结

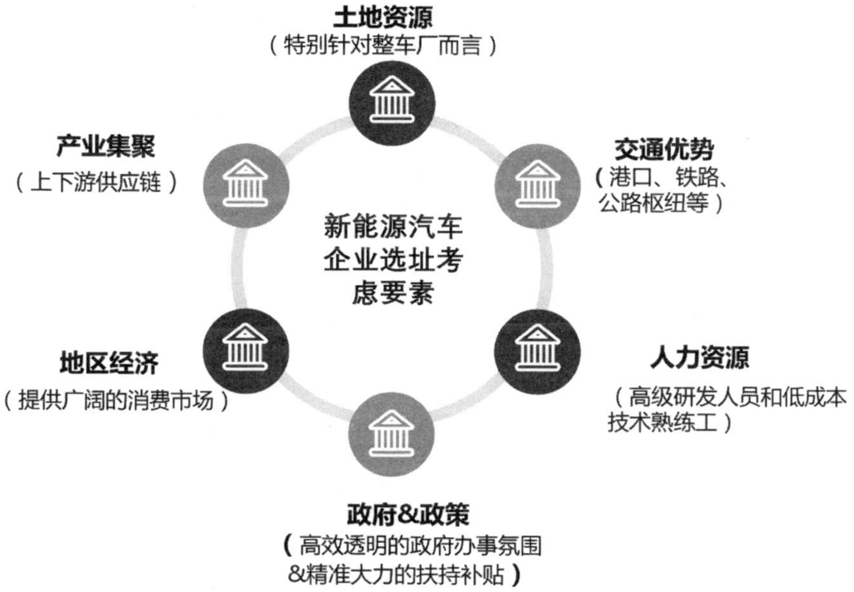
土地资源
（特别针对整车厂而言）
交通优势
（港口、铁路、公路枢纽等）
人力资源
（高级研发人员和低成本技术熟练工）
政府&政策
（高效透明的政府办事氛围&精准大力的扶持补贴）
地区经济
（提供广阔的消费市场）
产业集聚
（上下游供应链）
新能源汽车企业选址考虑要素

## （六）产业发展关键要素小结

通过前文典型省份发展新能源汽车产业要素分析和新能源汽车企业选址考虑要素分析，可以得出一个地方若要发展新能源汽车产业、招引新能源汽车企业，在以下要素中必须具备一个或多个要素，具备的要素越多，发展就会越快越好。

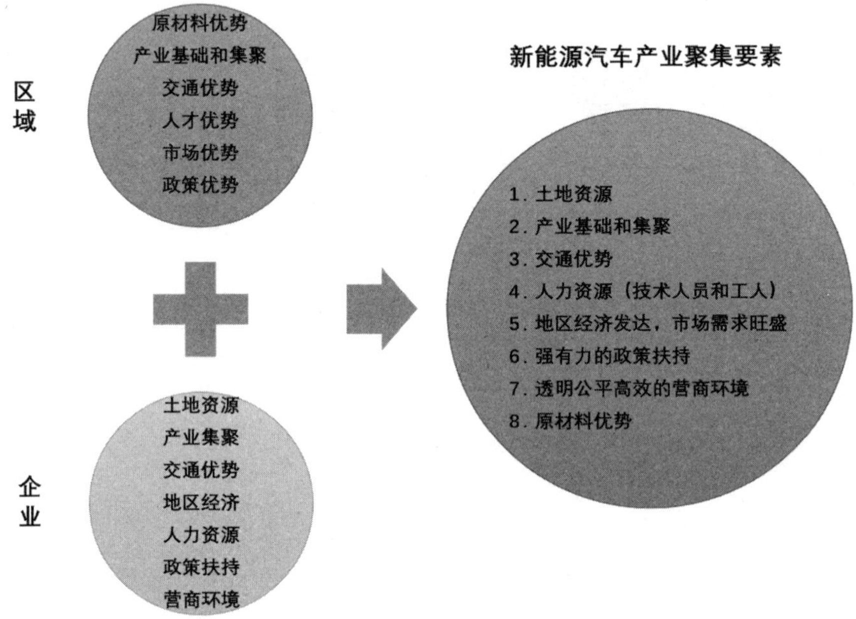